ENFANTS DE LA RÉINCARNATION

VICKI MACKENZIE

L'enfant lama	*J'ai lu* 3360/**I**
Enfants de la réincarnation	*J'ai lu* 5507/**J**

VICKI MACKENZIE

ENFANTS DE LA RÉINCARNATION

TRADUIT DE L'ANGLAIS
PAR JEAN-MARC JACOT

ÉDITIONS J'AI LU

Titre original :

REBORN IN THE WEST

Pour Andrew

Mon corps ressemble à une bulle de savon,
Il se détériore et meurt en un clin d'œil.
Après la mort viennent les résultats du Karma
Comme l'ombre suit le corps.

Lama Tsong Khapa,
érudit et mystique tibétain du XIVe siècle

1
LE PREMIER PAS

Mon exploration du monde de la réincarnation a commencé en décembre 1976 : un appel intérieur inexplicable m'a attirée vers une colline nommée Kopan, dans la vallée de Katmandou. J'y ai passé un mois, avec deux lamas*[1] tibétains, pour apprendre à méditer. Aujourd'hui encore, je ne sais pas exactement ce qui m'a incitée à tenter une telle expérience, d'autant qu'à l'époque je ne savais strictement rien du bouddhisme et de la méditation. Un jour, alors que je travaillais devant ma machine à écrire dans le chaos des bureaux du *Daily Mail* où j'étais journaliste, unc amie m'a téléphoné et m'a parlé de son projet de « méditer avec les lamas ». Tout à coup, partir avec elle m'a paru extrêmement tentant. Parfois on ne se contente pas simplement d'entendre en soi la voix de l'intuition, on tient réellement compte de ce qu'elle nous dit. Ce jour-là a été pour moi un de ces rares moments privilégiés, et je n'ai d'ailleurs jamais regretté ma décision.

Je me suis ainsi retrouvée plongée, vingt-huit jours d'affilée, dans un monde radicalement différent. La nuit, je dormais dans mon sac de couchage, au milieu d'une étrange petite pièce où des courants d'air glacé entraient directement par les fenêtres sans carreaux. Le

1. Les mots suivis d'un astérisque figurent dans le glossaire en fin d'ouvrage.

jour, je m'imprégnais de l'incomparable beauté de la colline de Kopan, avec ses oiseaux aux couleurs chatoyantes, ses fleurs exotiques aux douces senteurs, de la vue saisissante sur les montagnes majestueuses de l'Himalaya, et de l'antique sagesse des enseignements du Bouddha*. Ceux-ci nous étaient prodigués par deux hommes remarquables. Lama Thubten Yeshe était le plus extraverti des deux : rondouillard, chaleureux, amusant, parfois tonitruant, souvent touchant, il s'ingéniait toujours à créer une véritable complicité entre nous et à faire passer son message par les moyens les plus variés. Lama Zopa* était son « disciple du cœur », plus jeune, plus introverti, ascétique, sérieux, et d'une pureté indéniable. Ils incarnaient tous deux à la perfection l'ensemble des qualités que me semblent devoir posséder des êtres spirituels. Ils étaient d'une sagesse inestimable, issue non d'une accumulation de connaissances livresques ou d'une foi dogmatique, mais de leur propre expérience, aussi profonde que l'eau tirée d'un puits. Elle s'accompagnait d'une compassion rayonnante, d'une humilité sincère, et de la qualité la plus précieuse qui soit, le sens de l'humour. Si je n'ai pas adhéré à cent pour cent à *tout* ce qu'ils nous ont dit – je ne suis crédule ni de nature ni de formation –, en revanche j'ai pleinement adhéré à leurs personnes, à leur façon d'être. Si leur religion avait pu les conduire à un tel degré d'évolution humaine, je songeais qu'il serait intéressant de les écouter.

Dans cette salle de méditation dont le toit en ferblanc résonnait du sautillement des corbeaux et de l'aboiement des chiens, tout en bas dans la vallée, j'ai beaucoup appris, notamment grâce aux réponses apportées par le bouddhisme tibétain aux questions les plus fondamentales que se pose l'humanité depuis toujours : « Qui suis-je ? Pourquoi suis-je ici ? D'où venons-nous ? Où allons-nous ? »

Plus tard, quand on m'a demandé d'écrire cet ouvrage sur la réincarnation, je me suis rappelé ce qu'avaient dit les deux lamas. Car parmi les innombrables documents sur les vies antérieures publiés aujourd'hui, grâce à la fascination qu'un tel sujet suscite, il n'existe aucune explication aussi minutieuse, aussi précise, aussi systématiquement éprouvée, que celle proposée par le bouddhisme tibétain. Les lamas ont fait de la doctrine de la réincarnation une science précise. Leur sagesse est d'une valeur inestimable. Car, après tout, à quoi sert-il de découvrir que l'on a été Toulouse-Lautrec ou une pauvre domestique dans une vie passée ? Abstraction faite de l'aspect divertissant, une personne sensée finira toujours par se dire : « Et après ? » Les lamas avaient la réponse. Une réponse complexe, extrêmement convaincante et satisfaisante sur le plan intellectuel.

Ils affirmaient que nous n'en sommes pas à notre première vie, mais que nous avons déjà vécu de nombreuses vies, depuis « une époque sans commencement ». C'est un concept qui dope l'imagination. De plus, il nous resterait beaucoup, beaucoup de vies dans l'avenir. Nous tournons et retournons sans cesse sur une roue en perpétuel mouvement, celle de la naissance, du vieillissement, de la maladie et de la mort, ballottés de-ci de-là par notre karma*, cette implacable loi de cause à effet, qui impose de récolter ce que nous avons semé dans le passé. Et ainsi nous passons de vie en vie, apprenant nos propres leçons spirituelles, remboursant nos dettes karmiques, recueillant les résultats de tout ce que nous avons fait autrefois, tout en créant à chaque instant les conditions de nos renaissances futures.

Les lamas expliquaient que tout est une question d'esprit, de conscience, une conscience qui n'a ni commencement ni fin mais qui existe dans un flux de transformations incessantes. Mais il ne faudrait surtout pas confondre esprit et cerveau. Ils étaient tout à fait catégoriques. Par définition, disaient-ils, la conscience n'a aucune propriété physique ; étant immatérielle, elle ne peut en aucune manière être assimilée à l'organe charnel et rempli de matière grise de nos crânes. Il existe évidemment un lien entre les deux, un lien puissant, tout comme une ampoule est reliée au courant électrique, mais les deux termes ne sont en rien synonymes. En fait, le cœur est le véritable siège de l'esprit, ajoutaient-ils en se frappant la poitrine et en arborant un sourire plein de sagesse et de bienveillance.

Je les écoutais, intriguée. J'ai appris par la suite que le bouddhisme tibétain a poussé si loin l'étude de l'esprit que la langue possède une soixantaine de mots pour en décrire tous les aspects, un peu comme les Esquimaux pour parler de la neige. Il faut au moins trente ans d'études pour maîtriser cette science et devenir geshe * (l'équivalent d'un docteur ès théologies), sans oublier des années de méditation pour pénétrer le sens intime de la conscience. Il n'y avait donc rien d'étonnant à ce que les lamas soient si précis, si sûrs d'eux dans leurs explications. Leurs mots nous frappaient de la pleine force de leur authenticité.

Le point capital pour cette question de réincarnation, poursuivaient-ils, concerne le processus de la mort. Lorsque nous mourons, notre esprit se sépare de notre corps et passe à sa prochaine existence en prenant une autre forme, une autre vie. On devait admettre en tout cas que leur raisonnement était logique.

Pour moi qui, dans ma jeunesse, ai fréquenté régulièrement l'église, c'était la définition de l'âme la plus claire que j'aie jamais entendue. Cela me changeait de ces réponses vagues et confuses qu'un prêtre aurait essayé de me donner sur la nature de l'âme. Les lamas avaient réussi à définir cet élément par essence insaisissable, et apparemment ils avaient appris comment travailler avec lui. Affiner et développer son esprit, nous disaient-ils, est l'occupation la plus valable et la plus utile pour un être humain, car en fin de compte rien d'autre ne nous restera.

Si leur théorie pouvait paraître un peu intellectuelle, ses implications ne l'étaient pas du tout. Il s'agissait de nous-mêmes et de nos vies – de celles que nous menons actuellement, de celles que nous avons vécues autrefois, de celles que nous aurons dans l'avenir. Les mots prononcés par nos deux lamas nous passionnaient. Nous sommes entièrement responsables de l'existence que nous menons, affirmaient-ils.

Fondamentalement, la loi bouddhiste est simple. Des actions positives doivent entraîner des résultats positifs, des actions négatives produisant *a contrario* des effets néfastes. Des actes bons et sains du corps, de la parole et de l'esprit, tels que bienveillance, amour, patience et générosité, favorisent le bonheur, tandis que des actes malsains tels que colère, haine, médisance, jalousie et méchanceté nous reviennent et nous rendent malheureux.

De nombreuses questions et de longs développements suivaient cet énoncé. La doctrine du karma est peut-être aussi vieille que le monde, mais pour nous, Occidentaux de la fin du XXe siècle, qui nous retrouvions ainsi au sommet de la colline de Kopan, ces paroles semblaient révolutionnaires. Car les affirmations de ces lamas contredisaient complètement la psychologie moderne, dans ses prémisses mêmes. Selon le bouddhisme, nos parents, notre enfance, l'État, le système social, notre éducation ne sont en aucune manière responsables de ce que nous sommes devenus, ne sont pas à l'origine de nos vies actuelles ; non, c'est nous-mêmes qui en sommes l'unique cause. Nous sommes les auteurs de nos propres vies, qu'elles soient passées, présentes ou futures. Mais qu'en est-il alors de la génétique et de l'hérédité ? leur ai-je demandé – ces qualités, prédispositions et maladies qui viennent, comme la science l'a si bien démontré, de nos parents. « Le karma, ont-ils répliqué : c'est encore et toujours une question de karma. La génétique et l'ensemble de notre héritage, comme tout le reste, sont contrôlés par la loi de cause à effet. » Ils avaient vraiment réponse à tout.

Mais quel sens tout cela avait-il – ces périples incessants d'une vie à l'autre, et ces quantités d'expériences, positives ou négatives, qui en découlent ? Pourquoi toujours renaître, seulement pour mourir encore une fois ?

La simple contemplation de la perspective des vies innombrables que je pouvais déjà avoir vécues depuis « une époque sans commencement » m'épuisait complètement. C'est alors que les lamas m'apprirent qu'il y a une fin à toutes ces transmigrations. Il est du destin de chacun d'entre nous sans exception de se libérer de la roue de la mort et des renaissances, et de parvenir à un lieu de repos et de paix perpétuels ; car chacun de nous possède en essence, en germe, l'état de Bouddha, d'un être pleinement éveillé. Notre nature bouddhique par essence, expliquaient-ils, est la conscience développée jusqu'à son plus haut point. C'est l'esprit pleinement éveillé, omniscient et caractérisé par un état de paix éternelle. Tout cela me satisfaisait.

D'après eux, nous n'avons rien d'autre à faire pour atteindre cet état que d'éliminer le karma, et pour réaliser *cela* nous devons nous libérer de l'illusion. Celle-ci ressemble à une série de nuages masquant notre nature fondamentale d'être éveillé. Il existe un nombre incalculable d'illusions, c'est-à-dire de manières erronées de penser et de se comporter. Mais la plus grande de toutes est celle qui nous empêche de voir les choses telles qu'elles sont en réalité. Libérez-vous de l'ignorance, et vous serez libérés de l'ensemble des causes d'erreurs.

Tout cela était riche d'enseignements. D'autres questions, d'autres discussions ont suivi. Les lamas en raffolaient. Le débat faisait partie de leur formation, et c'était selon eux la meilleure manière d'apprendre. D'ailleurs, le Bouddha lui-même avait insisté sur le fait que personne ne devait accepter ses enseignements aveuglément, comme une vérité révélée et invérifiable, mais qu'au contraire chacun devait éprouver ses paroles personnellement afin de découvrir la vérité par lui-même, par expérience. « Essayez, vérifiez vous-mêmes, vous verrez ! » nous exhortait Lama Yeshe, pétillant d'entrain.

Les lamas avaient eux-mêmes testé ces préceptes et pouvaient prouver leur véracité. Ils avaient connaissance d'innombrables adeptes de la spiritualité au Tibet qui d'âge en âge avaient démontré leur maîtrise de la conscience, de la mort, et par conséquent de la renaissance. Voilà le sens ultime de la méditation. Nous avons dressé l'oreille. Les lamas étaient sur le point de nous parler des grands secrets du Tibet.

Imaginez la scène : un grand méditant s'approche du passage fatidique, du moment où il va mourir. Au lieu de s'allonger passivement, pour ressentir toute une gamme de sensations et d'émotions comme la plupart d'entre nous le feraient, il s'assoit le dos bien droit, calme, et, tout en rassemblant la puissance née d'une concentration suprême, il contrôle réellement la conscience tandis qu'elle quitte le corps, en passant par les différentes étapes de cette transition. En se maintenant dans un état d'éveil complet, il parvient enfin au stade ultime, celui de la Claire Lumière pleinement bienheureuse, qui accompagne l'émergence de la forme la plus subtile de l'esprit. C'est là pour lui l'occasion suprême, une chance en or. Car dans cet état scintillant, lumineux, extatique, l'adepte peut atteindre la réalité absolue et briser les chaînes du karma. Il est libre, enfin ! Il est finalement parvenu au but, à la libération spirituelle. Le méditant, qui n'est plus contraint d'errer de vie en vie sans aucune maîtrise, a gagné l'état de paix et de bonheur permanents. Le nirvana*, ni plus ni moins.

Il ne s'agissait pas là, au dire des lamas, d'un mythe légendaire fantastique propre à l'Himalaya. C'est un fait qui s'est produit à maintes reprises, et l'histoire tibétaine regorge de récits d'exploits de ce genre. Les plus évolués parmi ces méditants accomplissent alors le sacrifice suprême. Poussés par une compassion débordante, ne supportant pas de voir toute la souffrance humaine, ils renoncent volontairement au nirvana et choisissent plutôt de revenir sur terre pour guider leurs semblables vers l'issue. Au Tibet ils sont appelés toulkous* ou rinpochés* (Êtres précieux), non seulement parce qu'ils sont les dépositaires d'une sagesse sans prix, mais aussi parce qu'ils accomplissent l'acte le plus noble et le plus courageux qui soit : reprendre un corps humain, avec toutes les limitations et les souffrances que cela peut impliquer.

Assise aux pieds des lamas, écoutant ces révélations extraordinaires, j'ai songé au destin ou karma remarquable qui nous avait rapprochés d'eux. Aucun d'entre nous n'aurait jamais eu accès à cet enseignement, et le Tibet aurait conservé à jamais ses secrets, si les Chinois ne l'avaient envahi, forçant le Dalaï-Lama et des milliers de moines et de moniales à s'enfuir vers l'étranger, emportant avec eux leur incomparable sagesse. La perte tragique vécue par le Tibet a été pour nous, paradoxalement, une grande source de bienfaits. Lorsque j'ai rencontré les lamas pour la première fois en 1976, leur message m'a paru étonnamment inédit.

Nous avons écouté avec fascination des histoires qui étaient monnaie courante pour les lamas Yeshe et Zopa. Nous avons appris comment des fonctionnaires indiens avaient découvert avec stupeur un « cadavre » tibétain mort depuis environ trois semaines, ne donnant strictement aucun signe de vie, mais assis tout droit, et d'où émanaient de doux effluves, malgré les chaleurs de l'été. Nous avons entendu raconter comment, au Tibet, certains Gardes rouges qui détruisaient les monastères et les instruments rituels sacrés sont restés figés d'effroi, un jour, en plein pillage : dans des sarcophages qu'ils venaient d'ouvrir se trouvaient les corps de maîtres décédés depuis longtemps, encore intacts, et dont les cheveux et les ongles continuaient à pousser. Pareillement, dans ces prisons où tant de moines et de moniales étaient incarcérés et brutalement torturés (un crime qui se perpétue encore de nos jours), ils ont été témoins d'un spectacle stupéfiant : des lamas qui, se retirant silencieusement dans un coin de leur cellule, se mettent en position pour méditer et, sans attendre un instant de plus, quittent leur corps. Ils n'étaient ni malades ni « mourants », mais pratiquaient le powa, une technique de « transfert de conscience » grâce à laquelle ils transfèrent leur âme vers une autre forme d'existence. Apparemment, des centaines de méditants ont pratiqué le powa à cette triste époque. Dans les campagnes, d'autres adeptes sont allés encore plus loin – ils sont « morts » en emportant leur corps avec eux. Ils avaient réussi à créer ce qui s'appelle le Corps arc-en-ciel.

Mais ce n'était pas tout. Nous avons découvert cette autre « spécialité » remarquable des Tibétains, à savoir la localisation des maîtres réincarnés et leur réinstallation aux positions qu'ils occupaient précédemment, leur permettant ainsi de continuer à enseigner. L'histoire de leurs renaissances était tout aussi fascinante que celle décrivant dans quelles circonstances et de quelle manière ils étaient morts. Nous avons appris comment, au moment de leur mort et de leur crémation, ils avaient laissé derrière eux des signes tels que des empreintes de pas miniatures dans les cendres, des lettres, ou encore des symboles apparaissant dans les nuages de fumée s'élevant du bûcher d'incinération, indiquant une direction précise vers laquelle les équipes de recherche pourraient se diriger pour rencontrer leur prochaine réincarnation. On nous a décrit les tests approfondis subis par les divers prétendants, des examens au cours desquels il est demandé à un petit enfant réincarné de reconnaître des objets qui lui auraient appartenu, une fois ceux-ci dissimulés parmi d'autres, semblables, et parfois même apparemment identiques. On nous a aussi parlé de cette étrange sagesse, tellement précoce, de cette maturité spirituelle des jeunes toulkous une fois leur identité confirmée et après qu'ils ont réintégré leurs anciennes fonctions, délaissées à la fin de leurs dernières vies.

J'ai écouté attentivement tous ces enseignements, et à la fin du stage je suis retournée à Londres où j'ai repris ma vie de journaliste avec son tourbillon mondain effréné. Mais tout ce que les lamas nous avaient dit, toutes ces heures passées en méditation sur cette colline lointaine continuaient à résonner en moi. Au fil des années j'ai pris plusieurs congés pour m'imprégner de leur sagesse et connaître un peu mieux tous ces anciens secrets dont ils sont détenteurs. J'ai songé à la signification du bouddhisme en général, et de la réincarnation en particulier. Comme Lama Yeshe nous avait exhortés à le faire, j'étais en train de « vérifier » moi-même le bien-fondé de ce qu'ils avançaient. J'en suis arrivée peu à peu à la conclusion que, logiquement, tout cela se tenait.

Puis le moment décisif est venu. Le 3 mars 1984, premier jour du Nouvel An tibétain, peu avant l'aube, Lama Thubten Yeshe est mort. Il avait à peine quarante-neuf ans et des milliers d'Occidentaux, dont moi-même, pour qui sa présence avait été marquante, ont pleuré sa disparition. Avec son décès, la réincarnation quittait le domaine de la conjecture pour devenir une réalité vivante.

Un matin d'octobre 1987, on m'a présenté un petit enfant espagnol, considéré très spécifiquement comme la réincarnation de Lama Thubten Yeshe. Lama Zopa Rinpoché et Sa Sainteté le Dalaï-Lama l'avaient tous deux authentifié. Je croyais rêver. Accepter la réincarnation de manière purement intellectuelle était une chose, mais l'accepter dans la chair en était vraiment une autre ! Pour nous tous qui avions connu et aimé Lama Yeshe, le fait de regarder Lama Osel* comme son prolongement était un véritable saut quantique. Non seulement il nous était présenté une preuve vérifiable de la réincarnation, mais en plus on nous offrait un rinpoché, un Être précieux. Était-ce vraiment possible ?

Ce défi mobilisait autant mes instincts professionnels que ma curiosité personnelle. Cela s'est soldé par un livre, *Reincarnation – the Boy Lama*[1]. Lorsqu'il a été publié à la fin de l'année 1988, je croyais que Lama Osel était le seul rinpoché occidental. Puis, au cours des années qui ont suivi, j'ai entendu parler d'un ou

1. *L'Enfant lama, J'ai lu n° 3360.*

deux autres cas semblables. Ils étaient parsemés ici ou là dans le monde. Ils n'avaient certes pas le même rayonnement que Lama Osel, mais leur existence était indéniable, chacun ayant son propre travail, sa propre mission à mener à bien.

Mes antennes de journaliste se sont dressées. Que venaient-ils faire ici ? Pourquoi arrivaient-ils maintenant en Occident ? Après tout, c'était bien la première fois dans l'histoire que des toulkous tibétains avaient pris corps dans notre hémisphère, et qu'ils avaient été reconnus comme tels. Cette histoire de réincarnation valait la peine d'être racontée.

En y regardant de plus près, j'ai commencé à soupçonner que ce qui était en train de se dérouler si discrètement constituait en réalité une expérience cosmique de grande envergure. Les nouveaux toulkous occidentaux ne pouvaient venir ici que pour une raison, pour exprimer dans un langage accessible les insondables mystères qu'ils avaient mis en pratique au Tibet. Le Bouddha lui-même n'avait-il pas prédit qu'il prendrait toutes les apparences nécessaires pour que tous les êtres sensibles puissent bénéficier de son enseignement ? Et le bouddhisme ne s'était-il pas spontanément propagé dans différents pays, en adaptant sa forme pour mieux s'implanter ? Le tour du monde occidental arrivait à présent. D'ailleurs, j'avais déjà remarqué au cours des dernières années à quel point le bouddhisme, surtout celui d'origine tibétaine, avec ses mystères pleins de profondeur et ses lamas joviaux, bénéficie dans nos contrées d'une popularité sans cesse croissante.

C'était un projet audacieux, passionnant, mais riche en difficultés. Ces gisements de vérité si abondants, dont le bouddhisme tibétain était porteur, se trouvaient enfouis sous des strates culturelles complètement étrangères à notre société. La tâche consistant à en extraire l'essence serait, semble-t-il, gigantesque et infiniment pénible. Et une fois l'exploit réussi, parviendrait-on à le transplanter dans le terreau de nos âmes occidentales rigoureuses certes, mais encore assez grossières et primitives, malgré tout ?

Au cours de mes recherches, une autre tendance m'a semblé émerger, parallèle à cette transmigration des yogis orientaux vers notre monde occidental. En effet, à l'écart de l'intérêt général pour la réincarnation, des recherches sérieuses avaient été entreprises à ce sujet. Des professionnels réputés, psychologues, professeurs d'université, conseillers et représentants de confessions occidentales, enquêtaient sur la possibilité selon laquelle nous aurions déjà vécu plus d'une fois. Des instituts se créaient, par exemple aux Pays-Bas et aux États-Unis, pour étudier la question.

En toile de fond de ce mouvement, un grand débat faisait rage dans le monde scientifique au sujet de la conscience. Celle-ci était-elle identique au cerveau, ou d'une autre nature ? Où trouvait-elle son origine ? Apparaissait-elle à l'instant de la conception, ou à celui de la naissance ? Provenait-elle plutôt du Big Bang, ou encore d'ailleurs ? Une fois de plus, mes antennes de journaliste se sont dressées. Les scientifiques commençaient à se poser les mêmes questions que les bouddhistes !

La convergence de ces deux mouvements, l'un venu d'Orient et l'autre d'Occident, était un événement tout simplement phénoménal. Il était impossible de le passer sous silence. Cette vague récente de recherches occidentales allait-elle valider ou contredire l'enseignement des lamas ? Allait-il en découler une nouvelle perspective, une nouvelle dimension dont l'ancienne tradition orientale allait bénéficier ? L'expérience de l'Orient et le point de vue occidental pouvaient-ils coexister ? Ou les anciennes coutumes orientales allaient-elles devoir se transformer et s'adapter aux nouvelles découvertes de l'Occident ?

Tant de questions se posaient, encore sans réponses, que j'ai décidé d'entreprendre personnellement l'exploration du monde de la réincarnation en partant à la rencontre de ces nouveaux toulkous occidentaux. Je voulais voir de mes propres yeux de qui il s'agissait, comment ils vivaient et ce qu'ils faisaient, et comprendre par moi-même les découvertes occidentales les plus récentes à ce sujet. Voilà une mission qui me semblait digne du plus grand intérêt.

2

TENZIN SHERAB

Mes voyages à la découverte des nouveaux toulkous occidentaux m'ont d'abord amenée vers Tenzin Sherab, un jeune Canadien de vingt et un ans vivant à Montréal. J'avais déjà entendu parler de ce jeune rinpoché qui, neuf ans plus tôt, avait assisté aux obsèques de Lama Yeshe à Boulder Creek en Californie, mais je n'avais plus de nouvelles de lui depuis. Lorsque je lui ai téléphoné pour lui parler de mes recherches et lui demander s'il accepterait de me rencontrer, sa voix me semblait certes très agréable, mais je n'étais pas sûre malgré tout de trouver chez ce jeune homme, reconnu officiellement comme la réincarnation de Geshe Jatse, l'éminent sage et méditant tibétain décédé dans une grotte du Tibet plus de trente ans auparavant.

Il faut dire qu'à première vue Tenzin Sherab ne ressemblait en rien à un yogi d'Asie. Cet homme fin et grand venu me rencontrer à l'hôtel avait tout du Nord-Américain moyen, sage et bien soigné. Il ne portait pas la robe bordeaux et doré que j'avais fini par associer aux rinpochés, mais un short et un tee-shirt. Et au lieu du traditionnel crâne rasé reluisant, il arborait une abondante chevelure châtain clair. Il avait un visage agréable et ouvert, un menton prononcé et une bouche assez grande; mais ses yeux ont tout de suite attiré mon attention. Ils étaient presque cachés, enfoncés derrière une arcade sourcilière proéminente. En cherchant à pénétrer leur mystérieuse profondeur, j'avais l'impression qu'ils témoignaient d'années, si ce n'est de vies entières, d'introspection intense. Il avait également une protubérance inhabituelle entre les sourcils. J'ai d'abord pensé qu'il s'était cogné contre une porte. Je me suis demandé après si ce n'était pas en fait la conséquence des prosternations répétées de la tradition tibétaine, où l'adepte se frappe le front contre le sol plusieurs fois de suite.

Je me suis vite rendu compte, en le suivant jusqu'à l'appartement où il vivait avec son père Isaac, que je n'étais pas du tout en présence d'un Nord-Américain typique. Il avait une « présence », une autorité calme, digne et pleine d'assurance. Il possédait aussi ce mélange séduisant de raffinement, de sensibilité et de souplesse que j'avais déjà observé chez d'autres rinpochés tibétains. C'était une combinaison subtile mais puissante. Tout comme Lama Osel, ce jeune Espagnol reconnu comme la réincarnation de Lama Yeshe, il était particulièrement à l'écoute des autres, rapide à détecter ce qu'ils ressentaient, et empressé de répondre à leurs besoins chaque fois qu'il le pouvait.

Bien installée dans son salon, j'ai décidé de lui poser la question la plus évidente : qui pensait-il être ? Sa réponse a été aussi franche qu'irrésistible. Il était pour moi, après tout, le premier rinpoché adulte que j'interrogeais, et à vingt et un ans il était suffisamment mûr pour évaluer de lui-même la validité de la théorie réincarnationniste, en s'appuyant sur sa propre expérience.

« Pensez-vous être la réincarnation de Geshe Jatse ? lui ai-je donc demandé.

— Je le *sais*. »

Sa réponse fut immédiate et catégorique.

« Vous le *savez* ? insistai-je, surprise par tant de spontanéité.

— Absolument », confirma-t-il.

Il est allé chercher une photo de Geshe Jatse pour que je voie la personne qu'il avait été dans sa dernière vie.

« C'est moi. On ne peut pas voir mes yeux, et je n'étais pas très photogénique », me dit-il en me montrant la photo effacée d'un Tibétain assez mince portant la tenue monacale traditionnelle, le visage allongé et les yeux enfoncés dans leurs orbites, ressemblant étonnamment à ceux de Tenzin Sherab.

J'étais fascinée par son emploi automatique des pronoms ou adjectifs pronominaux à la première personne du singulier, « je », « moi » et « mon » ou « ma », comme s'il s'identifiait complètement à la personne sur la photo. Je lui ai demandé s'il se rendait compte de ce qu'il disait.

« Je le désigne souvent, spontanément, comme "moi". C'est comme s'il était moi, que j'étais lui, vous savez. Mais il m'arrive de temps en temps de l'appeler "il", "lui". Cela dépend. Souvent il est plus facile aux autres d'en parler à la troisième personne que de le voir comme étant "moi". En fait, cette photo a l'étrange faculté de disparaître et de réapparaître lorsque je m'y attends le moins », ajouta-t-il simplement.

Mais comment pouvait-il être absolument certain que cet homme et lui étaient une seule et même personne ? ai-je insisté.

« On se ressemble tellement : ce qui frappe tout de suite, c'est le haut de mon visage, en remontant à partir du nez ; puis il y a ma façon de penser, la manière dont je ressens et dont je perçois les choses, au niveau affectif, et même physiquement. Je crois que je n'ai pratiquement pas changé à cet égard, même si je me suis transformé et si certains de mes traits se sont accentués. »

Je ne m'attendais pas du tout à rencontrer chez lui autant d'assurance, de certitude et de confiance en soi.

J'ai essayé d'en savoir plus au sujet de Geshe Jatse, pour comprendre un peu mieux ce qui aurait pu le motiver à se transformer si radicalement et à devenir ce grand Canadien assis devant moi.

Tenzin ne savait pas grand-chose au sujet de son « prédécesseur », à part le fait qu'il était né au Tibet au début du XXe siècle et que, comme tant de ses compatriotes, il avait décidé de devenir moine. Il s'était élevé au rang de Gegu – vice-abbé chargé de faire respecter la discipline – au monastère de Sera à Lhassa, où il avait fini par inspirer beaucoup de respect pour ses talents de méditant et son érudition remarquables.

« C'était un individu silencieusement passionné, impénétrable, qui préférait la méditation aux commérages et aux intrigues politiques du monastère. Il avait la réputation d'être une forte personnalité, capable de réactions inattendues et soudaines, au comportement original. »

Il avait apparemment disposé de pouvoirs spirituels exceptionnels.

« Je possédais une statue dont les dents poussaient, et une autre qui produisait du nectar. Mais elles sont devenues source de distraction et de perturbation, et j'ai préféré les donner au monastère », m'a dit Tenzin, plutôt nonchalamment.

Geshe Jatse a quitté Sera prématurément pour méditer dans une grotte. On pense que c'est là qu'il est mort après l'invasion chinoise. On n'avait plus jamais entendu parler de lui, jusqu'au jour où on a découvert Tenzin Sherab au Canada.

Mais pourquoi Geshe Jatse avait-il choisi de renaître en Occident, si loin de son propre pays et de sa propre culture ? C'est une question à laquelle personne ne pourra jamais répondre avec certitude. Une chose est sûre, cependant : dès qu'il est rentré au monastère, Geshe Jatse avait dû se former consciencieusement au principe bouddhiste du Mahayana consistant à renoncer au nirvana (ou, en termes occidentaux, à une place permanente au « paradis ») pour revenir, vie après vie, aider tous les êtres sensibles à trouver le chemin de la vraie liberté. Pourquoi avait-il choisi un pays qu'il n'avait jamais vu ou visité ? La question restait posée.

J'ai demandé son avis à Tenzin Sherab.

« Avant de mourir, Geshe Jatse avait dit qu'il faudrait un "bateau des airs" pour se rendre à l'endroit où il renaîtrait. Il s'agissait clairement de l'hémisphère occidental.

« Je peux vous affirmer une chose. C'était un homme complètement imprévisible, ou presque. Personne ne savait ce qu'il allait faire ni quand. Il le faisait, c'est tout, sans tambour ni trompette. C'est quelque chose que je ressens, je n'ai jamais vraiment entendu quelqu'un en parler. Enfin il existe une prophétie célèbre au Tibet qui dit : "Lorsque les bateaux voleront et que des chevaux de fer avanceront sur des roues, alors le dharma* du Bouddha se répandra à travers le monde entier." Il était bien évident que Geshe Jatse connaissait cette prédiction.

« D'ailleurs, j'avais à l'époque le même désir qu'aujourd'hui d'aider les gens autant que possible, dit-il, se référant à nouveau à Geshe Jatse comme à lui-même. Pour être en mesure d'aider une société, il faut en faire partie. Je dois faire partie du monde occidental dans cette vie, et posséder en même temps la connaissance propre aux Tibétains. »

Il semblait donc bien clair que Tenzin Sherab n'avait pas le moindre doute sur son identité, ou sur ce qu'il faisait sur terre cette fois-ci.

Les Canadiens désignent leur pays, en plaisantant, comme le « pays fade », mais rien n'est moins banal que la remarquable histoire de la « découverte » de Tenzin Sherab. Il est né sous le nom d'Elijah Ary le 17 juin 1972, qui est le Sakadawa, la date la plus propice du calendrier tibétain. On fête ce jour-là tout à la fois la Naissance, l'Illumination et l'Ascension aux cieux du Bouddha. Elijah était un gros bébé, aussi fallut-il effectuer une césarienne pour le faire venir au monde. Malgré les propos rassurants du chirurgien, ses parents ont été inquiets d'apprendre qu'il faudrait opérer les pieds de leur fils pour qu'il puisse marcher. En effet, il avait passé des mois entiers dans le ventre maternel en position du lotus, les jambes croisées et la plante des pieds tournée vers le haut !

Carol et Isaac Ary s'étaient rencontrés et mariés assez jeunes, et ils avaient déjà une fille au moment de la naissance d'Elijah. Carol était infirmière et Isaac dirigeait une entreprise de peinture. Tout comme Paco et

Maria, les parents de Lama Osel, ils avaient récemment « découvert » le bouddhisme tibétain et avaient fondé un petit centre de pratique à Vancouver, la ville où ils vivaient. Carol était d'une famille protestante, Isaac était juif et « se posait des questions », mais ils étaient tous les deux en recherche spirituelle. C'est ainsi qu'ils avaient été attirés par le bouddhisme ésotérique que les lamas, fuyant le Tibet, commençaient à enseigner. Cette famille était donc idéale pour un méditant tibétain souhaitant renaître en Occident.

Carol, petite femme dynamique, maintenant divorcée d'Isaac, continue la narration :

« Le jour de sa naissance, notre lama a souhaité l'appeler Tashi Lumpo, ce qui est un nom inhabituel, celui d'un monastère au Tibet. Il nous a également dit que notre enfant était exceptionnel, qu'il avait été moine dans sa vie précédente, que nous devions particulièrement bien nous occuper de lui, et que nous aviserions plus tard. Sur le moment, cela ne signifiait pas grand-chose pour moi. Nous avons simplement pensé que c'était une façon pour notre lama d'être gentil avec nous, en lui donnant un nom sympathique. Mais rétrospectivement, il nous semble clair que notre lama, en fait, avait reconnu Tenzin. Il était le premier. »

Selon ses parents, Elijah était un enfant particulièrement serein.

« Vraiment angélique, dit sa mère. C'était un bébé incroyable. Dès le premier jour de son arrivée à la maison, il a été exceptionnellement tranquille; il dormait toute la nuit sans interruption. Il n'y avait aucun problème. Il a été extrêmement facile à élever, toujours très heureux.

« Il avait certaines caractéristiques tout à fait uniques. Il était toujours calme et attentif. Mais en même temps il était extraverti, communicatif. Il prenait souvent la défense des perdants, des exclus. Il allait vers eux et les prenait sous sa protection.

« Il a toujours été pacifiste, ce qui lui a posé des problèmes à l'école, car ses camarades le harcelaient. Il ne se battait jamais. En général, il cherchait plutôt à favoriser les réconciliations. Plus tard, après qu'il a été reconnu officiellement, les autres enfants ont su qu'il apprenait le tibétain chez lui, ce qui a déclenché des réactions d'ostracisme et de harcèlement. Cela m'a brisé le cœur. »

La vie a continué comme d'habitude chez les Ary. Ils ont eu une deuxième fille, puis ont quitté Vancouver pour s'installer au Québec. Ils y ont ouvert un nouveau centre bouddhiste tibétain, suivant en cela les conseils de leur instructeur, Kalou Rinpoché, décédé depuis, un lama de la secte des Kagyu, l'une des quatre écoles du bouddhisme tibétain. Kalou Rinpoché était venu s'installer en France après la chute du Tibet. Grâce à la sagesse empreinte de douceur et le tact exquis qui le caractérisaient, il avait attiré un nombre important de fidèles.

À leur arrivée à Montréal, on a demandé à Isaac et à Carol de se mettre en contact avec un lama nommé Geshe Tenrub. Cette démarche allait se révéler décisive. Geshe Tenrub était de la secte des Gelugpa*, c'est-à-dire de l'école à laquelle appartenait Geshe Jatse. Il allait jouer un rôle important pour la suite des événements.

Au cours des premières années, un grand nombre de lamas itinérants avaient été invités à Montréal, pour donner des conférences au centre tenu par la famille Ary. C'est ainsi qu'un jour, alors qu'Elijah Tenzin n'avait encore que trois ans, l'abbé du tout nouveau monastère de Drepung en Inde, Tenzin Pema Jeltsen, était venu à Montréal livrer son enseignement. Cette visite allait être un tournant dans la vie d'Elijah, comme Carol me l'a précisé.

« Nous organisions de nombreuses réunions à la maison, mais nous ne forcions jamais les enfants à y assister. S'ils le souhaitaient et s'ils demeuraient discrets, on leur donnait l'autorisation de rester. Ce soir-là, Tenzin est entré plusieurs fois de suite dans la pièce : il est resté immobile et silencieux face à cet homme qu'il fixait du regard. Il semblait très absorbé par sa présence. Je l'ai emmené se coucher vers la fin de la soirée, car il commençait à être un peu fatigué.

« Tout en le bordant dans son lit, je lui ai expliqué combien l'occasion était importante : Geshe Tenrub avait été le disciple de Tenzin Pema Jeltsen au Tibet, et c'était merveilleux qu'ils soient à nouveau réunis. Tout à coup, Tenzin s'est exprimé.

« Il m'a dit : "Moi aussi j'ai un Geshe." Je lui ai dit : "Ah bon ?", et il a continué : "Oui, il s'appelle Geshe Kunawa et il vit très haut dans les montagnes. Il a un bon ami qui s'appelle Mahakala Nabul." Tout cela me paraissait très étrange. Il a poursuivi : "Et Mahakala Nabul possède un couteau avec un crâne au bout, et il l'a enfoncé dans son ventre, et plein, plein de lumières ont jailli de son estomac." Il m'a ensuite parlé d'un cheval ailé et de nombreuses personnes portant des noms tibétains. C'était la première fois qu'il agissait ainsi. Il semblait que Tenzin Pema Jeltsen avait tout déclenché. C'était vraiment étrange. Il arrive souvent aux jeunes enfants de raconter ce qu'ils voient en imagination ; mais là, c'était autre chose.

« Le lendemain, après le départ de l'abbé Tenzin Pema Jeltsen, j'ai raconté à Isaac ce qui s'était passé : "Hier soir il s'est produit quelque chose d'inhabituel. On aurait dit que Tenzin percevait un autre monde. Il semblait rêver, mais pourtant il était parfaitement éveillé, comme s'il avait une vision."

« Après cela nous avons appelé Geshe Tenrub et Tenzin Pema Jeltsen pour leur raconter ce qui s'était passé. Tenzin Pema Jeltsen était tout excité, et il s'est écrié : "Je veux le voir *tout de suite* !" Nous l'avons amené et Tenzin Pema Jeltsen l'a regardé intensément, ils se cognaient la tête l'un l'autre, comme le font les Tibétains pour se saluer, et il lui a offert une longue écharpe blanche cérémonielle, comme cela se fait traditionnellement en signe de respect. Tenzin Pema Jeltsen nous a dit alors qu'il savait non seulement *de qui* Tenzin parlait, mais aussi *de quoi* il parlait. Il a ajouté qu'il ferait de plus amples recherches sur la question dès son retour en Inde et qu'il nous tiendrait au courant. Il nous a répété encore une fois que Tenzin était un enfant spécial et que nous devrions prendre grand soin de lui. Nous avons dit "d'accord", mais comme il n'y avait plus rien d'autre à faire dans l'immédiat, la question est demeurée en suspens. »

Si les Ary restaient plutôt froids devant cet événement, en revanche Tenzin Pema Jeltsen avait, lui, de très bonnes raisons d'être en pleine effervescence. Car ce que faisait le jeune Elijah, alias Tenzin Sherab, était un acte extrêmement rare même pour les bouddhistes tibétains. Il était en fait en train de se reconnaître lui-même. Sans avoir été sollicité, sans avoir été entouré de tous les insignes et de toute l'attention qui accompagnent une reconnaissance officielle, Tenzin Sherab donnait des noms, des lieux, des détails et des événements d'une vie passée tout à fait spontanément. Aux yeux des connaisseurs, cette capacité plaçait Tenzin très haut sur l'échelle de l'évolution spirituelle.

Si l'ensemble de cet épisode était devenu la dernière des préoccupations de Carol et d'Isaac, il avait par contre déclenché chez leur fils un feu qui continuait à brûler avec une intensité croissante. Depuis le jour de sa rencontre avec Tenzin Pema Jeltsen, tous les soirs pendant quatre ans il a voyagé vers un endroit qu'il appelait sa « planète ». Il y voyait des choses étranges et curieuses : d'immenses montagnes – bien plus hautes que celles qu'il pouvait contempler au Canada; des routes poussiéreuses, des maisons, des animaux, des arbres d'un type inconnu. Il avait des instructeurs et des amis dont il connaissait les noms, et il disposait même d'un protecteur, un cheval ailé aussi beau qu'étrange. Et il décrivait tout cela à sa famille, et de manière répetée, avec un luxe de détails colorés, vifs et précis.

Il était tellement certain que cette planète existait vraiment et qu'il s'y rendait réellement qu'un soir il réussit à convaincre ses sœurs, curieuses mais un peu craintives, de l'y accompagner. Tous les préparatifs furent aussitôt faits : on emballa les sandwichs, on s'habilla chaudement (car Elijah affirmait qu'il y faisait très froid), et les trois voyageurs s'installèrent enfin dans le lit d'Elijah, prêts pour le départ. Le lendemain matin, les filles se regardèrent l'une l'autre et déclarèrent avec dédain que la « planète » d'Elijah n'existait pas. Le pauvre Elijah était catastrophé. « Mais vous ne l'avez pas vue ? Parce que moi, si », répétait-il.

Aujourd'hui, à vingt et un ans, Elijah/Tenzin est toujours aussi catégorique pour affirmer qu'à l'époque il était en train de « se rappeler » son passé :

« Je n'aime pas dire que c'étaient des rêves, car pour moi c'était la réalité. Cela prenait peut-être la forme de rêves, mais je ne doute pas une seconde qu'ils étaient réels : j'étais en train de me souvenir du passé. Par la suite, lorsqu'on m'a montré une photo du Tibet, j'ai immédiatement reconnu ma "planète". »

Entre-temps, Tenzin Pema Jeltsen avait effectué des recherches sur l'identité du disciple de Geshe Kunawa ; mais avant qu'il ait eu le loisir d'en annoncer les résultats, le Dalaï-Lama est venu à Montréal. Elijah l'a rencontré. Quand il est entré dans la pièce, le Dalaï-Lama a levé les yeux, a désigné le petit garçon devant lui et s'est écrié, à la grande surprise de toutes les personnes présentes : « Mais je sais qui tu es ! Tu es la réincarnation de Geshe Jatse ! »

Par une coïncidence extraordinaire, quelqu'un a pris une photo à cet instant précis, enregistrant pour la postérité le geste de reconnaissance spontanée du Dalaï-Lama. L'image est là, parmi les objets que possède Tenzin Sherab, un des éléments de preuve les plus concrets qu'il soit possible de présenter dans ce domaine essentiellement non matériel de la réincarnation. On y voit le Dalaï-Lama debout devant une statue du Bouddha dans un temple à Montréal. Face à lui se trouve le jeune Elijah Ary, en jean et en chandail, qu'un moine tibétain fait entrer ; le Dalaï-Lama pointe le garçon du doigt avec une expression de surprise et de joie.

Peu après, le Dalaï-Lama lui a donné le nom de Tenzin Sherab. Alors a réellement commencé sa double vie, en tant que réincarnation d'un Tibétain dans un pays occidental.

À l'époque, se faire soudainement désigner comme la « réincarnation » d'un adepte spirituel tibétain ne voulait pas dire grand-chose pour le petit Tenzin, alors âgé de huit ans. En fait, il n'avait aucune idée de ce dont le Dalaï-Lama parlait.

« Je croyais qu'il évoquait une fleur, une sorte d'œillet[1]. J'essayais de saisir. À un certain niveau je suppose que je le savais, je sentais bien que j'étais quelqu'un d'à part. Mais à un autre niveau, je ne connaissais rien sur la question de la réincarnation en tant que telle. »

Néanmoins, Tenzin Sherab a continué de démontrer à mesure qu'il grandissait qu'il était différent, qu'il possédait une connaissance spéciale que n'avaient pas les autres enfants. Cela se manifestait constamment et de plusieurs manières.

Un jour, Isaac a décidé d'expliquer à Tenzin la signification des sept bols d'offrandes que l'on place sur l'autel du Bouddha. Il ne souhaitait pas par là inculquer à Tenzin tous les menus détails du rituel bouddhiste. Bien au contraire. Son intention était de clarifier ce que chaque bol représentait précisément, car il ne désirait pas que son fils pratique un culte sans en avoir pénétré le sens profond.

L'appelant vers lui, il passa en revue chacun des sept bols et le type spécifique d'offrande ou de cadeau que chacun contient.

« Voici l'eau que l'on utilise pour se laver les pieds. Celle-ci est à boire. Ici on met les fleurs. Ici du parfum. Ce bol-ci est utilisé pour le son, la musique. Dans celui-ci on place de la nourriture. Et ce dernier symbolise la lumière, lui précisa-t-il, observant Tenzin pour voir s'il comprenait.

1. Carnation en anglais. *(N.d.T.)*

— Effectivement, c'est bien ça », lui confirma Tenzin, et sur ce, il sortit de la pièce.

Une autre fois, pendant une promenade en forêt, Isaac le balançait dans ses bras. Tout à coup il fixa son père et lui annonça : « J'avais l'habitude de te faire la même chose lorsque j'étais ton père et que tu étais petit. »

Isaac était stupéfait.

« Et où vivions-nous lorsque tu étais mon père ?

— Dans les montagnes », lui a répondu Tenzin, lui décrivant ensuite les lieux.

Il s'agissait, comme on peut s'en douter, du Tibet.

Cette dernière révélation était particulièrement fascinante : elle illustrait ce que les lamas tibétains nous avaient souvent expliqué, à savoir qu'il est fréquent de renaître en prenant pour parents des personnes que nous avons déjà connues autrefois, et avec qui nous avons des liens karmiques.

Tenzin manifestait surtout des affinités avec sa vie antérieure au Tibet lors des contacts avec les lamas rendant régulièrement visite au centre de Carol et d'Isaac. Il voulait passer tout son temps avec eux et restait inconsolable plusieurs jours après leur départ. Selon ses parents, il était si remué que cela pouvait bien prendre deux semaines pour le calmer.

Il n'est donc pas surprenant qu'avant même d'avoir été officiellement reconnu Tenzin ait exprimé le désir de devenir moine. Il avait huit ans lorsqu'il a rencontré le Karmapa, chef de la secte des Kagyu, un rinpoché extrêmement célèbre.

« J'ai dit au Karmapa : “Je veux être moine tout comme vous.” Il m'a répondu : “Mais tes parents vont te manquer.” Et j'ai dit : “Oui, mais tant pis.” Il est important de savoir à quoi s'attendre. Je le savais, et cela ne me dérangeait pas. »

Cependant au monastère de Sera en Inde, les lamas avaient mené à bien leurs propres investigations, y compris la consultation de l'Oracle d'État, un moine qui, en transe, livrait des messages provenant des forces de l'au-delà chargées de la protection du Tibet. Une fois convaincus que Tenzin était bien Geshe Jatse réincarné dans un nouveau corps, ils envoyèrent pour lui des robes monacales au Canada, accompagnées de requêtes pressantes pour qu'il leur soit confié. Mais les Ary n'étaient pas prêts à laisser leur jeune fils partir si vite en Inde, dans un monastère qu'ils ne connaissaient pas. D'ailleurs Tenzin lui-même ne se sentait pas prêt non plus. Ils consultèrent à ce sujet le Dalaï-Lama et Kalou Rinpoché, qui tous deux confirmèrent que le temps n'était pas venu, ce qui les a rassurés.

Mais Tenzin Sherab a tout de même poursuivi son engagement, tout en restant, il est vrai, plongé dans la culture occidentale. Il a prononcé ses vœux préliminaires au Canada à l'âge de neuf ans et a pris refuge auprès de Sa Sainteté le Dalaï-Lama en 1980. Cela signifiait qu'il était accepté dans le système monacal. Quand l'occasion s'en présentait, il portait avec fierté les robes que les moines de Sera lui avaient envoyées, mais il ne s'est pas rasé la tête (sauf lorsqu'il est venu en France rendre visite à Kalou Rinpoché).

Il s'est produit un autre événement déterminant dans la vie inhabituelle de Tenzin Sherab vers la même époque. C'est Carol qui nous l'a raconté.

« Le Dalaï-Lama conférait l'Initiation de la Kalachakra à Montréal, mais nous n'avions pas prévu de nous y rendre. Cependant j'ai éprouvé tout à coup une incroyable envie d'y aller, comme si une main me poussait dans le dos. C'est donc ce que nous avons fait, et Tenzin était fou de joie. À la Kalachakra, nous avons rencontré un moine qui avait été disciple de Geshe Jatse; il désirait vraiment voir Tenzin et lui poser une foule de questions.

« Eh bien, Tenzin a pris un air très sévère face à cet homme, qui était pourtant un geshe de tout premier ordre. Tenzin s'est mis à ressembler à un homme âgé. Il était assis sur sa chaise, les jambes croisées, fixant cet homme d'un regard intense. C'était la première fois que je le voyais observer qui que ce soit de cette manière-là.

Pendant un moment, ce n'était plus du tout un enfant de neuf ans. Il n'a marqué aucun geste de respect, il ne s'est pas "abaissé" comme le voudrait la coutume dans le cas d'un enfant présenté à quelqu'un de plus âgé que lui. Tout semblait indiquer que c'était Tenzin qui était en position de supériorité.

« Ce moine nous a raconté que ce fameux Geshe Kunawa dont avait parlé Tenzin, sur sa "planète" avait en effet été le maître de Geshe Jatse au Tibet. Il nous a également parlé de ce "cheval ailé" que Tenzin rencontrait régulièrement dans ses visions. Il semble que Geshe Jatse avait un protecteur, qui s'appelait Hayagriva, une divinité tantrique ailée à tête de cheval. Geshe Jatse avait fait de nombreuses retraites et ascèses centrées sur Hayagriva. Et nous qui avions cru qu'il parlait de Pégase ! Tout à coup, l'un des nombreux sujets de conversation de Tenzin commençait à prendre un sens pour nous. »

Parmi les nombreuses entrevues avec des hommes remarquables qui ont marqué sa prime jeunesse, Tenzin a également eu l'occasion de rencontrer Lama Yeshe, cet homme qui à l'époque, alors que personne autour de lui ne s'en doutait, était en train de se préparer à une renaissance en Occident. Je me suis demandé si cela pouvait être une coïncidence : après tout, Tenzin Sherab et Lama Osel étaient les figures de proue de cet extraordinaire mouvement de l'histoire spirituelle, consistant à transplanter les anciennes vérités du bouddhisme d'Orient en Occident. En outre, Lama Yeshe et Geshe Jatse avaient tous deux résidé au monastère de Sera au Tibet.

Lama Yeshe a immédiatement reconnu Tenzin Sherab, tout comme le Dalaï-Lama peu avant. La rencontre a eu lieu au cours d'une visite de Tenzin à Vajrapani, le centre de Lama Yeshe au cœur de la grande forêt de séquoias de Boulder Creek, en Californie. Tenzin Sherab, encore petit garçon, a été introduit dans la pièce où Lama Yeshe, dans son style unique, donnait son enseignement sur le dharma bouddhiste. Il s'est assis silencieusement dans l'assistance. Sans interrompre le cours de son discours et sans même regarder Tenzin Sherab, Lama Yeshe a dit tout d'un coup : « Nous avons un jeune toulkou parmi nous », en montrant du doigt le jeune garçon portant un jean et une chemisette bleue à manches courtes. Les dons de clairvoyance de Lama Yeshe ont dû fonctionner à ce moment-là, car Tenzin Sherab n'avait pas encore été reconnu officiellement.

Bien que Tenzin Sherab n'ait vu Lama Yeshe qu'une seule fois, le lien entre eux était particulièrement fort.

« Nous nous sommes entendus à merveille. La première chose que j'ai remarquée chez lui, c'était l'espace assez important entre ses incisives. Il m'a parlé de Geshe Jatse, qu'il n'avait jamais rencontré personnellement, mais dont il avait certainement dû entendre parler. Il l'a décrit comme un instructeur exceptionnel et un expert en méditation. Il a raconté comment Geshe Jatse pouvait rester des journées entières assis en méditation, sans toucher la nourriture que les gens lui apportaient.

« La dernière fois que j'ai vu Lama Yeshe, je jouais avec ma sœur et avec un ami, lorsqu'il est apparu et qu'il a commencé à me parler de mon avenir. Malheureusement, je ne me rappelle pas les mots exacts qu'il a employés, mais il m'a donné des conseils devant me servir plus tard dans la vie. Je suis à peu près sûr que si je ne m'en souviens pas pour l'instant, c'est parce que le moment n'est pas encore venu. Je me souviens qu'il m'a dit : "Travaille bien à l'école." Ce sont les derniers mots qu'il m'a adressés.

« Quelques mois plus tard, nous avons reçu un appel de Vajrapani. C'est ma mère qui a décroché ; je l'ai regardée et lui ai dit : "Lama Yeshe est mort, n'est-ce pas ?"

« Elle m'a répondu : "Mais comment le savais-tu ? – Je l'ai senti."

« Même si je le connaissais peu, je me sentais très proche de lui. »

Une semaine après le décès de Lama Yeshe, Tenzin Sherab est revenu en Californie pour assister à l'incinération de son corps sur la colline du centre Vajrapani. Il allait une fois de plus y révéler ses pouvoirs spéciaux. Selon la tradition tibétaine, lorsqu'un lama de haut rang est incinéré, il doit non seulement laisser des signes indiquant l'authenticité de ses accomplissements spirituels, mais aussi donner des indices et des directives sur sa prochaine réincarnation. Ses disciples à Vajrapani avaient consciencieusement construit leur premier stupa*, un édifice riche en ornements dont les dimensions symbolisent l'esprit illuminé. Ils y avaient soigneusement placé le corps de Lama Yeshe en position verticale, avant d'y mettre le feu. Quand les flammes se sont calmées, le stupa a été ouvert pour examiner les reliques et y trouver des signes. C'est Tenzin qui raconte la suite.

« Je me rappelle qu'à ce moment-là je jouais avec ma montre, et que j'y ai vu le reflet des nuages. J'ai décidé de lever les yeux, comme ça, et j'ai vu alors tout un enchaînement d'images et de lettres tibétaines défiler. Il y avait un Sa et un Ma, et je l'ai mentionné à Lama Zopa. Il m'a remercié pour ces renseignements, et il s'est avéré que Sa désignait l'Espagne[1], le pays où il allait naître, et Ma représentait le nom de sa mère, Maria. »

Plus tard, alors qu'il se trouvait au monastère de Sera, ses pas ont croisé une fois de plus ceux de Lama Yeshe, mais sous la forme de Lama Osel. Malgré la différence d'âge, leur affinité s'est aussitôt manifestée.

« Il est tout à fait la continuité de Lama Yeshe. Nous nous entendons très bien. Il m'entraînait dans sa chambre pour que je joue avec lui ; nous lisions ensemble ses albums de bandes dessinées. On dirait qu'il me traite maintenant comme un frère aîné. »

Pendant la phase de vérification au centre Vajrapani, Tenzin a rencontré Sa Sainteté Tsong Rinpoché, à qui

1. *Spain* en anglais. *(N.d.T.)*

la tâche de diriger les funérailles avait été confiée. À la fin des cérémonies, il a invité Tenzin et Isaac Ary à le rejoindre dans sa chambre. C'était certes un honneur, mais aussi un événement quelque peu intimidant : Tsong Rinpoché était non seulement un éminent lama de haut rang, mais aussi un personnage assez majestueux, beaucoup moins porté vers les manifestations extérieures de bonhomie que l'avait été Lama Yeshe. Sur le chemin de retour vers la chambre de Tsong Rinpoché, son traducteur disparut, laissant ainsi Tenzin et Isaac tout seuls avec le maître, sans aucun moyen de communication.

Ils sont restés longtemps assis en silence. Soudain, sous les yeux horrifiés d'Isaac, Tenzin se leva d'un seul coup, sans rien dire, salua Tsong Rinpoché et quitta la pièce. C'était une violation importante des règles de savoir-vivre et du protocole. Tsong Rinpoché, cependant, ne sourcilla même pas. Isaac raconte la suite des événements.

« Le traducteur est revenu, et Tsong Rinpoché a immédiatement commencé à parler tibétain. Son assistant a traduit ainsi ses propos : “Rinpoché dit que, dans sa dernière vie, votre fils a été son cousin.” Je ne le savais pas. “Rinpoché raconte que, la dernière fois qu'il l'a vu, il était assis chez lui ; votre fils est arrivé, il s'est assis également, et n'a rien dit pendant une demi-heure. Puis il s'est levé, il s'est prosterné, et il est sorti. Rinpoché dit que votre fils n'a pas beaucoup changé !” »

Lorsque Isaac lui a raconté l'incident, Tenzin a éclaté de rire à ce souvenir.

« Il y a des choses qui ne changeront jamais », répétait-il, des larmes coulant sur ses joues tellement il riait.

Mais malgré ces moments de joie et de bonheur, sa jeunesse a été marquée par des périodes de tristesse. Tenzin sentait, on ne sait trop comment, qu'il avait une destinée particulière, et que cela lui coûterait cher.

« Lorsqu'il avait environ neuf ans, je l'ai trouvé en larmes, raconte Carol. Il m'a montré une lettre qu'il avait écrite à un lama à Sera. On y lisait : “Cher Karma

Thinley, je ne peux pas opposer de résistance à mon karma. Je t'aime, Tenzin."

« Je lui ai dit : "Mais de quoi s'agit-il ? Pourquoi pleures-tu ?"

« Il m'a répondu : "Je pleure parce que je ne peux pas résister à mon karma."

« Je lui ai demandé une fois de plus ce qu'il entendait par là, et il m'a répliqué : "Un beau jour, je devrai vous quitter, toi et toute la famille, et revenir au monastère." »

Carol lui a dit alors avec insistance qu'il n'était pas obligé de faire quelque chose qu'il ne voulait pas, ni d'aller dans un endroit où il ne souhaitait pas se rendre.

« Non, répondit-il doucement, j'irai. Je serai obligé d'y aller un jour ou l'autre. » Et il avait raison.

Être la réincarnation d'un maître spirituel tibétain dans un pays occidental est une bien étrange destinée. Mais c'est celle qu'ont librement et délibérément choisie Geshe Jatse, ou Elijah Ary alias Tenzin Sherab dans son nouveau corps, une destinée et une mission qui s'inscrivent dans l'ordre des choses.

En effet, comme il l'avait prédit depuis son enfance, un jour Tenzin Sherab est revenu dans son monastère, qui entre-temps s'était déplacé au sud de l'Inde. Pendant plusieurs années, les Ary ont résisté aux demandes de Sera pour qu'on leur « renvoie leur lama », mais quand Elijah a eu quatorze ans, le Dalaï-Lama leur a fait dire qu'il était temps pour lui de s'y rendre. Kalou Rinpoché a donné le même avis de manière indépendante. Donc, confiants dans les conseils de ces deux sages, et après s'être assurés que Tenzin était d'accord, Carol et Isaac ont finalement autorisé leur fils à entrer complètement dans le cadre monacal tibétain. C'est ainsi qu'en 1986 Tenzin est parti vers un autre monde. Un nouveau chapitre de sa vie exceptionnelle commençait.

Sera est situé au sud de l'Inde. Avec ses deux mille cinq cents moines vivant dans ce qui est presque une petite ville au milieu de la jungle, dans une clairière, c'est sans doute le plus grand monastère du monde. Tenzin y était, selon ses propres termes, « un grain de sable sur une plage ». Lorsqu'il en est reparti quelques années plus tard, cet océan de culture tibétaine comprenait à peine dix Occidentaux, parmi lesquels le rinpoché Lama Osel.

C'était un grand pas à franchir, et un défi pour toutes les personnes concernées, reflétant les dilemmes et les difficultés qui découlent du phénomène inédit de l'arrivée de toulkous orientaux en Occident.

« Nous sommes d'une tradition occidentale et, tout en étant adeptes du bouddhisme tibétain, nous gardons notre esprit critique à son égard. Nous savions que le monastère bénéficiait financièrement de l'arrivée en son sein d'un nouveau toulkou : c'était une première constatation. D'autre part, je m'inquiétais de la mauvaise hygiène et des conditions d'existence assez dures de la vie en Inde », m'a confié Carol.

Isaac aussi, toujours sceptique de nature, avait ses propres doutes.

« Il était très difficile pour moi d'envoyer mon fils dans un monastère où je n'étais jamais allé, et où je ne connaissais personne. Et je me suis toujours méfié des coutumes et des rituels que l'on répète mécaniquement, sans réfléchir. Dans toutes les religions il existe des écueils, des pièges dans lesquels les gens peuvent tomber ; je ne suis pas là pour critiquer qui que ce soit, mais j'ai vu des Occidentaux s'aplatir aveuglément au pied des religions orientales, dans une vénération excessive, frisant la superstition. Je ne voulais pas que Tenzin cède à ce travers. »

Ils n'avaient aucune raison de s'inquiéter. Tenzin s'est adapté à la vie monacale tibétaine comme s'il y était né ! Il s'est instantanément senti chez lui. On a considéré cela comme une indication supplémentaire de ce qu'il était bien la réincarnation de Geshe Jatse, l'ex-Gegu de Sera.

Tenzin a maîtrisé le tibétain, une langue extrêmement difficile, en quelques semaines à peine. Au bout de trois mois il le parlait si couramment qu'il pouvait débattre de points complexes de la philosophie bouddhiste avec les autres moines. Un an après il n'avait plus le moindre accent, et d'après ce qu'on disait, vu de dos, on l'aurait pris pour un jeune Tibétain.

Il a appris par cœur les prières et les textes sacrés aussi facilement et rapidement que la langue tibétaine. C'était remarquable.

« Les lamas disaient que c'était parce que je les avais déjà étudiés dans une vie précédente, raconte Tenzin avec modestie. Il y en a certains dont je me souvenais presque instantanément. Il suffisait que je les écoute une ou deux fois, pas plus, et j'arrivais à les réciter comme tout le monde. »

Dès l'instant où il est entré à Sera, la preuve de son identité est arrivée spontanément, de sources différentes. Les plus anciens moines, qui avaient connu Geshe Jatse, ont été saisis par la ressemblance physique entre Tenzin Sherab et leur ancien maître.

« Ils disaient que je lui ressemblais, surtout dans le haut du visage, au-dessus du nez, commente Tenzin, faisant référence à ce front proéminent très caractéristique et à ses yeux particulièrement enfoncés.

« Les Tibétains me considéraient comme un compatriote et non comme un Occidental. Cela m'a fait plaisir. J'avais l'impression qu'ils m'acceptaient, que je faisais partie de la famille », poursuit-il.

Leur acceptation n'est pas surprenante quand on sait qu'il était parmi les premiers de sa classe, ce qui, aux yeux de la hiérarchie bouddhiste, constitue une preuve infaillible de l'authenticité d'une réincarnation.

Pour se rassurer, sa famille est venue lui rendre visite en Inde. Voici ce qu'en dit Carol :

« Ce n'est qu'après m'être rendue sur place, au monastère, que j'ai pu voir de mes propres yeux qu'ils ne cherchaient pas à soutirer de la présence de Tenzin un avantage financier quelconque. Tenzin s'était magnifiquement inséré. C'est comme si nous avions mis un poisson dans l'eau. Même si les conditions étaient, comme je l'avais imaginé, assez dures, il n'est jamais vraiment tombé malade et il n'a jamais eu non plus de grave problème. Il adorait leur mode de vie, surtout les débats. Quand je l'y ai amené pour la première fois, avant qu'il sache parler tibétain, il était suspendu à la barrière, fasciné par les moines qui discutaient, cela le passionnait. »

« Il m'est arrivé une ou deux fois de regretter d'être si loin de chez moi, dit Tenzin, lorsque à l'occasion j'avais besoin de mes parents et qu'ils n'étaient pas là, mais à des milliers de kilomètres. Je me sentais abandonné. C'était un peu comme une gifle émotionnelle que je recevais en plein visage, ayant pour effet de me secouer, de me réveiller, et je me disais : "Tu n'es pas ici pour ça." »

Pendant ces années d'immersion dans un monde aussi vaste et prenant, Tenzin a évolué, il a « grandi », spirituellement et personnellement. Il a appris des vérités profondes sur la nature de l'esprit et de toute existence. Il a appris à se connaître. Il a appris l'immense potentiel de développement de sa conscience, vers l'état d'omniscience et de compassion absolue. Cet état de pureté et de béatitude ne peut être atteint que si les négativités et les « illusions » le recouvrant ont été éradiquées. Il a appris à respecter une autodiscipline ferme, car les monastères tibétains imposent un régime de vie qui, par comparaison, ferait passer un campement militaire pour une colonie de vacances. Cependant, si ce que l'on dit de Tenzin Sherab est vrai, à savoir qu'il est la réincarnation de Geshe Jatse, alors il ne s'agissait plus vraiment d'un apprentissage, mais d'une remise en mémoire de facultés, pour être en mesure d'en tirer le meilleur parti possible dans cette vie.

S'il est vrai que dans sa vie précédente il avait vécu comme un véritable saint tibétain, méditant dans une grotte jusqu'à la fin de ses jours, il était cette fois-ci tout à fait occidental. Aucun doute à avoir là-dessus. Il ne cherchait d'ailleurs pas du tout à cacher ses origines occidentales : il s'opposait parfois ouvertement à certains aspects de la vie du monastère. Comme son père

Isaac, ou peut-être à cause de lui, Tenzin ne pouvait accepter le sỳstème monacal tibétain dans son ensemble sans le remettre en question. Il suivait son propre chemin.

« On a fini par m'appeler "le rebelle" à Sera, parce que je résistais contre l'ordre établi. Cela a commencé dès mon arrivée. Ils avaient prévu une immense cérémonie pour m'accueillir. Mais lorsqu'on a voulu m'expliquer ce que j'avais à faire, et que j'ai demandé : "Mais pourquoi tout ce rituel? Pourquoi tant de complications? Je ne suis que moi-même, rien de plus, et je reviens au monastère", ils ne savaient vraiment pas quoi répondre.

« Je posais souvent ce genre de questions, et je n'obtenais qu'une seule réponse : "C'est la tradition." En effet, *c'est* la tradition, et les vieilles habitudes ont la peau dure! »

Pour ce jeune moine venu du Nouveau Monde, c'était difficile à supporter. Dès le départ il s'est élevé contre de nombreux aspects culturels du bouddhisme tibétain, surtout contre cette façon d'insister lourdement sur l'obéissance. Cela commençait à l'irriter souverainement.

« Je répétais sans cesse : "Vous devez changer, pour être dans votre époque. Vous devez évoluer avec elle." Mais ils refusaient de l'accepter. C'est incroyable comme ils sont hostiles au moindre changement. Pourtant l'un des enseignements les plus fondamentaux du Bouddha insiste sur l'impermanence de toute chose. »

Il recevait du Canada des parfums de sa culture natale, qui nourrissaient le côté occidental de sa nature. Ses sœurs, Leila et Bryna, lui envoyaient des quantités de documents sur le féminisme, pour lequel elles militaient activement. Il recevait aussi des revues sur les derniers développements de la technologie informatique. Tenzin adorait cela. Puis, après avoir passé une série particulière d'examens, il est revenu quelque temps à Montréal, où le mode de vie canadien a renforcé en lui les influences de son lieu de naissance.

Les deux courants qui irriguaient son incarnation actuelle, ses racines occidentales et sa destinée, convergeaient inévitablement, et un jour il sut que sa voie était en Occident.

« J'ai repris corps en Occident pour créer un pont entre les deux cultures. Mais ce n'est pas aussi simple. Cela va plus loin. Je suis ici pour favoriser une guérison, une guérison émotionnelle. Je ne sais pas quel nom lui donner. Je veux aider à faire comprendre le message du bouddhisme tibétain, qui est paix, harmonie, amour et compassion entre tous les peuples du monde.

« J'avais le sentiment que je devais prendre tout ce qu'offre le bouddhisme tibétain, pour ensuite l'exprimer en termes occidentaux. C'est un peu comme choisir quelque chose, le façonner différemment, et le mettre ailleurs. Vous pouvez prendre un morceau de pâte et le découper en cercle ou en carré, la forme change, mais c'est toujours la même substance. L'essence demeure la même. »

Il venait juste d'avoir dix-huit ans lorsque le sens de sa renaissance lui est clairement apparu.

« Avant cet instant, je ne savais pas pourquoi j'étais ici, ni pourquoi j'étais à Sera. J'ai compris peu à peu ce que je devais faire pour atteindre mon but ultime. »

Alors il sut qu'il devait quitter le monde cloîtré du monastère de Sera. Sa place était en Occident. C'était là un pas radical et courageux, car il était censé rester en Inde au moins encore cinq ans pour terminer ses études de geshe. Une pression très forte était exercée sur les toulkous pour qu'ils répondent à toutes les attentes pesant sur eux. Mais Tenzin avait pris sa décision, et il ne lui manquait plus que la permission du Dalaï-Lama. Son cœur lui disait qu'il ne pourrait pas partir sans la bénédiction de ce grand homme.

Il a donc entrepris tout seul le long voyage devant le mener de la pointe du sous-continent jusqu'à Dharamsala, au pied de l'Himalaya, là où le Dalaï-Lama avait établi son gouvernement en exil, pour informer le chef du bouddhisme tibétain, cet homme vénéré en tant que

Bouddha vivant, de ce qu'il avait décidé. Lorsqu'il est entré dans la pièce, le Dalaï-Lama lui a dit : « Que faites-vous ici ? Je croyais que vous étiez parti à l'université en Occident ! » Son visiteur lui a répondu assez simplement que c'était précisément ce dont il était venu lui parler. Tenzin n'avait besoin d'aucune autre expression de soutien. Le Dalaï-Lama a suggéré à Tenzin de faire des études en psychologie, pour comprendre comment le phénomène de la conscience est abordé en Occident, et être mieux armé pour aider les autres ; car, en fin de compte, quel est l'unique devoir d'un bouddhiste mahayaniste, si ce n'est de travailler sans relâche, vie après vie, pour aider ses semblables ? Si les lamas de Sera étaient choqués et déçus par la décision de Tenzin, l'attitude du Dalaï-Lama était beaucoup plus ouverte. Il n'avait jamais conçu d'idées toutes faites sur la façon dont Tenzin devait mener sa vie. Il savait que le jeune homme allait, et devait, prendre ses propres décisions.

Carol se rappelle parfaitement les conseils inestimables que le Dalaï-Lama lui avait donnés avant le départ de Tenzin pour Sera. « Il m'a dit, au sujet des enfants : "Tu peux les guider, les conseiller, mais tu ne dois jamais, jamais, essayer de les arrêter quand ils essaient d'agir par eux-mêmes, car ils savent mieux que nous ce qui leur convient." Il a poursuivi en disant que si Tenzin avait la capacité de prédire à quel endroit il allait renaître, et ensuite de se reconnaître lui-même, ce qu'il avait fait en nous parlant de sa vie passée, il devait *a fortiori* savoir ce qu'il devait accomplir au cours de son existence actuelle. » Dans cette entreprise plutôt difficile consistant à élever un toulkou, les paroles du Dalaï-Lama ont été pour Carol d'un grand réconfort.

C'est en avril 1992 que Tenzin a finalement quitté son monastère tibétain pour reprendre sa vie d'Occidental. Mais bien qu'il ait rejeté sa vie monacale, il n'a jamais, à aucun moment, douté d'être la réincarnation de Geshe Jatse. « Bien au contraire. Et d'ailleurs je ne tournais pas non plus le dos à tout ce que j'avais vécu jusqu'alors », affirmait Tenzin de manière catégorique.

Il a rendu ses robes monacales deux mois après son retour à Montréal. Il avait été moine bouddhiste tibétain pendant douze ans. Son retour au Canada serait pour lui aussi étrange et riche en défis que son arrivée à Sera. Mais cela ne le décourageait pas.

Tenzin savait au plus profond de lui-même que son destin se trouvait en Occident, mais se frayer le bon chemin pour atteindre son but ne serait pas simple. Dans cet implacable monde commercial, il lui fallait en priorité trouver du travail. Ce serait particulièrement difficile pour ce toulkou occidental : depuis six ans, on se prosternait devant lui, on le vénérait comme un prince de la spiritualité, on le préparait à occuper une position de puissance et d'autorité. Lorsqu'il avait appelé Carol et Isaac depuis Dharamsala, après son entretien avec le Dalaï-Lama, pour leur dire qu'il rentrait, ils lui avaient répondu qu'ils pourraient toujours l'héberger, mais que, quelle que soit sa décision, il devait l'assumer seul. Il n'était pas question qu'il revienne vivre aux dépens des autres, sans rien faire de sa vie !

Étant donné la récession, le chômage et son manque complet de qualifications professionnelles, les portes ne s'ouvriraient pas devant lui aussi facilement qu'à Sera. Il avait peut-être les aptitudes spirituelles les plus élevées, mais, d'un point de vue plus terre à terre, son curriculum vitae n'était pas impressionnant. En quoi une compréhension approfondie du bouddhisme pouvait-elle lui être d'une quelconque utilité sur le marché professionnel et commercial de Montréal ? Tenzin passa donc sept mois à arpenter les rues à la recherche d'un travail. Il aurait accepté n'importe quel emploi lui rapportant de quoi vivre.

« C'est dur de chercher du travail pendant des mois et des mois. Sans blague ! En plus, je n'avais même pas droit à l'assurance chômage. On est soumis à beaucoup de pressions ici, comme d'être contraint de faire des choses que l'on n'a pas du tout envie de faire, par exemple travailler, concède-t-il en riant. J'ai pris conscience à présent du combat pour l'argent qui fait rage ici. Mais c'est une nécessité, on est bien obligé de s'y résigner. » Il était sur le point de renoncer lorsque sa sœur a décroché un emploi de vendeuse dans une petite boutique de tabac et de journaux ; elle a demandé à son patron s'il pourrait aussi embaucher son frère. « Elle a dû lui demander au moins dix fois. Il a finalement accepté de me rencontrer, et il m'a embauché parce qu'il s'intéressait au bouddhisme et à la psychologie. Chez moi ça ne réussit souvent qu'au dernier moment », ajoute-t-il avec philosophie.

Il sait maintenant ce que c'est que d'être fatigué physiquement, après toute une journée passée debout, d'avoir à empêcher les vols à l'étalage, ou de mettre à la porte des jeunes trop chahuteurs. La boutique est située dans un des mauvais quartiers de Montréal, où il rencontre souvent des jeunes drogués ou des personnes mentalement perturbées. Cela aurait pu être une immense déception pour quelqu'un qui, peu avant, appartenait à l'élite d'un monastère tibétain, mais Tenzin s'est bien adapté à sa nouvelle situation. « Oh, ce n'est pas si mal », commente-t-il avec philosophie.

Mais bien que Tenzin se soit retrouvé tout à coup plongé dans l'univers profane du « travailler pour vivre », son sens de sa destinée est plus fort que jamais. Les dernières paroles du Dalaï-Lama résonnent encore à ses oreilles et, pour rester fidèle à sa vocation de venir en aide aux personnes de sa propre culture, il s'est inscrit au Département des sciences religieuses de l'université du Québec pour apprendre à mieux connaître la pensée spirituelle occidentale. L'étude de Freud, de Jung et d'autres pionniers de la psychologie moderne était au programme, ce qui répondait à une des suggestions du Dalaï-Lama. On l'a aussi invité à tourner dans un film sur sa vie, film qui contribuera, espère-t-il, à faire connaître au public les grandes vérités de la spiritualité universelle.

La forme précise que prendra sa destinée est encore à l'état embryonnaire, mais sa vision générale consistant à servir, à être utile au monde est bien claire. La paix et la souffrance du monde le préoccupent, et il veut aider, il veut soulager.

« J'aimerais vraiment pouvoir aider mes semblables d'une manière ou d'une autre, quels qu'ils soient, quoi qu'ils puissent faire et où qu'ils se trouvent. Je ne sais pas exactement comment. Je pense que j'interviendrai plus au niveau émotionnel que sur un plan purement physique ou mental. »

Ces paroles étaient prononcées avec une grande sincérité.

« Si je peux aider quelqu'un à se comprendre lui-même, et donc à comprendre autrui, j'aide cette personne et donc les autres d'une manière essentielle. C'est en ce point que la plupart des religions se rejoignent, avec l'idée d'"aimez-vous les uns les autres comme vous-même". J'aime appeler cela un "réchauffement planétaire", car c'est un réchauffement du cœur vis-à-vis des autres cœurs. »

Certains aspects de sa formation monacale pourront, espère-t-il, lui être utiles.

« Bien que toutes les grandes religions du monde soient porteuses de ce même message, je crois que le bouddhisme tibétain a quelque chose d'unique à proposer : il nous permet de nous poser des questions, de nous interroger et enfin d'arriver à nos propres conclusions, par nos propres moyens. J'espère être un peu comme un éveilleur de conscience sur ce plan. »

Comment acceptait-il d'être redevenu laïc après tant d'années de vie monacale ? Le fait de rendre ses robes de moine a peut-être facilité sa réintégration dans la société occidentale, mais il n'avait pu faire un tel geste à la légère. Après tout, il avait porté pendant douze ans ces robes bordeaux et doré ; elles étaient devenues l'emblème de sa vocation, mais avaient aussi constitué une sorte de protection.

« J'ai cru que ce serait facile, mais pas du tout, loin de là. J'ai hésité longtemps à décider quand et comment les rendre. »

Il n'y aurait plus non plus tous ces rites qui lui paraissaient si ennuyeux à Sera, plus de méditation assise, plus de lectures de textes sacrés, terminés aussi les autres aspects de cette vie religieuse et protocolaire qui avait été si longtemps la sienne. Le déploiement extérieur de la pratique spirituelle, m'a-t-il affirmé, ne le concernait plus.

« Maintenant il est rare que je m'assoie pour méditer. Je n'en ressens plus le besoin. Je ne médite plus que si je sens que c'est vraiment nécessaire. Aujourd'hui j'intègre le bouddhisme tibétain dans ma vie quotidienne, dans ma façon de penser, d'agir, dans ce que je décide de faire ou de ne pas faire. Ainsi je pratique tous les jours, même s'il n'en paraît rien. »

À ma demande, il a approfondi sa réflexion à ce sujet :

« Je suis constamment en train de travailler sur moi-même, de me dégager de mes impuretés ! J'aime être le spectateur de mes émotions. J'observe la situation presque comme si j'étais une tierce personne, et je l'analyse selon plusieurs points de vue. Cela m'aide énormément. Je crois que cette capacité de travailler sur soi-même tout en aidant les autres est un don propre aux toulkous.

« Par exemple, il est primordial d'apprivoiser sa propre colère et de savoir s'en libérer car, si vous voulez la paix dans le monde et entre tous, vous devez apprendre à être tolérant. Et la tolérance n'est rien d'autre que l'absence de colère. Regardez tout ce qui se passe en Yougoslavie. Regardez Monica Seles, cette joueuse de tennis qui a été poignardée. Tant de malheurs et de souffrances ont pour seule origine la colère !

« Se libérer de la frustration est aussi un grand pas en avant. Je me suis aperçu qu'il est très utile de savoir discerner entre colère et frustration, afin de pouvoir identifier laquelle de ces deux passions est à l'origine de votre souffrance. Certains enseignements que le Dalaï-Lama a donnés à Mungod m'y ont beaucoup aidé. La colère entraîne plus de violence. C'est plus fort. On la ressent différemment.

« La dernière fois que je me suis mis en colère, c'était contre ma sœur : elle venait de dire quelque chose qui m'avait vraiment contrarié. Cela faisait si longtemps que je n'avais pas éprouvé une telle colère que je ne me rappelle plus depuis quand. J'ai eu un geste violent, j'ai frappé une porte et me suis cassé une phalange ! J'ai considéré cela comme une leçon : "Maintenant tu sais ce qu'est la colère et le mal qu'elle peut faire. Alors trouve une solution au problème et mets-y fin." Cela dit, je suis assez patient en général. »

Comme le grand Lama Yeshe a débarrassé le bouddhisme tibétain de nombreux éléments extérieurs pour mettre en valeur ce qu'il a d'essentiel, Tenzin Sherab s'est attelé, lui aussi, à personnaliser son cheminement spirituel. Son autel, tout comme celui de Lama Yeshe, porte la marque évidente de son individualité.

« Ce qui compte, c'est le message, non sa forme. Ce n'est pas l'image qui compte, insiste-t-il. Sur son autel, on devrait poser des objets qui ont une signification particulière pour soi, qui ont un sens. J'y ai mis des photos de ma famille, une pyramide de cristal offerte par Tsong Rinpoché et un tube en verre que m'a donné un ami en France, pour mon anniversaire. J'ai aussi un puzzle en trois dimensions, qui a la forme d'un diamant. C'est un cadeau de mon père, pour Noël : il est très important pour moi, car c'était mon premier Noël en famille depuis des années. Mon autel est couvert de ces petits objets. C'est un rite très personnel. »

Entre-temps, Tenzin est revenu aux coutumes nord-américaines. Il s'est mis à pratiquer une activité typiquement canadienne, le hockey sur glace, si vénéré dans son pays que c'en est presque devenu une religion. Il adore ça. Il raffole aussi des films d'horreur et des dessins animés de Larson ; enfin il a une petite amie. Après ces années d'adolescence marquées par des vœux de célibat, c'est vraiment pour lui la découverte d'un terrain inconnu. Tandis que la plupart des garçons de son âge apprenaient à faire la cour, Tenzin était plongé dans la discipline monacale et l'apprentissage du bouddhisme. Ceux qui connaissent Tenzin disent d'ailleurs qu'il n'est pas très raffiné dans certains domaines de la vie en société, après avoir été cloîtré si longtemps dans un monastère tibétain. De son côté, il affirme apprécier sa nouvelle liberté.

« Il est très agréable d'avoir quelqu'un à qui parler, et avec qui passer du temps, en dehors de sa famille », dit-il.

Mais, peut-être à cause de son âge ou de ses vies antérieures de moine, la notion de mariage et l'idée de devenir père de famille ne l'attirent pas du tout.

« Cela m'attire encore moins que d'être obligé de revenir à l'université, dit-il en riant. J'ai déjà un niveau équivalant à la maîtrise dans mes études de geshe, mais ce n'est pas reconnu ici. Je suis donc obligé de me recycler dans le système universitaire occidental. Cela ne me plaît pas tellement, mais devenir père de famille me déplairait encore plus. »

On aurait pu croire qu'une personne désignée dès sa plus tendre enfance comme un être unique, ordonnée moine dès l'âge de neuf ans, et qui a passé des années dans un monastère tibétain aurait du mal à devenir un citoyen canadien comme les autres. Tenzin affirme cependant que cela ne lui est pas très difficile. Savoir s'adapter, selon lui, fait partie des dons d'un toulkou. Il m'a parlé de l'art de s'immerger entièrement dans son activité, quelle qu'elle soit, tout en restant détaché intérieurement.

« Cette vie – cette vie canadienne – est un jeu. C'est probablement la même chose partout. Donc je joue au hockey, je vais au cinéma, j'ai une petite amie, je travaille dans une boutique, je peux tourner un film et continuer néanmoins à observer ma conscience. Une fois qu'on a appris les règles du jeu, on peut le jouer tout en continuant à faire son travail intérieur. Mais on doit comprendre les règles de ce jeu, l'étudier, l'apprendre et s'y adapter, pour s'y maintenir. Sans se faire remarquer. Il ne faut pas trop se faire remarquer, être trop exceptionnel. C'est ce que je fais. »

Voilà un jeune homme qui sortait de l'ordinaire.

Avant de partir, il me restait quelques questions pressantes à poser à Tenzin Sherab et à ses parents sur la réincarnation. La plus cruciale sans doute concernait l'importance du conditionnement que Tenzin avait subi. Après tout, comme tous les toulkous, il avait été pris à un âge très précoce et façonné dans le cadre spirituel tibétain. Ses dons et ses talents se seraient-ils manifestés si on l'avait laissé évoluer seul, sans aucune intervention extérieure ?

J'ai demandé à Tenzin s'il aurait vécu sa vie différemment s'il n'avait pas été reconnu comme la réincarnation de Geshe Jatse. Aujourd'hui, avec un certain recul vis-à-vis de la tradition monacale, il était bien placé pour en juger.

« Je crois que je serais exactement le même, avec le désir d'aider les autres. C'est de ma vie passée que vient une grande partie de ce que je suis aujourd'hui. »

Sa réponse a été immédiate. Il ne regrettait absolument pas d'avoir été moine ni d'avoir passé tant d'années à Sera. Au contraire, il considérait que cela lui avait été plutôt utile.

« J'aurais sans doute le même point de vue, mais il se serait manifesté beaucoup plus tard et plus discrètement. Cela n'aurait pas été un élan aussi puissant. Et je n'aurais sans doute pas su comment m'y prendre. Si je n'étais pas allé à Sera, je n'en saurais pas autant sur moi-même, sur mes émotions, mes valeurs et, bien sûr, sur le bouddhisme. Le processus aurait été beaucoup plus lent. Si j'étais resté au Canada, je me serais sans doute laissé piéger par l'esprit de compétition, je n'aurais pas vu plus loin que le bout de mon nez. Je n'aurais pas eu le temps de prendre conscience de la manière dont je fonctionne. Là-bas, j'ai appris à le faire. De plus, ici, je serais peut-être tombé dans le piège de l'alcool, des drogues ou tout simplement de la paresse. »

Mais beaucoup de gens, lui ai-je rétorqué, diraient que toutes ces années dans un monastère tibétain lui ont fait subir un véritable lavage de cerveau ; son chemin lui a été tracé d'avance, son esprit a été façonné. Cette idée l'a mis hors de lui.

« Je n'ai subi aucun lavage de cerveau! Bien au contraire! Si je suis conditionné, je ne peux m'en prendre qu'à moi-même. Je ne serais pas ce que je suis aujourd'hui si je n'avais pas été dans un monastère. Je suis heureux d'y être allé. Je suis un penseur libre et indépendant. Parfaitement », insista-t-il.

Il concéda que ce n'était pas toujours facile d'être un toulkou.

« Il y a eu des moments où je me suis senti forcé. Forcé d'apprendre, forcé de mémoriser des textes et des prières. C'était difficile car, chaque fois qu'on me demande de faire quelque chose, ma tendance naturelle est de dire "non". Au monastère, je pouvais dire "d'accord", cela ne m'empêchait pas ensuite de ne rien faire. Il y a beaucoup d'attentes sur les épaules d'un toulkou, surtout de la part des Tibétains et des anciens disciples, même s'ils n'en sont pas toujours conscients. Je devais toujours être le meilleur de la classe, le meilleur en ceci, le meilleur en cela. Je devais rester calme et serein en toutes circonstances. Je devais être parfait, ni plus ni moins. Mais personne n'est parfait. Et lorsque vous ne l'êtes pas, vous décevez. Lama Osel aussi subit beaucoup de pressions. »

Il m'a raconté le stress que sa famille et lui avaient ressenti, lorsqu'il était jeune et que les lamas insistaient constamment pour qu'il leur soit confié.

« J'ai commencé à avoir de l'asthme l'année où ils ont envoyé les premières lettres et cela n'a pas cessé depuis. Maintenant que je suis sorti du monastère, ça va mieux. Je ne dis pas que c'est un endroit négatif, mais la pression qu'ils exerçaient sur moi était très dure à supporter », admet Tenzin.

Avait-il toujours l'impression de devoir être à la hauteur de ces attentes? Coloraient-elles ou contrôlaient-elles sa vie d'une quelconque manière?

À nouveau, sa réponse a été véhémente.

« Non, non et non! Je n'ai certes pas l'habitude de me conformer aux attentes des autres. Je ne l'ai jamais fait. Je tâche d'être à la hauteur de mes propres attentes.

D'ailleurs, je n'en ai presque aucune à mon égard. Je lâche prise et je ressens les choses. Si je fais quelque chose, je le fais aussi bien que possible et, si je ne peux pas aller plus loin, j'attends des gens qu'ils l'acceptent. »

C'était une bonne réponse.

Il restait quelques questions désagréables sur la réincarnation que je souhaitais éclaircir. Par exemple, pourquoi ne gardait-il aucun souvenir précis de Geshe Jatse ?

« Selon ma théorie, cela ressemble à une série de lignes. Naissance, mort – naissance, mort. À la naissance, vous êtes plus proche de votre vie précédente. Vers l'âge de sept ans, vous commencez à prendre conscience de ce qui se passe autour de vous et à être plus impliqué dans votre vie actuelle que dans la précédente. C'est ce qui m'est arrivé, mais à l'époque je n'en étais pas aussi conscient qu'aujourd'hui. »

Si les vies peuvent être considérées comme une série d'existences, il s'était écoulé environ trente ans entre la mort de Geshe Jatse et la naissance de Tenzin Sherab. D'après lui, qu'avait-il fait entre-temps ? Où était-il passé ?

« Certains estiment que j'ai pu renaître ailleurs et mourir très jeune, ce qui est possible. D'autres affirment que j'étais dans une autre dimension. Il n'y a pas de véritable explication. D'après moi, j'ai dû renaître, ne pas avoir été reconnu ou accepté comme moine, et mourir très jeune. »

Il me restait encore quelques questions sur les différences de personnalité évidentes qui existaient entre Geshe Jatse et Tenzin Sherab. Geshe Jatse était d'un tempérament très conservateur et pas du tout sociable. Au contraire, Tenzin Sherab est clairement sociable, heureux d'être le sujet d'un film et d'un livre, et prêt à faire face à la publicité sans aucune crainte. Comment expliquait-il un contraste si net ?

« Cela se produit très souvent, répondit-il naturellement. À Sera, il y avait un toulkou dans la même classe que moi. Il était vraiment très maigre, alors que dans sa dernière vie il avait été énorme ! J'ai vu une photo de lui : je n'ai jamais vu quelqu'un d'aussi obèse. Je me demande même comment il faisait pour se déplacer. Il est donc très fréquent que votre aspect physique et votre comportement changent d'une vie à l'autre. On devient même parfois l'inverse de ce qu'on était autrefois. »

Comme tous les lamas formés à l'école tibétaine, il avait vraiment réponse à tout !

Je me suis tournée vers Carol et Isaac : je voulais savoir si, au vu de leur expérience, ils pensaient maintenant qu'ils auraient dû agir différemment envers leur fils. Quant à leur décision d'envoyer Tenzin à Sera, Carol n'avait presque aucun regret.

« Une chose est sûre, nous ne l'avons pas du tout forcé à y aller, il a pris sa décision tout seul. Cela n'a pas été une mauvaise expérience. Je vois bien l'influence qu'elle a eue sur lui. Il en est vraiment sorti renforcé. Je crois que, s'il avait fait ses études ici, il serait devenu un adolescent paresseux. Là-bas, il a été forcé de travailler, d'entrer en compétition et de s'impliquer. Et cela le passionnait. À l'époque, c'était ce qu'il lui fallait. Je ne crois pas qu'il pourrait faire ce qu'il fait maintenant s'il n'était pas passé par là.

« Néanmoins, il était inconcevable qu'il devienne un lama conventionnel. Avant d'aller à Sera, il a dit au Dalaï-Lama qu'il ne savait pas s'il voulait rester moine et vivre dans un monastère toute sa vie. Le Dalaï-Lama a répondu que c'était à lui de décider.

« À présent, il est libre d'agir comme il l'entend. D'après moi, le karma auquel il ne pouvait résister était d'avoir à passer quelques années au monastère, car pendant sa vie passée, quand il était Geshe Jatse, il avait quitté Sera prématurément pour se retirer dans les montagnes. Il devait payer cette dette karmique. En tout cas, c'est ainsi que je comprends les choses. »

Comment concevait-elle désormais la réincarnation, elle qui avait donné naissance à cet enfant que l'on disait prodigieux, et qui l'avait élevé au jour le jour ?

« Cela me fait songer à la vie de Mozart, me répondit-elle. D'une certaine manière, Mozart était un toulkou. Il a été élevé dans un milieu de musiciens, mais il avait aussi ce don étonnant. Grâce à cet environnement particulier, il a pu apprendre à se servir de son talent inné. C'est comme cela que je vois Tenzin. Un toulkou est une personne particulièrement douée et qui a la capacité, si on lui en donne l'occasion, de faire quelque chose de bénéfique pour lui-même et pour les autres. Si l'occasion ne s'était pas présentée, peut-être n'en aurait-il rien tiré. Les Occidentaux ont une idée presque mystique du toulkou comme d'un être qui sait tout. Eh bien, c'est faux. Tenzin fait des erreurs comme tout le monde.

« Je respecte Tenzin, continua-t-elle, et quelquefois je vois en lui cette personne vraiment très âgée, que j'appelle sa vieille âme. Aujourd'hui, en voyant comment tout s'est arrangé, je me rends compte que quelque chose d'unique se produisait. Ce n'est pas seulement une illusion de mon imagination, ou une machination d'ordre politique de la part des Tibétains. »

Quel était, selon elle, le don particulier de Tenzin ?

« Le don de Tenzin, c'est son intelligence et sa capacité de donner au monde moderne toutes les richesses du bouddhisme. Mais comme c'est un pionnier, ce n'est pas une tâche facile. Il doit tâter le terrain. Peut-être le système des toulkous échouera-t-il, peut-être pas. Il est possible que Tenzin décide en fin de compte de revenir au monastère. C'est à lui de décider. C'est sa vie. »

Isaac perçoit son fils plus simplement.

« J'apprends beaucoup avec Tenzin. Cela me rappelle les anciens enseignants tibétains qui n'acceptaient des disciples qu'à partir du moment où ceux-ci étaient humbles, prêts à recevoir l'enseignement. Le maître s'asseyait d'un côté de l'arbre, et le disciple de l'autre; ils ne se voyaient pas. Le maître ne disait rien. Le disciple commençait à méditer profondément et, lorsque le maître sentait que son élève était prêt, il disait quelque chose qui pourrait accroître sa compréhension et sa pénétration intuitive. C'est ainsi que Tenzin procède avec moi. Je peux passer des journées entières à ruminer un problème sans en parler, et tout à coup Tenzin me dira quelque chose, apparemment sans raison. C'est une approche que j'accepte parfaitement. »

Tenzin est donc heureux du lieu où il se trouve et de ce qu'il y fait. Sa vie est peut-être plus difficile et plus incertaine, maintenant qu'il a quitté la voie sécurisante que lui offrait le monastère de Sera, mais il ne regrette pas du tout sa décision.

« J'étais prêt à revenir en Occident, à me réintégrer dans cette société. J'avais l'impression qu'à Sera je ne faisais pas grand-chose pour les autres. »

Maintenant que je l'avais rencontré et que je connaissais son histoire, j'espérais qu'il trouverait son destin en Occident, sous quelque forme que ce soit. Et, au fond de moi, je souhaitais que ce soit une destinée glorieuse. Il avait tant à accomplir !

Il me restait une dernière question. Puisqu'il semblait pouvoir choisir ses vies comme il l'entendait, que prévoyait-il pour la prochaine ?

« J'aime ma vie actuelle, et cela ne me dérangerait pas du tout de refaire la même chose », m'a-t-il répondu sans trop s'engager.

3

ROGER WOOLGER

Vivons-nous vraiment plusieurs vies ? Existe-t-il réellement un continuum de conscience qui se perpétue d'existence en existence, comme l'affirment les religions orientales ? Ou la réincarnation est-elle uniquement une croyance appartenant à l'Orient, un phénomène propre à l'Asie ? Un nombre croissant de témoignages en Occident tendent à suggérer que ce n'est pas le cas. Je me suis mise en quête des plus grands chercheurs occidentaux spécialisés dans le domaine de la réincarnation, pour les écouter : je voulais relever les différences et les points communs de leur approche et de celle des lamas tibétains.

L'une des personnes les plus intéressantes que j'aie rencontrées est le Dr Roger Woolger, psychanalyste britannique jungien, conférencier en psychologie culturelle et thérapeute des vies antérieures : il examine leur impact sur notre existence actuelle. Avec ses diplômes des universités d'Oxford et de Londres, son accréditation de l'Institut C. G. Jung de Zurich et son best-seller *Other Lives, Other Selves* (« Autres vies, autres moi »), il a réussi à allier une formation conventionnelle reconnue par ses pairs et un travail de précurseur révolutionnaire dans le domaine de la psychothérapie.

Le Dr Woolger croit que les souvenirs de nos vies passées peuvent affecter profondément la qualité de notre vie actuelle. C'est pourquoi il consacre une grande partie de son temps à animer des stages de cinq jours sur les vies antérieures et la thérapie régressive, en Europe et en Amérique du Nord. Depuis cinq ans environ qu'il mène cette recherche, des centaines, si ce n'est des milliers d'Occidentaux se sont livrés à lui, acceptant de chercher dans les plus obscurs recoins de leur conscience les causes de leurs anxiétés, de leurs phobies, de leurs échecs et de leur malheur. Je crois que le succès rencontré par le Dr Woolger ne prouve pas seulement que les Occidentaux acceptent l'idée de vies antérieures : ils sont également prêts à tenter l'expérience concrètement. Selon lui, cela s'explique parfaitement. Nous avons discuté dans sa maison au nord de l'État de New York, où il vit avec sa femme et ses trois filles.

« Les gens viennent me voir après avoir essayé les autres formes de psychothérapie, parce qu'ils sentent qu'il y a quelque chose au-delà des considérations classiques sur leur enfance. En général, ils ont déjà testé toutes les "réponses" habituelles à leur problème, ce qui n'empêche pas que des images et des sentiments étranges, dont ils ne comprennent pas l'origine, continuent à se manifester. La plupart d'entre eux ont lu mon livre, m'ont écouté en conférence, et ils veulent tenter l'expérience. D'une certaine manière, ils ont déjà l'esprit ouvert. De temps à autre, je reçois une personne qui n'est pas au courant de mon travail sur les vies antérieures et qui vient uniquement pour de la psychothérapie; dans ce cas, il m'arrive de lui suggérer, au cours de la quatrième ou cinquième séance par exemple, d'aller chercher des éléments de réponse un peu plus profondément dans son passé. »

Le Dr Woolger travaille surtout en petits groupes, et parfois en tête à tête. Il a adapté la technique freudienne classique de l'« association d'idées », pour faire resurgir les souvenirs de vies antérieures.

« J'emploie des phrases très chargées pour déclencher un psychodrame intérieur dans l'imaginaire du patient. Par exemple, je leur fais répéter la phrase "Je ne le reverrai jamais", ou "Ils sont après moi", ou “Personne ne m’aime”, ou “J’ai fait quelque chose d’affreux”. Ce sont des formules très, très simples, mais qui agissent comme des hameçons pour l’inconscient et font remonter des histoires personnelles très rapidement. »

Les phrases qu’il choisit, dit-il, sont tirées d’un entretien préalable approfondi, au cours duquel il utilise sa formation psychanalytique pour faire ressortir les schémas qui sous-tendent la vie du patient.

« Je parle à la personne en profondeur, pour comprendre ses scénarios de vie et ses difficultés, en cherchant à identifier, en tant que thérapeute, des aspects spécifiques. Cela ressemble un peu à ce que fait un astrologue lorsqu’il examine le thème de quelqu’un et qu’il dit : “Cette personne a des problèmes à régler par rapport au pouvoir, ou par rapport aux ruptures et au sentiment d’abandon, ou par rapport au corps et à la santé.” L’astrologue s’inspire du thème de naissance, alors que moi je me fonde sur un entretien. »

En pratique, les drames qui se déroulent dans le cabinet du Dr Woolger sont extraordinaires, émouvants et profonds. Et, plus intéressant encore, ils expliquent souvent certains problèmes énigmatiques ou bizarres qui perturbent la vie du patient. Il m’a cité quelques exemples.

« Une dame est venue me voir. Elle était psychanalyste, avait reçu une excellente formation, et elle était en analyse depuis une dizaine d’années. Cependant elle avait une phobie qu’elle ne parvenait pas à cerner : le trac. Elle avait toujours eu une très belle voix, et sa famille l’avait donc encouragée à suivre des cours de chant, mais elle ne parvenait jamais à se produire en concert à l’école, tant elle était terrifiée. Elle chantait chez elle, pour ses proches, mais cela s’arrêtait là. Quelque part en elle, le fait de chanter était associé à un sentiment de terreur et de honte, mais elle n’avait jamais pu l’expliquer. Personne ne l’avait ridiculisée pendant son enfance, rien ne s’était passé à l’école, d’autant plus qu’elle n’avait jamais voulu y chanter.

« Je l'ai amenée à régresser, et un souvenir est apparu, celui d'une séduisante jeune femme juive travaillant dans les cuisines d'un camp de concentration. Un jour où elle chantait – elle avait une belle voix – un officier allemand qui passait par là l'a entendue ; il lui a intimé l'ordre de se produire au concert des officiers. En fait, il s'agissait du bordel situé à l'intérieur du camp. Elle a commencé par refuser, mais ils l'ont menacée. "Chante pour nous, sinon tu iras dans la chambre à gaz !", lui ont-ils dit.

« Elle a accepté de chanter pour sauver sa vie. Cela l'a exposée encore plus aux autres officiers : elle a remporté un franc succès auprès d'eux, mais ils avaient fait d'elle une prostituée. Elle en avait tellement honte que finalement, incapable de supporter cette situation plus longtemps, elle s'est pendue. Cela explique pourquoi, dans cette vie-ci, elle ne parvenait jamais à chanter en public. Elle portait encore en elle le traumatisme et la honte d'une vie antérieure. »

Cette histoire était vraiment fascinante et correspondait exactement au problème actuel de cette femme. Le Dr Woolger m'a donné ensuite un autre exemple étonnant de son travail.

« C'était une femme qui avait consciencieusement évité le mariage, et qui a découvert un jour des kystes dans ses seins. Elle est entrée en régression et s'est retrouvée dans une ville industrielle du nord de l'Angleterre au début des années 1880. Elle était jeune, assise le dos contre un mur, et elle mourait lentement de faim, tandis qu'un nouveau-né essayait en vain de la téter. Toute l'intensité de l'amertume et du désespoir qu'elle avait alors accumulés se répercutait sur sa vie actuelle. "Je n'ai rien à donner. Je me dégoûte et mes seins me répugnent", disait-elle. Elle a compris comment elle s'était condamnée et rejetée elle-même à un niveau émotionnel très profond, en tant que mère nourricière ayant failli à ses devoirs, et comment les pensées négatives qui accompagnaient ce traumatisme déclenchaient chez les hommes qu'elle rencontrait un sentiment de répulsion instinctif. »

Roger connaissait littéralement des centaines de cas intrigants comme ceux-là. Mais ce qui m'intéressait particulièrement, c'était qu'ils semblaient confirmer dans un contexte de psychothérapie bien occidental ce que Lama Yeshe et Lama Zopa avaient toujours dit : notre conscience est le dépositaire de tout ce que nous avons fait, dit et pensé, et nous transportons avec nous le contenu de notre esprit, heureux ou malheureux, jusque dans des vies futures plus ou moins proches ou lointaines. Cela corroborait une idée bouddhiste selon laquelle c'est nous, plutôt que quelque Dieu extérieur, qui sommes les auteurs de nos propres vies. À en juger par les histoires que Roger Woolger m'a racontées, cette perspective n'est pas nécessairement rassurante.

Un des aspects les plus fascinants du travail de Roger, c'est que ses patients ne se contentent pas de voir leurs vies passées mentalement, mais qu'ils les revivent physiquement. Cela rend son travail à la fois dramatique et plausible car, comme les lamas l'ont bien compris, ce que l'on ressent est beaucoup plus authentique et réel que ce qui est simplement pensé.

« Le patient ne s'allonge pas là, les yeux fermés, en racontant de manière passive une vision intérieure. Il revit vraiment l'événement, avec tout le drame, les passions et les traumatismes de l'expérience initiale, comme s'il était en train de la vivre en direct ! Il peut subir des contorsions, des convulsions, des palpitations et des gestes violents. Il arrive qu'un patient se serre la poitrine, semblant revivre la souffrance d'une blessure à l'épée ; un autre restera raide et figé, les bras levés au-dessus de la tête, pendant qu'il se souvient d'avoir été attaché à un poteau de torture », m'a dit Roger.

Comme il ne m'était pas possible d'assister à une séance de ce genre, il m'a donné la transcription condensée d'une régression, pour illustrer ses propos. C'est une lecture fascinante.

Mike est un travailleur social qui souffre d'affreuses crises de panique chaque fois qu'il doit parler devant ses collègues au cours de réunions de travail. Environ une heure avant la rencontre, il se sent extrêmement nerveux, sa poitrine se crispe, il a du mal à respirer, il transpire des paumes et ressent de graves palpitations cardiaques. Il souffre de ces réactions depuis l'enfance, dès qu'il est confronté à une prestation en public.

RW : Donc, que ressentez-vous au moment où vous entrez dans la salle de réunion ?

Mike : Une panique atroce. J'ai l'impression d'être en train de mourir. (*Il se touche la poitrine.*) J'ai l'impression que tout va s'arrêter. Il suffit que j'en parle pour sentir immédiatement mon cœur battre à toute vitesse.

RW : Et quelles pensées accompagnent ce phénomène ? Il est clair que vous subissez un terrible conflit intérieur.

Mike : « Je *dois* y arriver, mais non, je ne veux *pas*. Oh, mon Dieu ! Comment est-ce que je vais pouvoir m'en sortir ? » (*Son estomac semble se crisper et ses bras se raidissent.*)

RW : Qu'est-ce que votre estomac est en train d'essayer de vous dire ?

Mike : « Je ne veux pas. Comment vais-je réussir à m'en sortir ? Oh, mon Dieu ! » Ma poitrine est complètement crispée et mon estomac me donne l'impression qu'il va s'enfoncer.

RW : Restez centré sur ces sensations et sur ce que cherche à vous dire votre estomac, continuez.

Mike : « Je ne veux pas. Je veux qu'on me laisse seul. Je vous en prie, ne me forcez pas ! Non, pas devant tout ce monde ! Je suis pris au piège. Je n'arrive pas à me dégager. » (*Il se tortille nettement d'un côté à l'autre.*)

RW : Laissez-vous aller dans un autre scénario de vie qui correspondrait à ces mots.

Mike : Je vois une église. Et une foule. Oui, beaucoup de monde. Oh non ! Je ne veux pas. Ne me forcez pas !

RW : Dites-le à ces personnes, pas à moi. Restez concentré sur les images et sur votre corps.

Mike : C'est affreux, j'ai peur. Je ne vais pas montrer ma peur. Ils me forcent à y aller. Ah, au secours ! Ma main et mon cou ! Ils me font vraiment très mal.

RW : Qu'est-ce qui vous arrive ?

Mike : Ils m'ont attaché les poignets derrière le dos. Quelque chose est en train de me toucher le visage. Je ne vois rien. Maintenant c'est le cou. Ah, au secours ! On va me pendre !

RW : Je veux que vous traversiez l'ensemble de l'expérience jusqu'à ce qu'elle ait pris fin. La douleur cessera, mais elle a besoin d'être libérée. Continuez à dire exactement ce que vous ressentez au fur et à mesure.

Le rapport continue :

Mike, allongé sur le matelas, le corps traversé de contorsions et de spasmes, s'est mis alors à haleter de plus en plus. Il a signalé des fourmillements dans les mains et les pieds, et une panique croissante dans l'estomac. Sa lutte s'est accrue jusqu'à la fin. Il était clair qu'il résistait de toutes ses forces contre l'exécution, jusqu'au dernier moment...

Son corps s'est enfin relâché lorsqu'il a franchi le moment du décès. Il a fondu en larmes, la poitrine haletante : « Je ne pouvais rien faire », a-t-il dit. Sa poitrine s'est dégagée et s'est ouverte. Sa respiration a pris de plus en plus d'ampleur une fois le traumatisme dépassé...

Nous avons pris le temps nécessaire pour que toute l'énergie puisse être entièrement libérée, pour qu'il parvienne à exprimer et à traduire en paroles toutes ses sensations. C'est alors que nous sommes revenus aux événements qui avaient conduit à la pendaison. Mike s'est revu comme un jeune homme qui avait dévalisé un autre homme et qui, dans la mêlée, l'avait tué. Il avait été capturé par les villageois et traduit devant le tribunal, où il avait été condamné à mort par pendaison.

Mike s'est rappelé sa cellule de prison, l'intense humiliation publique qu'il avait subie, et par-dessus tout ce sentiment d'impuissance dans la poitrine et l'estomac au cours des dernières heures, avant d'être emmené à l'échafaud. Comme on s'en doute, un adolescent comme lui avait une force de vie très prononcée, reflétée par sa résistance physique à la mort. Je l'ai encouragé à exprimer physiquement tous les aspects de la lutte.

Le restant de notre travail a consisté à l'aider à dissocier l'ancien traumatisme de sa vie actuelle. Je lui ai suggéré des affirmations telles que : « Je maîtrise parfaitement la situation. Je suis fier de mon travail. Il n'y a plus aucune raison d'avoir honte de quoi que ce soit. »

En lisant ce rapport, et en considérant tous les autres cas portés à mon attention, j'ai été frappée par le poids démesuré de la tragédie que les clients de Roger Woolger semblaient traîner avec eux, hérité de leurs vies passées. Cela rappelait singulièrement ce que nous avaient dit Lama Yeshe et Lama Zopa à Kopan : nos vies, sur la roue de la naissance et de la mort, sont marquées par la souffrance.

Heureusement, l'histoire de Mike a bien tourné. Au cours des séances suivantes avec Roger, il a signalé que les sentiments de panique qu'il éprouvait autrefois avant une réunion s'étaient presque entièrement dissipés. Il ressentait une impression de vitalité et de puissance accrues dans tous les aspects de sa vie. Roger pensait que l'adolescent piégé et humilié en lui-même avait été libéré et contribuait maintenant à renforcer son énergie, au lieu de l'affaiblir.

Bien sûr, de nombreuses personnes, professionnels ou non, s'inquiètent du type de travail qu'effectuent Roger et d'autres thérapeutes travaillant sur les vies passées. Il est dangereux, selon eux, de fouiller dans les profondeurs de la conscience pour en déterrer les traumatismes. Comment répond-il aux accusations de ses critiques ?

« Pour des gens inexpérimentés, une libération physique violente peut paraître pénible, voire dangereuse, mais pour nous c'est courant, c'est même une composante essentielle de la thérapie des vies passées. De plus en plus de thérapeutes se rendent compte que toutes sortes de problèmes et de complexes affectant le comportement ont des liens traumatiques sous-jacents avec nos vies antérieures, aussi bien physiquement qu'émotionnellement, m'a précisé le Dr Woolger.

« Je travaille à partir de l'idée que si vous retournez en arrière, jusqu'aux événements qui ont été à l'origine du traumatisme, de la phobie, de l'anxiété, de la rage, de la culpabilité ou autre, et que vous les reviviez, vous parvenez à prendre du recul, vous atteignez un certain détachement, et avec un peu de chance vous en êtes ainsi libéré. Ce principe est résumé par l'Oracle de Delphes : "Ce qui blesse peut aussi guérir."

« Mon approche provient en partie du travail effectué sur les psychoses provoquées par des éclatements d'obus pendant les deux guerres mondiales. On a découvert que le seul moyen de soulager ces chocs est de donner aux victimes du sodium penthotal (un narcotique), ou bien d'employer l'hypnose pour leur faire revivre par régression les horreurs du champ de bataille. Elles réussissaient dès lors à libérer leur hystérie, leurs cris et leur terreur, et à s'en détacher. Mon travail consiste à faire s'évacuer certains éléments psychiques anciens. »

Il poursuit : « Les alchimistes ont un proverbe : "Le portail de la paix est excessivement étroit, et personne ne peut le franchir sauf par l'agonie de son âme." Je crois que c'est vrai. Même dans la tradition chrétienne, on parle de "la nuit obscure de l'âme" et du calvaire de Gethsémani. Une certaine dose de souffrance est nécessaire pour trouver la pleine harmonie en soi-même.

« Mais nous parvenons à traverser cette nuit obscure, et nous arrivons de l'autre côté. Bien sûr, les gens sont terrorisés à l'idée d'y rester piégés, car pendant de nombreuses vies nous y *avons* en effet *été* coincés et nous n'en avons pas réchappé. Nous sommes morts dans des conditions atroces, nous sommes morts dans la douleur, nous sommes morts pleins de ressentiment, et nous ne voulons pas renouveler une telle expérience.

« Je dis aux personnes qui traversent des traumatismes issus de vies antérieures que ce ne sont rien d'autre que des souvenirs, des traces. Cela ressemble à d'anciennes émissions radio qui sont encore dans l'air, qu'ils ont captées et qu'ils repassent. Ils ne sont plus cette personne-là aujourd'hui. Je leur dis qu'ils ont besoin de les libérer, de nettoyer les circuits. »

Roger Woolger n'est ni un lama ni un mystique, c'est un psychothérapeute occidental, qui ne s'intéresse pas aux vérités éternelles mais cherche tout simplement à aider les gens à se sentir mieux. Croit-il à l'existence de vies antérieures ?

« Je crois aux vies passées comme je crois aux rêves, a-t-il répondu. Il existe des phénomènes psychiques que nous appelons l'inconscient. J'emploie le terme d'inconscient parce que j'ai été formé dans la tradition psychanalytique. Nous regroupons sous ce terme tout ce qui échappe à notre compréhension !

« Depuis les années 1840, les psychothérapeutes occidentaux ont élargi leur conception de ce qu'est l'inconscient, et de ce qu'il contient. En fait, la perception qu'a Freud de ce phénomène est très étroite. Sa définition de l'inconscient se réduit à l'ensemble des souvenirs personnels. Déjà au XIXe siècle, les philosophes romantiques considéraient que l'inconscient englobe toute l'humanité. C'est ce que Jung a compris. Le fait est que nous pouvons modifier notre état de conscience par la méditation, l'hypnose et les drogues – si nous souhaitons les employer. Nous pouvons aller n'importe où dans l'espace psychique. Nous pouvons aller dans des mondes inférieurs, dans des mondes supérieurs, et dans d'autres réalités, d'autres dimensions. Nous pouvons aussi aller dans ce que nous appelons le "passé". Ce que je dirais, c'est que l'inconscient n'est qu'un terme récent décrivant une réalité multidimensionnelle.

« L'important, c'est que nous ayons accès à cette réalité. Nous pensions avoir perdu tout contact avec elle. Nous avons bouclé la boucle et sommes revenus à des formes d'expériences qui s'étaient perdues dans notre monde occidental.

« Je considère que la plupart des névroses proviennent de traumatismes non résolus, puis refoulés. Et j'applique cette idée en revenant en arrière dans le temps, cet inconnu, pour laisser l'inconscient raconter ces histoires qui semblent provenir d'autres vies », conclut le Dr Woolger.

À la lumière de ce travail thérapeutique occidental, je me suis demandé si les clients de Roger ramènent réellement des souvenirs de vies antérieures, ou s'ils ne font qu'habiller leurs problèmes d'images qui les rendent plus compréhensibles, et donc plus acceptables.

« Cela pourrait très bien être le cas, m'a-t-il répliqué. L'inconscient est très créatif, et il est donc possible qu'il réinvente l'histoire, ou qu'il puise dans l'inconscient collectif des aventures qui n'appartiennent pas à l'individu lui-même. C'est un mystère, personne ne sait vraiment ce qui se passe au juste.

« En fait, cela ne m'intéresse pas de savoir si ces histoires sont véridiques ou non. Elles sont vraies pour ceux qui en font l'expérience, et c'est cela qui compte à mes yeux : la vérité psychologique. En revanche, je suis persuadé que ce n'est pas l'ego conscient qui produit ces histoires. Elles arrivent avec trop de spontanéité. Souvent la personne qui en fait l'expérience est complètement sidérée. "D'où cela peut-il bien venir ?" se demande-t-elle. Parfois elle reconnaît vaguement un élément de son récit, et elle dit alors quelque chose comme : "Cette région de France m'a toujours dérangé", ou : "J'ai toujours été fasciné par les Aborigènes... ou les Amérindiens", mais les détails des histoires que mes patients racontent sont vraiment extraordinaires. D'où peuvent-ils provenir ?

« Nous savons que l'inconscient peut divaguer, mais c'est le problème de la poule et de l'œuf. Est-ce que les histoires sont inventées, ou s'agit-il de souvenirs ? Avec une telle question, vous pouvez tourner en rond assez longtemps ! »

C'était un bon argument. Les explications et les définitions accompagnant ce type de thérapie sont bien sûr plus vagues que les indications strictes et précises données dans le bouddhisme tibétain, mais les témoignages qui en résultent n'ont rien d'imprécis. Le patient qui fouille dans son passé fait réellement l'expérience des événements qu'il décrit, dans une individualité nettement définie (et non dans une sorte de conscience de masse).

« Est-ce que vos patients ont déjà fait l'expérience d'exister sous d'autres formes, ou dans d'autres dimensions, en dehors du règne humain, comme les bouddhistes affirment qu'il est possible de le faire ? l'ai-je questionné.

— Cela arrive de temps à autre. Nous avons des personnes qui ont été enlevées par des OVNI, des gens ayant vécu sur Vénus, ou même dans d'autres systèmes solaires. Je ne sais pas toujours comment réagir, mais j'accepte que cela puisse faire partie d'autres réalités. Comme je l'ai déjà dit, il est possible d'aller dans n'importe quelle réalité. Il est difficile de savoir s'il s'agit réellement de vies antérieures ou de ce que l'on appelle des “voyages astraux”.

— Et les vies antérieures sous forme animale ?

— J'ai reçu des personnes qui gardaient le souvenir de vies de loups ou de chiens, parfois d'oiseaux, parfois de chevaux. Rarement d'insectes ou d'animaux à sang froid. Il s'agit généralement de mammifères.

« Il semble que l'esprit, lorsqu'il est désincarné, puisse pénétrer dans le corps d'un animal. Je ne sais pas s'il s'agit là de réincarnation dans un animal, ou d'un esprit contrôlant un animal vivant. Nous avons déjà énormément appris sur l'esprit au cours de ce travail. Il semble qu'après la mort, lorsque vous avez quitté votre corps, vous pouvez soit rester sur le plan terrestre, soit accéder à d'autres niveaux. Dans certains cas, les gens ont tellement souffert dans leurs corps humains qu'ils ne sont pas certains de vouloir revenir. Pour retrouver un peu de confiance, ils préfèrent prendre un corps animal.

« La métaphysique est assez floue dans ce domaine. Il faudrait définir ce que sont un esprit, une âme, un corps, un corps subtil, cette forme énergétique moins grossière que notre corps de chair et de sang. Personne n'est vraiment d'accord sur le sens donné à ces expressions.

— Ces expériences sous forme animale sont-elles agréables ou désagréables ?

— Cela dépend. Elles peuvent parfois être très agréables. Mais on se rend compte, avec les loups ou les chiens, par exemple, que les problèmes vécus en tant qu'être humain ont tendance à être revécus en tant qu'animal, sous une forme différente. Imaginons qu'en tant qu'être humain vous ayez beaucoup souffert du problème de l'exclusion et du rejet. Il est possible que, si vous revenez sous la forme d'un loup, vous soyez à nouveau rejeté, mais par la meute cette fois. »

Était-ce là une autre façon de dire que personne ne peut échapper à son karma ?

Roger était d'accord, bien que, dans sa terminologie occidentale, il préfère le décrire comme « des affaires non réglées ».

« J'appelle cela les résidus de vies antérieures, inscrits dans les corps subtils d'êtres se réincarnant par la suite », affirma-t-il.

Rejoignait-il les lamas et les tenants des autres religions orientales pour dire que nous n'avons pas vécu seulement une ou deux vies antérieures, mais un nombre incalculable de fois ?

« Jung disait que chacun porte en soi un être de quatre-vingt mille ans. C'est la connaissance de l'humanité qu'il ou elle porte en lui. Il a appelé cela la mémoire ancestrale. Il est certain que nous y avons accès. »

Sa réponse était bien celle d'une personne formée dans la récente tradition psychanalytique occidentale. La prémisse fondamentale reste la même, c'est-à-dire que notre inconscient porte des empreintes de vies bien au-delà de celle dans laquelle nous sommes actuellement engagés. Mais alors qu'on m'avait enseigné dans le bouddhisme tibétain que ce sont nos *propres* actions antérieures du corps, de la parole et de l'esprit qui ont créé « karmiquement » notre condition actuelle, la tradition jungienne que cite Roger semble affirmer que nous sommes individuellement liés à la conscience de masse de l'ensemble de l'humanité, et que nous avons capté et revécu des événements et des actes qui ne sont pas nécessairement les nôtres.

Roger est d'accord avec cette idée, jusqu'à un certain point.

« Quelques expériences de l'humanité nous dérangent, mais pas toutes. Je ne crois pas que nous soyons obligés de porter l'ensemble de l'humanité. C'est comme un thème de naissance. Les planètes ne sont pas présentes dans toutes les maisons. Chacun d'entre nous a un travail particulier à effectuer dans chacune de ses incarnations. En fin de compte, tout s'explique si l'on considère la globalité. »

L'intrigue d'une histoire déjà complexe m'a semblé s'épaissir, malgré l'émergence de certaines ressemblances entre les interprétations occidentales et orientales du phénomène de la réincarnation. La plus frappante de ces similitudes est une idée particulièrement noble, selon laquelle nous serions liés à une « globalité », et donc que la souffrance d'une personne, un crime commis par une autre, la honte et la disgrâce vécues par un tiers amoindrissent cette globalité. À l'inverse, l'action la plus noble, la plus raffinée, la plus élevée de tout individu rejaillit positivement sur le bien-être de tous.

Je retrouvais là l'essence du message bouddhiste : chaque individu tend vers l'Illumination, cet état où il est pleinement éveillé, pleinement *conscient,* uniquement pour le bien de tous les êtres sensibles. Il est passionnant de se rendre compte que des penseurs occidentaux sont parvenus à des conclusions pratiquement identiques, même sous une forme très différente.

Selon sa perspective et ses méthodes, Roger croyait-il que nous puissions nous libérer des « souvenirs » du passé, collectivement ou individuellement ? Sa réponse a été étonnamment bouddhiste.

« Seulement si nous devenons conscients, si nous observons les schémas récurrents dans nos vies, pas seulement ceux qui sont sains, mais aussi les malsains, ceux que nous avons tendance à refouler. Nous ne pouvons nous en libérer qu'en les élevant au niveau conscient. Voilà ce qu'affirment les psychanalystes jungiens. Bien sûr, concéda-t-il, il est douloureux de revenir en arrière, de revivre et de reconnaître les structures mentales négatives que nous portons en nous-mêmes. »

Pendant que Roger parlait, je me suis rendu compte que son travail lui offrait l'occasion unique de considérer le processus de la mort objectivement, pendant que ses patients le revivaient. Son témoignage pouvait fournir un nouvel éclairage sur cet événement mystérieux entre tous, que seuls les mystiques, les médiums et ceux ayant vécu des expériences aux confins de la mort ont pu relater.

« Mes patients décriront habituellement leur expérience d'une mort paisible en ces termes : "Je suis vieux, fatigué, je suis allongé sur mon lit et je sais que c'est l'heure de partir." Puis ils vont dire : "Je flotte au-dessus de mon corps et je vois ma famille qui est rassemblée là ; tous pleurent. Je suis triste, mais je suis prêt à partir." Et ensuite, de manière générale, ils commencent à s'élever vers d'autres plans.

« Ou alors ce sera une mort très soudaine, comme les personnes décédées sur un champ de bataille. Elles diront : "Je ressens une douleur intense dans le dos. Je ne suis plus là." Si on vous a tiré dans le dos, ou que vous soyez mort pendant votre sommeil, il est possible que vous portiez encore en vous les peurs non résolues qui accompagnent un décès inattendu et rapide. Une fois que vous avez pris conscience de ces traumatismes, vous pouvez vous en libérer.

« De nombreuses personnes sont furieuses d'avoir été forcées de mourir : combien de jeunes gens ont trépassé sur des champs de bataille alors qu'ils ne voulaient même pas se battre ? Ils sont morts très en colère. Je crois que c'est l'origine d'un grand nombre d'agressions commises par des adolescents, du fait qu'ils se soûlent, qu'ils aient des accidents de voiture, et ainsi de suite. Un très grand nombre de mes patients m'ont dit que jusqu'à l'âge de dix-huit ans leur vie avait été comme un tourbillon, qu'ils avaient couru partout, comme s'il ne leur restait plus très longtemps à vivre.

« J'ai aussi assisté à de longues agonies de personnes ayant subi des tortures, ou qui sont mortes pendant l'accouchement.

« Quelle que soit la mort, ma technique consiste à tout traverser jusqu'à la fin. Et lorsque c'est fini, il y a toujours, quel que soit le degré de difficulté ou de violence de la mort, un sentiment d'achèvement. C'est terminé, c'est fini. Sur le plan thérapeutique, c'est là un élément très important. C'est comme cela que nous nous libérons de ces schémas, de ces souvenirs, lorsque, consciemment, nous savons qu'ils ont pris fin. »

D'après lui, qu'est-ce qui voyageait ainsi de vie en vie et se rappelait les événements d'une autre époque ?

« Je dirais que c'est un agrégat de souvenirs liés par des thèmes communs. Il existe peut-être un principe plus élevé qui les assemble, que l'on pourrait appeler une identité supérieure. Je ne suis pas sûr que ce soit une âme individuelle, comme s'il s'agissait de “mes” souvenirs de vies passées », me dit-il.

Il se rapprochait en tout cas du point de vue tibétain, selon lequel il n'y a aucune identité ayant une existence inhérente, aucun « moi » fixe, aucune « entité » constante qui passe de vie en vie. Mais des souvenirs si profondément enracinés peuvent-ils être effacés si facilement ? Pouvons-nous nous libérer si vite de notre karma ?

« Dans certains cas, oui, mais pas toujours, m'a répondu Roger. Parfois les émotions se libèrent instantanément, les gens les laissent sortir. Ces personnes n'ont besoin que de deux ou trois séances. D'autres souvenirs peuvent prendre plus longtemps. Nous pouvons travailler pendant cinq à dix séances ; un enchaînement de différentes vies peut avoir besoin d'être revécu et exprimé. On trouve parfois des chaînes de vies très embrouillées, surtout autour de la culpabilité : “Là j'ai fait quelque chose de mal, là je reçois une punition, et j'en reviens en ne me sentant pas du tout à la hauteur, en me sentant incapable, et mon sentiment de culpabilité s'en trouve accru.” Ce type de cas est assez difficile à traiter. La personne ne parviendra pas à se dégager d'un tel complexe immédiatement. L'âme doit passer par une sorte d'expiation, de réconciliation, recevoir une forme de pardon.

« Dans de tels cas, je fais traverser à la personne l'expérience de la mort, puis je lui donne l'occasion de s'entretenir avec des esprits dans l'au-delà pour voir s'il existe la moindre possibilité de pardon. Parfois c'est possible, parfois non. »

Comme ce serait agréable s'il suffisait d'une simple thérapie pour se libérer de toutes ses douleurs ! C'est peut-être envisageable, jusqu'à un certain point. Mais lorsque nous serons libérés de notre peur principale, la peur du contact avec les autres, l'angoisse à l'idée de parler en public, ou encore celle d'exprimer ouvertement ce que nous ressentons, aurons-nous pour autant trouvé le vrai bonheur, une paix et une félicité véritables et durables ? C'est cette question que le bouddhisme se propose d'aborder. Les lamas affirment que ce n'est pas si facile.

Selon eux, cette recherche ultime de tout être humain, cette quête d'un bonheur parfait, est un périple long et ardu, qui exige une durée infinie pour aboutir ! L'Occident peut-il vraiment produire le remède infaillible en dix séances de thérapie ?

4

JETSUNMA

Le voyage de New York à Poolesville, dans l'État du Maryland, a duré presque quatre heures. J'ai d'abord pris un de ces trains en forme de cigarette argentée du centre-ville de Manhattan jusqu'à Washington, DC ; puis un train moderne jusqu'à Poolesville, une ville verte et luxuriante dans la banlieue aisée de la capitale. J'ai largement eu le temps de réfléchir pendant le voyage.

Je me suis rappelé avoir lu dans le journal, quelques années plus tôt, l'histoire d'une femme reconnue comme toulkou tibétain, qui avait organisé des veillées de prière pour la paix dans le monde. Je n'en savais pas plus. Cette petite bribe d'information s'était logée dans la périphérie de mon esprit, pour réémerger lorsque j'ai conçu le plan de ce livre. Et maintenant, tandis que mon train longeait la côte est des États-Unis, je me réjouissais à l'idée de rencontrer une femme toulkou occidentale. C'était en effet un événement exceptionnel : une femme ayant reçu la reconnaissance spirituelle et les plus hauts signes d'autorité au sein de l'univers essentiellement masculin du bouddhisme tibétain ! Et occidentale, qui plus est ! Mais j'ai eu beaucoup de difficultés à la retrouver. Je ne me souvenais plus de son nom, et elle était restée très discrète depuis son intronisation officielle en 1988. Grâce à divers contacts tibétains aux États-Unis, je l'ai enfin localisée. Elle s'appelle Jetsunma Ahkon Norbu Lhamo, et dirige un centre aux abords de Washington.

Je dois dire que, depuis dix-sept ans que je visite des centres bouddhistes tibétains, je n'avais encore jamais rien vu de comparable. Une magnifique maison blanche de deux étages, précédée de six grandes colonnes, resplendissait sous la lumière du soleil. On aurait cru un luxueux club privé. Je suis parvenue à cet édifice imposant par un chemin en lacet, bordé de grands mâts et de pelouses parfaitement entretenues, parsemées de plates-bandes fleuries. En regardant le toit, j'ai aperçu le premier symbole de l'identité réelle du lieu : deux daims en or soutenant une roue du dharma dorée, l'emblème national du Tibet. Et là, en grandes lettres près de l'entrée, un nom étranger : *Kunzaug Odsal Palyul Changchub Choling.* Comme sa traduction est encore plus complexe : le Continent de Lumière Absolument Claire du Dharma Complètement Éveillé et Glorieux, ses occupants l'appellent tout simplement « KPC ».

Si l'extérieur est impressionnant, l'intérieur est tout simplement saisissant. Un vaste escalier central, au milieu de la pièce principale, mène à l'étage supérieur; les murs sont tapissés de beige. Mais tout cela pâlit lorsque le visiteur pénètre dans les deux gompas*, qui sont sans aucun doute les plus belles salles de culte que j'aie jamais vues. Ces pièces sont de véritables palais de cristal : sur les murs est disposé un ensemble extraordinaire d'immenses cristaux, placés stratégiquement sur des socles et éclairés individuellement, comme des pièces de musée. Il s'agit, m'a-t-on précisé plus tard, de la plus grande collection de cristaux du monde après celle de la Smithsonian Institution à Washington.

Le premier gompa, consacré à l'enseignement et aux cérémonies, est drapé de rideaux bleu et doré, et meublé de belles chaises, pour ceux qui auraient du mal à s'asseoir par terre en tailleur. Le trône de l'instructeur se trouve sous un dais rouge, doré et bleu azur. Au centre de la pièce, on peut contempler un immense mandala*, entouré de stupas dorés à la base. Contre un des murs se dresse une statue de Padma Sambhava, le célèbre fondateur du bouddhisme au Tibet, et face à celle-ci le plus grand et le plus solide de tous les cristaux. L'effet est extraordinaire : on dirait le croisement d'un salon de réception exotique de style occidental et d'un temple oriental magique. J'ai songé qu'aucun des hommes engagés dans le bouddhisme tibétain n'aurait eu l'audace de réaliser un tel lieu de culte, voire de l'imaginer. Cet endroit parvient à briser toutes les barrières conventionnelles, tout en restant très clairement un gompa de tradition tibétaine.

Le second gompa est encore plus fabuleux. C'est la pièce consacrée à la prière, éclairée aux chandelles, où la veillée de vingt-quatre heures pour la paix dans le monde se poursuit sans cesse. Dans la lumière tamisée, j'ai aperçu d'autres cristaux non moins gigantesques, brillants, et un mur impressionnant, longé de cent huit petites statues de Bouddha, en rangées régulières, comme une série de sentinelles supervisant l'activité sacrée se déroulant dans le temple. J'avais déjà assisté à un tel spectacle au Tibet, où des murs entiers sont couverts de la représentation peinte de milliers de bouddhas noircis par la suie accumulée de millions de lampes à huile, mais rien ne pouvait égaler la splendeur virginale que Jetsunma avait créée ici, dans le cadre bucolique de Poolesville. En me tournant vers un autre mur, j'ai admiré un spectacle tout aussi étonnant, l'exposition de vingt et une statues de Tara, l'aspect féminin de l'esprit illuminé qui représente l'action rapide et efficace ; elles s'étagent comme une cour spirituelle féminine magnifique. Cette touche m'a semblé particulièrement appropriée. Un moine solitaire assis sur son coussin envoie dans toutes les directions des pensées d'harmonie et de compassion universelles, et la voix enregistrée de Jetsunma elle-même élève son invocation envoûtante vers la présence du Bouddha, faisant vibrer la pièce d'une immense puissance spirituelle.

Qui, au juste, est la créatrice de ce sanctuaire ? Jetsunma Ahkon Norbu Lhamo monte à l'étage, dans le salon de réception d'où émanent une douce chaleur, une prévenance discernable, une vivacité pétillante et, il faut bien l'avouer, en apparence du moins, une ambiance petite-bourgeoise américaine très ordinaire. Elle est maquillée, vêtue d'un tailleur beige assez traditionnel, et porte de grandes boucles d'oreilles fantaisie. Ses ongles sont longs et vernis, ses cheveux châtains bouclés et rêches lui tombent jusqu'aux épaules. Elle est grande, ronde, âgée d'environ quarante ans. Rien n'indique son statut si ce n'est le mala, le collier de grains de prière avec lequel elle joue constamment du bout des doigts ; de plus, avec ses yeux noirs en forme d'amande, les coins de sa bouche légèrement baissés et la forme générale de son visage, elle a une apparence très tibétaine.

J'apprends qu'elle est en réalité un exemple frappant de curieuses contradictions. Sacrifiant à la société occidentale moderne, elle a été mariée et divorcée plus d'une fois. Elle a trois enfants, dont deux fils de plus de vingt ans, et une fille adoptive de cinq ans. Elle vit dans une maison derrière le centre, où elle fait la cuisine, parcourt les catalogues pour commander des vêtements par correspondance (une de ses passions), et s'occupe de son mari et de sa famille tout comme des millions de femmes américaines.

Et cependant, fidèle aux mœurs antiques de l'Orient, elle porte le nom de « Jetsunma », un titre plus honorifique encore que celui de Rinpoché, la distinction accordée aux âmes réincarnées dans un corps d'homme. Ici devant moi, avec son maquillage et ses talons hauts, se trouve une femme qui a été acclamée comme une « Incarnation Sublime ». Voici une femme dont on dit qu'elle est parvenue à une telle maîtrise spirituelle qu'elle peut renaître sous la forme de son choix et enseigner directement à partir de sa propre mémoire, sans aucune formation supplémentaire. C'est vraiment un accomplissement d'une grande rareté. Contrairement aux autres toulkous tibétains ou occidentaux que j'ai rencontrés, Jetsunma Ahkon Norbu Lhamo n'a pas été découverte au début de sa vie et n'a pas eu besoin non plus de séjourner dans un monastère tibétain pour atteindre tout son potentiel. Elle l'a développé par ses propres moyens, secrètement et seule, en plein milieu des États-Unis, sans l'aide de quiconque. Le magnifique centre et ses très belles terres, ses sublimes salles de méditation et la communauté de fidèles pleins de ferveur qu'elle a réunis autour d'elle témoignent de ses réalisations intérieures. Je suis en présence d'une femme vraiment unique.

J'ai beaucoup de chance d'être reçue. Elle sort d'une longue retraite et d'une grippe ; mais elle accepté de rompre son silence pour me parler. Je suis impatiente d'entendre l'histoire de cette dakini* américaine.

« Je ne suis qu'une fille de Brooklyn », commence-t-elle par me dire, les yeux brillants d'humour. Pourtant, son passé ne prête pas beaucoup à sourire. Elle vient d'une famille pauvre, criblée de difficultés : l'alcoolisme, la violence, les viols, dont elle ne souhaite pas trop parler, sauf pour préciser que la police lui a conseillé de quitter le domicile familial dès l'âge de dix-sept ans. « C'était une situation *très* difficile, *très* difficile, dit-elle doucement. Dès que j'ai pu voler de mes propres ailes, je suis partie. Et je n'ai pas hésité un instant. Je m'en suis très bien sortie », ajoute-t-elle, voulant alléger ce qui est clairement le souvenir d'une enfance affreuse.

Sa mère était caissière dans une épicerie juive, et son beau-père un camionneur italien qui buvait trop. Tous deux battaient leurs enfants.

« Dans cette famille régnait la plus grande confusion sur le plan religieux, et une grande tension entourait tout ce qui touchait aux croyances. C'est une histoire étrange. D'origine hollandaise, ma mère s'est convertie au judaïsme lorsqu'elle a épousé mon père ; mais elle n'a jamais vraiment pratiqué la religion juive, préférant fréquenter l'Église réformée des Pays-Bas. Elle était ce qu'on appelle une juive “au saumon et aux bagels”, quelqu'un qui ne savait pas vraiment ce qui se passait dans le judaïsme à part l'accent ! me dit Jetsunma, éclatant d'un rire profond et guttural.

« Je n'ai pas connu mon vrai père, mais mon beau-père était catholique. Une véritable guerre régnait à la maison quant à la façon d'élever les enfants. Lorsque mon beau-père avait le dessus, je devenais catholique, ce qui fait que j'ai été baptisée selon le rite romain et qu'on m'a envoyée à une école de la même confession, où j'ai appris le catéchisme et tout ce qui s'ensuit. Lorsque, au contraire, c'était ma mère qui gagnait, ou quand elle n'arrivait vraiment plus à supporter les bonnes sœurs, elle me forçait à quitter le catéchisme et m'inscrivait à l'Église réformée des Pays-Bas. »

Il m'a semblé, à en croire la suite des événements, que ses antécédents familiaux, malgré leur dureté, avaient probablement contribué à façonner son destin. La violence qui régnait chez elle a dû aiguiser sa sensibilité aux souffrances du monde, aussi bien mentales que physiques; son éducation judéo-chrétienne lui a donné une connaissance interne des racines mêmes de la civilisation occidentale, ce qui est un atout inestimable pour enseigner les principes d'une croyance très différente. Jetsunma connaîtrait ainsi d'une manière intime le milieu socioculturel de la plupart de ses interlocuteurs.

Elle était une enfant mystique, spontanément, poursuit-elle, qui éprouvait envers Jésus une vénération qu'elle a conservée jusqu'à ce jour. « Je ressens une dévotion immense à Son égard. Je crois qu'Il a été un des plus grands Bodhisattvas* du monde. » Mais elle avait également une attirance inexplicable pour les statues de Bouddha. « J'en achetais constamment, et soit je les donnais à ma mère, soit je les gardais. Je me rappelle que, pendant ma phase hippie, j'ai décoré ma chambre avec des affiches bouddhistes psychédéliques; j'ai même eu un autel bouddhiste. J'éprouvais une grande affinité envers cette religion. J'en aimais la simplicité. Je ne savais rien du bouddhisme, en vérité, mais quelque chose m'y semblait familier. » Elle se souvient aussi d'avoir eu des visions béatifiques vers l'âge de dix ans. Elle inventait des prières d'après ce qu'elle ressentait, des prières uniques.

Malgré sa spiritualité innée, rien ne l'attirait ni dans les églises, ni dans les synagogues.

« Je n'aimais pas la façon dont les gens pratiquaient la religion dans notre pays, m'a-t-elle expliqué. Pour moi, cela a été une expérience insipide. Les gens ne semblaient y trouver aucun fil directeur pour vivre mieux leur vie de tous les jours. On ne m'a même pas, par exemple, recommandé d'aimer tous les êtres vivants. On m'a dit d'être une bonne fille, une fille bien gentille, ce qui se résumait à des considérations morales. Et nous savons tous ce que des filles sages et bien élevées ne devraient surtout pas faire !

« J'ai bien remarqué dans ma famille que mes parents, qui allaient à l'église et faisaient tout ce qu'il faut dans les règles, rentraient ensuite chez eux et battaient leurs enfants sauvagement, tout cela dans la même journée ! À mes yeux, quelque chose n'allait pas du tout dans cette façon d'agir, surtout quand c'était moi qui recevais la raclée ! À une époque, je me suis vraiment fâchée contre la "religion", je me suis rebellée contre elle. »

Une chose est sûre : dans ce milieu religieux très éclectique, qui a marqué la première enfance de Jetsunma, il n'y avait pas le moindre soupçon de la sagesse bouddhiste tibétaine qui, par la suite, allait émerger si brillamment et si spontanément dans sa vie. Aucune influence secrète, aucun enseignement caché ne peut expliquer l'apparition de cette philosophie bouddhiste très pure, qui allait lui venir naturellement.

« Personne n'était là pour me faire découvrir le bouddhisme. Personne. Le seul événement qui aurait pu me mettre sur la voie, mais qui ne l'a pas fait, c'est lorsque ma mère m'a amenée au bord de la mer, à Coney Island, et qu'une diseuse de bonne aventure m'a annoncé que j'étais une vieille Tibétaine. Rien de plus. Je n'avais aucune idée de ce qu'était le Tibet. Pas le moindre indice. Lorsque je pensais aux Tibétains, je pensais à de vieux messieurs qui sentent mauvais, assis sur des tapis ! »

Lorsqu'elle a fui le domicile familial, sur les conseils de la police, elle est allée en Floride où elle a rencontré son mari. Ils ont eu un enfant et ont emménagé dans une ferme isolée en pleine Caroline du Nord. C'est là que débute l'aventure spirituelle de Jetsunma. Finalement, elle est sortie de toute l'agitation des grandes villes et de la détresse de sa situation familiale, et la grandeur qui dormait en elle a commencé à s'épanouir. Sans émotion particulière et même d'une manière assez détachée, elle m'explique l'extraordinaire série d'événements qui a suivi.

« J'ai eu une série de rêves – j'ai fait des rêves étranges toute ma vie. On m'y disait ce que je devais faire. Alors une suite d'événements déroutants a eu lieu.

« La plupart de ces rêves me disaient de chercher un signe. Dans le premier, je rencontrais une vieille femme, comme une sorcière dans un château avec plusieurs tours. Cette femme a placé un cercle sur mon front et m'a déclaré : "Voici qui tu es, maintenant il faut commencer."

« Trois jours plus tard, une amie m'a demandé de l'accompagner chez une femme qui dressait des thèmes astrologiques, dont il est intéressant de remarquer qu'ils s'inscrivent toujours dans un cercle. Nous avons pensé que ce serait plutôt amusant, et nous y sommes donc allées. Cette femme a ouvert sa porte, et je vous assure, aussi vrai que je suis ici devant vous, c'était exactement la même personne que celle de mon rêve. Elle avait le même visage et portait les mêmes vêtements. Je me souviens que, sur le coup, je me suis mise à transpirer à grosses gouttes !

« Elle était vraiment vieille, mais quelque chose en elle m'attirait énormément. Je me rappelle l'avoir regardée et avoir songé qu'elle était très belle. Toujours est-il qu'elle a dit vouloir faire mon thème. Au bout d'un moment, elle est revenue et elle m'a affirmé : "Ma chérie, je n'ai rien à te dire. Toute ta vie est préparée devant toi, tu n'as besoin de l'avis de personne." Elle a été très adroite car elle n'a rien cristallisé, elle a laissé mon avenir fluide.

« Trois jours plus tard, j'ai eu un autre rêve où je voyais la ferme où j'habitais, mais avec de nombreuses voitures devant le porche. Un orage a éclaté, et le ciel avait une étrange teinte verte. Eh bien, trois jours après ce rêve – tout semblait se passer en périodes de trois jours –, j'étais sortie faire des courses et nous venions de rentrer à la maison avec quelques amis, lorsque l'orage a éclaté. Dans le rêve, une voix m'avait dit : "Quand tu verras cela, il sera temps de commencer ta méditation." »

Dire que Jetsunma était surprise serait un euphémisme. Elle n'avait que dix-neuf ans à l'époque, et elle se demandait pourquoi tout cela arrivait à une « pauvre fille de Brooklyn ». De plus, elle n'avait ni connaissance ni formation en matière de méditation.

« Je suis sortie dans la véranda et j'ai regardé la scène pour m'assurer qu'elle correspondait exactement à mon rêve. C'était effectivement le cas. Puis je suis retournée dans ma chambre et je me suis allongée ! Je savais que si je priais pour recevoir des directives, je pourrais apprendre à méditer, comme mon rêve me l'avait prescrit. Ce fut le début de ma véritable formation. Une formation qui allait se révéler très personnelle et très peu orthodoxe.

« La première chose que l'on m'a "dite", c'était que je devais m'engager très profondément, afin que dorénavant tous mes actes soient source de bénédictions. Alors j'ai commencé à pratiquer une méditation où je prononçais des phrases, presque comme s'il s'agissait de mantras* que je chantais : "Je m'engage à faire du bien à tous les êtres, ma vie n'a qu'un seul sens : être une source de bénédictions pour tous." »

Sans le savoir, elle était en train d'énoncer les concepts de base du bouddhisme tibétain, dans le langage couramment employé dans cette religion. Chaque jour elle a ainsi continué à progresser consciencieusement dans la pratique de ses méditations en suivant son intuition.

« J'avais l'image d'être un robinet, l'eau était déjà là, et je n'avais rien d'autre à faire que de l'ouvrir, c'était un peu comme ça. J'ai essayé de m'aligner sur le principe d'une compassion vaste et profonde. »

Lorsqu'elle a senti qu'elle ne pouvait aller plus loin dans cette première méditation, elle a prié pour connaître la prochaine étape de son travail intérieur. Elle a fait un autre rêve qui lui disait d'examiner toutes les évolutions possibles de sa vie dans l'avenir.

« Autrefois, j'imaginais régulièrement des scénarios à l'eau de rose, le stéréotype du rêve occidental, continua-t-elle. Je pratiquais des méditations où je supposais que mon mari et moi étions toujours heureux, comme dans ces publicités où l'on court en riant l'un vers l'autre à travers un champ de blé. Et mon fils devenait médecin, il serait riche et bon ! Et j'aurais d'autres fils et filles qui eux aussi grandiraient dans le bonheur, réussissant tout ce qu'ils entreprenaient. Puis je me suis demandé : Supposons que je réalise tous les rêves matériels de la femme américaine moyenne, bon, et alors ?

« J'ai médité sur ce thème. Cela renversait complètement ma façon de voir le monde. J'ai vu que toutes ces aspirations, tous ces rêves et ces espoirs n'avaient aucun sens véritable. Où est-ce que tout cela nous amène ? Après ces chimères, on finit tous par mourir. J'ai commencé à voir qu'il n'y avait aucun avenir dans ce genre d'entreprise. Même si je devais être totalement heureuse dans ce monde et que j'y investisse tout mon temps et tout mon argent, en fin de compte cela ne servirait strictement à rien. Je gagnerais peut-être l'admiration de mes semblables, et toutes les richesses imaginables, et ensuite je mourrais. Et après ? »

Ce qu'elle me décrivait était la méditation bouddhiste fondamentale sur la mort et l'impermanence, telle que je l'avais moi-même pratiquée à Kopan en 1976.

« Je me rappelle avoir ainsi médité en tenant mon fils dans mes bras : j'ai pensé à quel point je souhaitais protéger cette petite créature, en sentant que je ferais presque n'importe quoi pour lui. Je me souviens d'avoir pensé : "Je m'engage entièrement à t'assurer une parfaite sécurité." Et tout à coup je me suis rendu compte que je ne pouvais pas prendre un tel engagement. Si par malheur mon fils tombait très malade et mourait, je ne pourrais strictement rien y faire. Je ne pourrais pas le suivre dans son expérience au-delà de la mort. J'ai compris que j'étais en train de mentir à mon bébé », m'expliqua-t-elle.

Cet examen impitoyable de sa propre vie, des diverses directions qu'elle pouvait prendre et de la mort inévitable qui l'achèverait devait avoir un impact critique sur son évolution. À partir de ce moment-là, elle tourna le dos aux préoccupations mondaines. En termes bouddhistes, elle avait réalisé le renoncement, l'absence de fascination pour les sommets et les ornières de la vie, les drames et les joies futiles de l'existence. Il est dit que l'on ne commence à aborder véritablement le sentier de la spiritualité qu'à partir du moment où l'on a atteint et réalisé cet état de renoncement. On cesse dès lors de s'imaginer que la poursuite de buts matériels puisse être le chemin du bonheur.

Elle a ainsi exprimé l'évolution qui s'était faite en elle : « J'ai quitté le monde de la fête et des divertissements ce jour-là. Je me disais : "Il n'y a rien là." » Ses méditations ont alors fait un saut quantique, droit au cœur du mysticisme, jusqu'à la fontaine de vérité.

« Dans le rêve suivant, il m'a été donné de méditer sur la question : "Si mes possessions ici ne comptent pas beaucoup parce qu'elles sont périssables et limitées, alors qu'est-ce qui a vraiment de la valeur?" » Soudain elle s'est retrouvée en contemplation de l'absolue réalité, ou la vérité ultime, l'état de sagesse primordiale et l'objet le plus profond et le plus difficile de toutes les méditations bouddhistes.

« Je n'avais pas les mots qui convenaient, mais je savais qu'il ne s'agissait pas de l'image qu'on se fait de Dieu, cette idée d'un vieillard assis sur un trône. Ce sur quoi je méditais est une essence non dualiste, omniprésente, la forme et le sans-forme unis, indistincts l'un de l'autre. J'ai vu que rien n'a de valeur véritable, en dehors de cette essence et de l'activité pleine de compassion qui l'exprime. »

Ce que Jetsunma me racontait était tout à fait exceptionnel, je m'en rendais bien compte. Les yogis et les érudits dans les monastères tibétains réalisent cela après des années de longues réflexions intellectuelles et un nombre d'années de retraites encore plus élevé, mais Jetsunma y est parvenue entièrement par elle-même. Isolée dans sa ferme de Caroline du Nord, sans gourou, sans livres, sans une doctrine établie ni le moindre exemple à suivre, elle a non seulement découvert mais aussi accepté deux vérités essentielles : la sagesse et la compassion, ces deux ailes du bouddhisme tibétain dont il est dit qu'elles peuvent vous permettre de vous élever et de survoler le monde relatif, jusqu'à atteindre l'état d'Illumination et de libération spirituelle. Sans elles vous pourriez difficilement quitter le sol. C'est un exploit étonnant.

Mais elle ne s'est pas arrêtée en si bon chemin. Tout en continuant à méditer sur la nature et la compassion absolues, elle a commencé simultanément à offrir son corps, partie par partie.

« Ceci va vous paraître assez étrange, ajouta-t-elle en riant, mais je m'allongeais, ne sachant pas que tout ceci doit se faire assis, et je regardais mes pieds, et je disais : "O.K., les voilà, mes dix orteils." Et je regardais mes pieds attentivement, en considérant tout ce qu'ils me permettaient de faire, par exemple marcher, courir, danser ou encore me laisser pousser les ongles des doigts de pied. Je m'imprégnais vraiment de tous les services qu'ils pouvaient me rendre. Et ensuite je contemplais quel était le bien ultime de toutes ces activités : elles n'étaient strictement d'aucune utilité ultime ! Et ensuite je disais : "J'offre mes pieds à la nature absolue, de telle sorte que partout où je me trouverai, mon mouvement sera identique à cette nature." » Et elle a continué de la sorte en passant en revue l'ensemble de son corps, en s'attardant sur les parties auxquelles elle se sentait attachée. « Personne ne veut renoncer à sa tête, par exemple. Notre tête est comme le dernier bastion de notre individualité. Et j'ai prêté une attention particulière à mes organes de femme et à mes mains. On refuse de s'en passer ! »

Elle ne le savait pas sur le moment, mais ce qu'elle faisait était ni plus ni moins que le Chod, une autre méditation tibétaine très profonde grâce à laquelle on abandonne, on remet son corps au vide, pour le bien de tous. On considère cela comme l'ultime abandon, l'ultime soumission physique. Comment avait-elle fait pour découvrir une méditation aussi étrange en plein milieu de la Caroline du Nord, avec pour seule compagnie un bébé et un mari, est un mystère impénétrable. Je lui ai demandé encore une fois, pour m'en assurer vraiment, si aucune influence extérieure ne s'était exercée sur elle.

« Nous étions à Ashville au milieu des années 70 et il ne s'y passait rien de métaphysique, répondit-elle. En fait, il y avait une exception : un petit centre de méditation transcendantale qui venait d'ouvrir ses portes ; certains de mes amis me poussaient à y adhérer. Mais j'ai résisté. Je n'avais pas l'impression que c'était l'endroit qui me convenait. Ils m'ont dit que je devais absolument avoir un gourou, que je ne pouvais rien atteindre sans cela, et j'ai répliqué : "C'est peut-être vrai, mais je n'ai pas encore trouvé mon instructeur, et je saurai le reconnaître en temps voulu." »

Elle a passé plusieurs années à pratiquer régulièrement ces séances de méditation individuelle intense. « Je méditais pendant neuf heures d'affilée. Heureusement, mon bébé était paisible et il dormait beaucoup, et mon mari me soutenait. Je lui serai éternellement reconnaissante de cela. Mais je n'étais encore qu'une femme au foyer qui s'engageait dans une ascèse. J'avais un mari, un enfant, et toutes les tâches ménagères à mener à bien. Malgré cela, mon emploi du temps de méditation était beaucoup plus strict à l'époque qu'aujourd'hui. »

Ses méditations ont grandi en force et en clarté, et arrivée vers l'âge de trente ans, elle a fait une expérience spirituelle qui prouvait que le moment était venu pour elle de commencer son travail. Elle n'était pas très disposée à m'en parler, sauf pour dire qu'elle était entrée dans une longue période de méditation dont elle avait émergé en sachant que sa vie personnelle était finie et qu'elle était née uniquement pour servir ses semblables. « Je n'en ai jamais rien dit à personne. Mais étrangement, après cela les gens se sont mis à venir vers moi. »

J'ai passé quelques jours au KPC. J'en ai profité pour admirer la propriété et pour m'entretenir avec certains disciples de Jetsunma. L'un d'entre eux s'appelle Wib Middleton : c'est un homme sympathique, ouvert, un de ses plus anciens fidèles, devenu entre-temps administrateur en chef du KPC. Comment avait-il perçu ce premier toulkou féminin d'Occident, au moment où elle s'était lancée dans sa mission ?

« Nous l'avons rencontrée en 1981, peu après son arrivée à Washington. Nous nous sommes sentis profondément attirés vers elle. Nous étions un groupe d'une dizaine de chercheurs du genre New Age, qui sentaient que la vie avait un autre sens et réservait d'autres promesses, des chercheurs qui avaient en eux l'intuition d'apporter une contribution à la société. Cependant nous n'avions pas le véhicule ou les moyens de mettre en œuvre cet idéal. Nous avons cherché, mais une grande partie de la mouvance New Age est extrêmement nombriliste, voire égocentrique. Lorsque nous l'avons rencontrée, Jetsunma parlait avec beaucoup de passion de "conscience planétaire", de "rapidité planétaire" et du "zéro vibratoire", ce qui était sa façon de décrire le vide. C'était vraiment fantastique.

« Nous sommes allés lui demander si elle pouvait nous enseigner, et elle a répondu : "Avec joie !" Nous nous sommes retrouvés chez les uns ou chez les autres, à peu près une fois par semaine. Elle nous a appris certaines méditations, et nous avions des discussions, qu'elle dirigeait. En y repensant, je me rends compte qu'elle employait des moyens pédagogiques vraiment adroits, car elle répondait aux besoins spécifiques des personnes qui l'entouraient.

« Bien qu'elle enseignât toujours avec une grande assurance, comme si cela provenait d'une autorité intérieure, elle n'affirmait jamais rien à son propre sujet, sur ses propres facultés. Elle ne l'a jamais fait. Au contraire, elle a toujours publiquement réfuté l'idée selon laquelle elle aurait des qualités exceptionnelles. Elle a toujours eu beaucoup d'humilité. Elle dit même parfois qu'elle n'est pas une très bonne enseignante, qu'elle n'a pas de compétences particulières. Malgré cela, nous voyions bien qu'elle avait développé certaines qualités intérieures et qu'elle avait franchi certaines frontières dans le domaine de la conscience. »

Si la vie spirituelle de Jetsunma s'accélérait, sa vie matérielle se détériorait rapidement. L'argent et le confort commençaient à faire cruellement défaut. Elle vivait avec sa famille dans un studio, avec des caisses faisant office de meubles. Elle persistait à refuser de se faire payer pour ses cours de méditation ; elle travaillait dans le rayon prêt-à-porter d'un grand magasin, tandis que son mari essayait de trouver un emploi dans l'enseignement. La situation est devenue tellement critique qu'un jour Jetsunma a annoncé qu'elle pensait retourner en Caroline du Nord où son mari obtiendrait un poste d'enseignant sans difficulté.

« Quand nous avons entendu cela, nous avons cru devenir fous, m'a raconté Wib. Nous avons pensé : "C'est notre enseignante, nous avons *besoin* qu'elle reste parmi nous." Le groupe comptait maintenant au moins une douzaine de membres. Un soir, assez tard, nous sommes venus chez elle, nous avons frappé à sa porte et nous lui avons dit : "Voilà, nous avons une proposition. Nous aimerions avoir des cours officiels. Nous paierons. Nous fonderons une organisation, et celle-ci te paiera un salaire." Elle a répondu de manière catégorique qu'elle ne voulait pas être payée pour enseigner. Nous lui avons dit que nous nous arrangerions pour que cela ne se présente pas de la sorte. Nous aurions une organisation avec un conseil d'administration, et nous nous occuperions de tout. Et c'est ce que nous avons fait. Nous avons ouvert des cours officiels et une structure appelée "The Center for Discovery and New Life" (Centre de découverte pour une nouvelle vie). Nous avions un logo et un comité directeur. »

Après cela, l'organisation s'est agrandie spontanément. Il y a bientôt eu deux cours par semaine, puis trois. Et, pendant tout ce temps-là, l'enseignement que dispensait Jetsunma s'approfondissait.

« Au fil des semaines, cela devenait plus étonnant, plus fantastique que la fois précédente. Nous pensions : "Il est impossible maintenant que l'information qu'elle nous donne se fasse encore plus pénétrante", mais si. Elle traitait de la nature de la conscience, du vide, des différents corps subtils. À ce stade, nous étions à mi-chemin d'un langage métaphysique occidental et de concepts orientaux. En tout cas, nous ne nous considérions certainement pas comme bouddhistes. »

L'enseignement a continué à jaillir de la bouche de Jetsunma, semaine après semaine. Les membres du groupe ne s'en doutaient pas, mais ils étaient ainsi préparés à ce qui allait suivre. Et lorsque c'est arrivé, ils ne l'ont même pas remarqué.

« Un de nos amis nous a présentés à un Tibétain qui s'appelait Kunzang Lama, venu d'un monastère du sud de l'Inde, a poursuivi Wib. Il est entré dans notre centre un soir qu'il pleuvait, avec un grand nombre de tapis qu'il essayait de vendre pour soutenir son monastère. Il avait aussi un album de photos de petits enfants tibétains, surtout de jeunes moines qui avaient besoin d'habits, de livres et de nourriture. Au cours de cette réunion, nous avons décidé de faire de l'aide que nous allions leur apporter un projet collectif. Aucun d'entre nous ne savait grand-chose sur le Tibet ni d'ailleurs sur le bouddhisme en règle générale. Nos connaissances se limitaient à la vision de bonzes vietnamiens s'immolant par le feu, et nous les confondions même quelque peu avec le mouvement des adeptes de Krishna ! Notre ignorance était typique du rapport qu'entretiennent souvent les Américains avec d'autres religions ou d'autres cultures », dit-il en riant.

Transportés par les photos des jeunes moines, ils se sont rendu compte qu'ils avaient là une occasion idéale de mettre en pratique l'enseignement de Jetsunma.

« Dès le départ, elle avait mis l'accent sur la compassion, sur le fait d'être témoin de la souffrance et de faire quelque chose pour la soulager. Elle disait que la souffrance provenait de ce que nous nous considérions comme étant "séparés". Elle parlait de la "conscience d'union", reconnaissant qu'il existe un principe agissant, et que le seul moyen de comprendre aussi bien notre propre nature que celle de tous les autres passait nécessairement par l'amour et la bienveillance. Elle a beaucoup parlé de notre "fonction de régisseurs" et de "gardiens" devant prendre soin de la terre et de l'ensemble des créatures la peuplant. »

Deux à trois semaines à peine après la visite du vendeur de tapis, ils avaient réussi à parrainer soixante-quinze enfants au sud de l'Inde, et une correspondance encourageante s'en est suivie. Ils ont ainsi appris ce que faisaient les petits moines et ils ont découvert que leurs intentions n'étaient pas très différentes des leurs à Washington. Ils ont aussi appris que l'abbé du monastère s'appelait Sa Sainteté Padma Norbu Rinpoché, couramment désigné sous le nom de Penor Rinpoché, et qu'il était à la tête de la secte Palyul du bouddhisme Nygma.

L'histoire reprend un an plus tard, lorsque le groupe a reçu une lettre du vendeur de tapis annonçant que Penor Rinpoché allait faire sa toute première tournée d'enseignement aux États-Unis. Il tenait à venir à Washington pour rencontrer et remercier les personnes qui avaient si généreusement parrainé un si grand nombre de ses jeunes moines.

Le groupe était ravi, mais personne n'avait la moindre idée de qui était Penor Rinpoché, ni de la façon dont il convenait de le traiter. À cette époque, Jetsunma avait emménagé dans une maison plus grande parce qu'elle manquait de place dans son salon, mais elle faisait toujours tout elle-même, y compris le ménage, l'installation des chaises, la préparation du café et des goûters, sans oublier son travail de mère de famille.

Penor Rinpoché est arrivé au printemps 1985. Lorsqu'il est allé à l'aéroport de Washington pour le rencontrer, le groupe a trouvé sur place une foule importante d'étudiants chinois attendant pour accueillir leur gourou. Les membres du Centre de découverte pour une nouvelle vie ne savaient pas que Penor Rinpoché était un lama extrêmement éminent, à la tête de plusieurs centres en Asie. Ils apprirent plus tard qu'il avait été responsable au Tibet de cent mille moines et moniales répartis dans plus d'un millier de monastères. Comme tous les grands lamas tibétains, il avait dû fuir sa patrie en 1959, après l'invasion chinoise. Alors que cinq cents fidèles le suivaient au départ, ils n'étaient plus que douze lorsque, quatorze mois plus tard, il était arrivé en Inde méridionale : les autres étaient morts au cours du périlleux voyage. Ne se décourageant pas, il prit les cinq hectares de terrain et l'éléphant que lui offrait le gouvernement indien et, alors que tout était contre lui, il a procédé à l'édification d'un monastère pouvant loger cinq cents résidents. Quand Jetsunma et Wib l'ont rencontré, son monastère était surpeuplé, avec six cent cinquante moines, tous ayant fui la persécution qui continue à faire rage au Tibet.

Il restait encore à Penor Rinpoché une ambition brûlante dans la vie. Depuis sa jeunesse il avait prié d'avoir la chance de rencontrer la réincarnation de Genyenma Ahkon Lhamo, la yogini tibétaine qui avait fondé avec son frère sa lignée, la secte Palyul, en 1652. Penor Rinpoché était sûr qu'elle vivait quelque part sur terre. Il avait déjà rencontré le frère d'Ahkon Lhamo, un Tibétain qui enseignait lui aussi en Amérique, à Ashland, dans l'État de l'Oregon. Mais il savait que les femmes réincarnées étaient infiniment plus difficiles à retrouver. Les yoginis tibétaines, tout en atteignant des états de conscience aussi élevés que leurs homologues masculins, sont en règle générale des esprits libres qui méditent seules dans des grottes. Il n'existe aucun système établi pour les localiser et les reconnaître.

Rien de tout cela n'était connu du petit groupe d'Américains qui s'est présenté pour accueillir l'avion de Penor Rinpoché ce beau jour de printemps 1985. Ce qui s'ensuivit alors est une scène digne d'un film tourné à Hollywood. Jetsunma me l'a décrite en détail.

« Nous sommes arrivés à l'aéroport et il y avait là cette foule de Chinois qui avaient eu vent de sa venue et qui avaient affrété une limousine pour l'occasion. Ils savaient qui il était. Nous n'en avions pas la moindre idée. Ils étaient tous regroupés autour de quelqu'un ou de quelque chose que je ne pouvais pas voir, le mitraillant de leurs appareils photos, très excités. En fait, Penor Rinpoché est petit, environ un mètre soixante, et obèse. Je suis beaucoup plus grande que lui. J'ai pensé : "Eh bien, je suppose qu'il est là-dedans quelque part, mais que se passe-t-il ?" Tout à coup, l'océan de Chinois s'est fendu, je l'ai vu et j'ai fondu en larmes !

« Maintenant il faut comprendre que je ne suis pas du tout portée vers ce type de comportement. Je suis une femme assez pragmatique et qui sait s'affirmer. Je viens de Brooklyn, crénom d'un chien ! dit-elle en plaisantant. Mais je n'arrivais tout simplement pas à reprendre contenance. Je me sentais tellement bête ! J'ai pleuré et pleuré. Je l'ai seulement regardé et j'ai pensé : "Voici mon cœur... Voici mon esprit... Voici tout." » Sa voix était douce. « Comment vous sentez-vous quand vous venez de voir le tout ? Je *savais* tout simplement que nous y étions. C'était cela que je recherchais depuis toujours. Et les larmes continuaient à couler le long de mon visage. »

Que voulait-elle dire exactement ?

« Padmasambhava, le fondateur du bouddhisme au Tibet, a dit en fait : "Je réapparaîtrai en tant qu'instructeur-racine, celui avec qui vous aurez une relation telle qu'elle vous permettra de comprendre la nature de votre propre esprit. Lorsque vous rencontrerez votre maître, vous verrez en quelque sorte votre propre visage, et sa physionomie vous retournera et vous bouleversera. Ce sera l'aube de votre éveil." »

Elle a continué en évoquant la place du gourou dans le bouddhisme.

« Le gourou est l'émanation de la compassion illuminée, et cette compassion est comme un hameçon ou un morceau de Velcro, expliqua-t-elle, adoptant ce style qui lui est unique et qui permet d'exprimer des concepts orientaux en termes occidentaux. Maintenant il faut savoir qu'à chaque lanière de Velcro correspond une partie complémentaire, sinon il n'accrocherait pas, ce qui signifie qu'à un moment ou à un autre dans votre expérience passée vous avez déjà été en relation avec votre gourou. Cela ne veut pas dire que votre maître connaîtra nécessairement votre nom, par exemple. Mais la puissance, l'intention de la compassion et de la bienveillance pleine d'amour qu'il incarne, met en mouvement une vibration, presque comme un son, et les disciples parviennent de mieux en mieux à répondre et à se mettre en résonance avec cette vibration. C'est ainsi que les disciples sont appelés.

« Ce son est si subtil, et pourtant si puissant, qu'il transforme la vie du disciple, dit-elle en claquant des doigts : Comme ça ! » À ce stade, je me suis rendu compte que dans son discours elle se désignait elle-même comme un gourou. « Et cette vibration peut maintenir et prolonger la transformation en cours. Elle peut tout changer, métamorphoser le monde. Ce son est la force la plus grande, et en même temps la plus légère qui puisse exister – elle s'appelle la boddhicitta*, la force de compassion. C'est un son qui est voilé vibratoirement, pour s'adapter à l'état de conscience du disciple », expliqua-t-elle.

À l'aéroport de Washington, cependant, Jetsunma ne se doutait pas que le petit homme replet, dont la vue déclenchait chez elle de tels sanglots, était en fait son gourou ; ce n'est que plus tard qu'elle devait s'en rendre compte. Elle se demandait plutôt comment faire pour le ramener chez elle, et ce qu'elle pourrait lui offrir à déjeuner. Il a fini par se caser dans sa vieille voiture, et ils ont roulé jusqu'à Poolesville, où le groupe lui a servi des hot-dogs et des chips dans la véranda de derrière. Pour une rencontre aussi prometteuse, ce manque de décorum n'était pas du tout de mise.

« Nous ne savions pas du tout comment agir à son égard, m'a-t-elle confié. Nous avions un barbecue en route, et nous étions assis à ses côtés, d'humeur bavarde et familière. Je ne m'imaginais pas un instant que cela ne se faisait pas. Mais il semblait vraiment heureux d'être parmi nous et il m'a dit qu'il voulait rencontrer tous mes disciples et leur poser des questions. J'étais sidérée. Il a ajouté que nous pouvions lui poser des questions également. *Cela,* je pouvais le comprendre. »

Pendant toute la journée, Penor Rinpoché a interviewé tous les disciples de Jetsunma avec beaucoup d'attention, cherchant à savoir précisément ce que Jetsunma leur avait enseigné. Quand enfin Jetsunma elle-même a réussi à passer un peu de temps avec Penor Rinpoché, elle l'a reconnu comme le véritable instructeur et lui a confessé ses « péchés », c'est-à-dire d'avoir enseigné sans qualification réelle.

« Je vous prie de m'accorder le pardon, mais il faut me comprendre : j'avais l'impression que je ne pouvais simplement pas rester inactive, lui dit-elle. Mais l'autorité qui me permet d'enseigner est double. Premièrement, je regarde autour de moi et je vois tant de souffrance que je me dis qu'il faut absolument faire quelque chose pour la soulager. Deuxièmement, j'ai mis mes propres pratiques à l'épreuve, et je sais qu'elles sont efficaces. Mais en revanche, je ne sais pas vraiment *pourquoi* ces enseignements se présentent à mon esprit. Pouvez-vous, s'il vous plaît, me dire d'où ils viennent ? »

Penor Rinpoché l'a regardée droit dans les yeux et il lui a annoncé la nouvelle, du moins en partie : « Vous étiez autrefois un grand bodhisattva, une personne qui travaille à travers le temps à libérer les êtres sensibles. Vous avez atteint un tel degré dans votre pratique que dans toutes vos vies futures vous ne l'oublierez jamais. Vous le saurez toujours, cela vous reviendra chaque fois. C'est gravé dans votre psyché et c'est une connaissance qui ne peut être oubliée. » Il ne lui a donné aucun nom, aucun indice pour savoir exactement quel type de bodhisattva elle avait été. Il lui a simplement conseillé de continuer ce qu'elle faisait exactement de la même manière et il lui a confirmé que ses enseignements correspondaient aux besoins de ses disciples. C'était tout. Il semblait qu'aucune grande demande ne lui serait faite, jusqu'à ce qu'il lâche sa bombe.

« Il m'a dit que je devais acheter un centre, un temple véritable, que je ne devais pas avoir peur. Il m'a dit que j'allais visiter différents lieux mais que je devais acheter celui qui aurait de grandes colonnes blanches en façade. "Vous allez penser que vous n'êtes pas assez riche pour vous le payer, dit-il, quelque chose comme : 'Ah, mon Dieu, nous n'y arriverons pas !' mais vous trouverez un moyen de le faire. Gardez la foi, soyez confiante, tout ira bien. En fin de compte, ajouta-t-il, vous aurez des centres dans le monde entier." » Le dernier volet de la prophétie doit encore se réaliser.

Après le départ de Penor Rinpoché, le groupe a réfléchi à tout ce qui venait de se passer, et à ce qu'il avait dit. Consciencieusement, tous se sont mis à la recherche d'une propriété et, comme prévu, ils ont déniché un endroit merveilleux qui répondrait parfaitement à leurs besoins. Il y avait des colonnes blanches tout le long de la façade. Mais le prix était astronomique. Ils ont réuni tout l'argent qu'ils pouvaient, pris une hypothèque très importante (qui nécessite maintenant de nombreuses actions ingénieuses de collecte de fonds) et ont acheté ce qui est aujourd'hui le KPC. Ils fondaient ainsi ce qui est devenu la plus grande communauté bouddhiste des États-Unis structurée dans l'ordre monastique tibétain. Chaque dimanche, plus de cent vingt personnes des environs y viennent pour suivre les enseignements de Jetsunma.

À ce stade, Jetsunma ne savait toujours pas précisément qui elle était. Cela ne viendrait que plus tard.

Un an après la visite de Penor Rinpoché, Jetsunma a eu envie de revoir le petit homme rondelet qui l'avait touchée si profondément en entrant dans sa vie. Elle a décidé de se rendre en Inde, à son monastère, à Bylakuppe, dans l'État de Karnataka. Pour la fille de Brooklyn qui n'avait jamais mis les pieds en dehors des États-Unis, atterrir à Bombay avec son chaos, ses couleurs et sa pauvreté n'était que le prélude à la grande révélation qui allait suivre.

Face à Penor Rinpoché, sur son propre territoire, elle a déclaré vouloir prononcer ses vœux de bodhisattva. Il s'agit de la cérémonie au cours de laquelle on promet officiellement de consacrer sa vie au bien-être de ses semblables. Elle lui a demandé s'il pourrait lui donner un nom initiatique, comme c'est la coutume pour une telle occasion.

« Quand le moment sera venu, lui a répondu Penor Rinpoché.

— Et quand ce moment sera-t-il venu ? a insisté Jetsunma, avec cette impatience typique des Occidentaux.

— Je vous le donnerai le jour voulu, dit Penor, toujours aussi évasif.

— Et quand est-ce que ce jour arrivera ? persista Jetsunma, ne renonçant toujours pas.

— Quand je le dirai », rétorqua Penor Rinpoché fermement.

Jetsunma lâcha prise.

Un jour où la lune se trouvait dans un endroit particulier de la voûte céleste, Penor Rinpoché l'a appelée et il lui a annoncé : « Maintenant je suis prêt à vous donner votre nom. »

Il inscrivit ensuite son nom initiatique sur un morceau de papier, le roula comme un parchemin, lui apposa son sceau personnel et le lui tendit avec une katag (écharpe) blanche, en signe de respect, enroulée autour. « Voici votre nom : Ahkon Lhamo », lui dit-il.

Il n'y eut aucune vision apocalyptique, aucun flash instantané en arrière vers un autre temps, un autre endroit, un autre corps. Il n'y eut même aucun choc ni aucune surprise. Simplement un sentiment de familiarité intense.

« J'ai vécu un puissant *déjà-vu* » : c'est ainsi que Jetsunma relate l'événement. « Je ressentais un lien très fort avec ce nom. J'ai demandé à Penor Rinpoché de le répéter. C'était comme du lait à mes oreilles. »

Par l'intermédiaire de son traducteur, il a donc prononcé les paroles monumentales : « Je vous reconnais maintenant comme la sœur de Kunzang Sherab. Elle s'appelait Ahkon Lhamo. Au cours de cette vie, elle et Kunzang Sherab ont cofondé la tradition Palyul. Je vous reconnais comme son incarnation. »

Et par ces quelques phrases toutes simples, Penor Rinpoché a éclairci la raison de la vie extraordinaire menée par Jetsunma, qu'elle s'était forgée en toute autonomie, et des capacités qu'elle possédait, qui sans cela seraient restées incompréhensibles. Voilà en tout cas l'explication officielle de ce qui a pu permettre à une femme sans aucune formation bouddhiste, ne possédant pas le moindre document sur le bouddhisme tibétain, sans maître, sans exemple extérieur, de pratiquer des années de méditation stricte et d'émerger douée non seulement d'une profonde sagesse mais aussi du souhait et de la capacité d'aider les autres à réaliser leur potentiel spirituel.

Avant de prononcer ses vœux de bodhisattva, elle avait dit à Penor Rinpoché quel était son propre serment, tel qu'elle l'enseignait à ses disciples :

« Je me consacre à la libération et au salut de tous les êtres sensibles. J'offre mon corps, mes paroles et mon esprit pour que s'accomplisse le but de tous les êtres sensibles. Je reviendrai sous la forme nécessaire, même dans des circonstances extraordinaires, pour mettre fin à la souffrance. Puissé-je naître dans des temps imprévisibles, dans des lieux inconnus, jusqu'à ce que tous les êtres sensibles aient été libérés du cycle des morts et des renaissances.

« Ne me souciant ni de mon confort ni de ma sécurité, précieux Bouddha, faites de moi un instrument pur et parfait grâce auquel la souffrance et la mort sous toutes ses formes puissent prendre fin. Puissé-je atteindre à une illumination parfaite pour le bien de tous les êtres. Et ensuite, par ma main et mon cœur seuls, puissent tous les êtres atteindre à une Illumination complète et à une libération parfaite. »

Penor Rinpoché se balançait d'avant en arrière, pris d'une hilarité débridée, se frappant les cuisses d'amusement. Elle avait reproduit presque exactement les mots mêmes prononcés par les lamas tibétains. C'était une preuve supplémentaire de son identité.

Il lui tendit un autre certificat, l'autorisant à enseigner. « Ceci est très important, dit-il. Les gens diront que vous n'avez pas étudié le dharma, qu'ils n'ont jamais entendu parler de vous. Ils ne comprendront pas. Grâce à ce document, personne ne pourra douter que vous êtes habilitée à enseigner le dharma. »

Penor Rinpoché a continué en parlant un peu à Jetsunma de son fameux « prédécesseur ». La première Ahkon Lhamo était une disciple directe de Terten Nigyu Dorje, un célèbre révélateur d'enseignements secrets, dit-il. Elle était une grande dakini et avait passé des décennies entières en retraite, ne descendant de sa grotte que pour aider son frère et son monastère. Les gens se déplaçaient jusqu'à son refuge d'anachorète pour recevoir ses enseignements et ses soins de guérisseuse.

J'ai demandé à Jetsunma si elle était curieuse d'en savoir plus au sujet d'Ahkon Lhamo, ou si elle gardait encore des souvenirs de cette yogini ayant vécu au Tibet en 1665, l'inspiratrice d'un ordre religieux qui s'est perpétué jusqu'à nos jours.

« J'ai découvert qu'elle était plutôt farouche, me répondit-elle. Elle restait dans les hauteurs de sa grotte, et, avec ses cheveux complètement ébouriffés, son apparence était assez misérable, dit-elle en remettant en place une de ses propres boucles rebelles. C'était une yogini un peu folle dans son genre. Certaines choses ne changent jamais ! Elle n'avait pas d'eau dans sa grotte, bien sûr, et elle ne se baignait jamais. Ses habits pourrissaient sur sa peau. Mais malgré cela, les gens disaient que sa grotte fleurait bon le parfum. Penor Rinpoché m'a raconté que les gens lui offraient de la turquoise, de l'or et des coraux, mais qu'elle les refusait. Elle attendait sûrement de recevoir des cadeaux acceptables, comme un sèche-cheveux par exemple ! Elle devait attendre le moment où l'on installerait l'électricité dans sa grotte pour avoir le chauffage central ! ajouta-t-elle en riant.

« Quant à d'éventuels souvenirs, je n'aime pas faire tout un plat de mes expériences intérieures. Je peux vous dire que j'en ai quelque peu conscience, mais c'est assez clairsemé, comme du "gruyère". Je suis *vraiment* curieuse à son sujet. Je veux retourner au Tibet, pour voir la grotte où elle a vécu. Jaltrul Rinpoché, la réincarnation de Kunzang Sherab qui vit maintenant dans l'État de l'Oregon, a raconté que beaucoup de souvenirs lui sont revenus lorsqu'il est retourné au Tibet. C'est comme si les ondes circulaient mieux dans cette région montagneuse. »

Il existe au moins un lien concret entre cette bodhisattva des temps modernes, la fille de Brooklyn et la yogini du XVIIe siècle qui avait participé à la fondation d'une lignée bouddhiste. Le crâne d'Ahkon Lhamo, ou plutôt un fragment de celui-ci, existe encore. Il porte un sceau de sainteté incontestable : sur son côté, gravée, se trouve la syllabe sacrée *Ah*.

L'histoire qu'on raconte est la suivante : au moment du décès de la première Ahkon Lhamo, on a préparé un bûcher funéraire sur lequel son corps a été soigneusement allongé. Une fois que le dernier vestige de chair eut terminé de se consumer, son crâne s'est élevé dans les airs, devant des centaines de personnes, pour se déplacer d'environ deux kilomètres et atterrir au monastère de Palyul, aux pieds de son frère Kunzang Sherab. On a considéré ce prodige comme l'ultime manifestation de la puissance et de l'accomplissement spirituel d'Ahkon Lhamo. La grande dakini, qui était déjà connue pour les nombreux miracles qu'elle opérait, avait révélé sa véritable grandeur.

Le crâne est devenu une relique très précieuse utilisée également comme un capala, instrument rituel contenant du nectar. Il est resté intact jusqu'au milieu du XXe siècle, au moment où les envahisseurs chinois ont entrepris de tailler en pièces tout ce qui avait une valeur spirituelle, y compris le précieux capala du monastère de Palyul. Un laïc a aperçu un morceau du crâne dans les décombres et, le cachant dans ses habits, il l'a emporté en lieu sûr. Ce n'est que quelques années plus tard que Penor Rinpoché apprit qu'au moins une partie de la relique sacrée avait subsisté.

Il s'est passé beaucoup de temps entre 1660 et 1949, date de naissance de l'actuelle Jetsunma Ahkon Lhamo. Je lui ai posé la même question qu'à Tenzin Sherab. Quelles vies pensait-elle avoir vécues entre-temps ?

« Je crois qu'il y a eu d'autres incarnations, mais, comme me l'a dit Penor Rinpoché, les Tibétains ne suivent pas les réincarnations successives des femmes. Ce n'est pas qu'ils aient des préjugés envers elles. D'ailleurs, les dakinis sont considérées comme des êtres incarnant la sagesse primordiale, et sont donc tenues en très haute estime. Généralement, cependant, les dakinis n'ont pas perpétué de lignées. Elles passent leurs vies dans la solitude et l'ascèse. Penor Rinpoché affirme – et c'est également mon sentiment – que j'ai eu de nombreuses incarnations entre-temps. »

Mais au cours de cette vie-ci de femme américaine indépendante faisant tout à sa façon (comme toujours, d'ailleurs), son destin était d'attirer l'attention du monde entier. Lorsque Jetsunma a quitté les États-Unis, elle n'était rien de plus qu'une femme mariée, mère de deux enfants et enseignante en métaphysique

New Age, ayant un penchant pour la solidarité internationale, alors que, quand elle est revenue chez elle, elle avait le statut d'une toulkou reconnue, la réincarnation d'une femme-lama. Pour ses élèves, il a fallu faire quelques ajustements. Alors que jusque-là ils avaient suivi avec plaisir les enseignements d'une femme qui était leur égale, ils avaient maintenant affaire non seulement à une « bouddhiste », mais en plus à une personne placée à un rang beaucoup plus élevé, et d'une tout autre envergure. Tout à coup, il y avait un protocole à observer, un nouveau langage à apprendre, et l'autel d'une « religion » orientale ancienne et établie à adopter. Certains disciples ont abandonné, mais la plupart ont persévéré au-delà de cette période de transition.

Mais s'il arrivait à certains d'entre eux de se poser encore des questions sur l'authenticité du nouveau statut de réincarnée de leur instructeur, leurs derniers doutes se sont complètement dissipés lorsqu'en 1988 Penor Rinpoché est venu une deuxième fois aux États-Unis rendre visite à Jetsunma. Il est arrivé à Poolesville, assisté de douze moines, pour transmettre l'ensemble des enseignements de Padma Sambhava aux membres du KPC. C'était la première fois de sa vie qu'il faisait un travail aussi fantastique, et c'était seulement la sixième fois que cela avait lieu depuis le début du XXe siècle. C'était le plus grand hommage qu'il pouvait rendre à Jetsunma, et une confirmation exceptionnelle de ses qualifications.

Ensuite, il l'a officiellement intronisée sous le nom initiatique de Jetsunma Ahkon Lhamo. La nouvelle que cette femme de trente-neuf ans venait d'être reconnue comme la réincarnation d'une célèbre yogini tibétaine a été répercutée par l'ensemble des médias. Des journalistes et des équipes de télévision ont convergé vers le KPC. « Faites la connaissance d'Ahkon Norbu Lama, saint tibétain », claironnaient les quatre colonnes à la une de l'*International Herald Tribune*. « L'Incarnation inattendue », annonçait le *Washington Post*. Un magazine à grand tirage, *People*, a publié sa photo, ainsi que des revues allemandes et japonaises. C'est vers cette époque que, grâce à mes antennes de journaliste, toujours à la recherche de nouveautés dignes d'intérêt, j'ai dû sentir toute l'importance d'un événement que j'ai mis en réserve pour plus tard.

Les sceptiques pourraient penser qu'une femme, reconnue universellement comme Jetsunma Ahkon Lhamo, se serait prélassée dans la célébrité et la richesse après ce début triomphal sur la scène mondiale en 1988. Rien n'est plus éloigné de la vérité. Devenue un personnage public éminent, elle a consacré tous ses efforts à maintenir son centre en vie. Elle n'avait pas du tout prévu cela au début de sa mission, lorsqu'elle avait commencé à enseigner les profondes vérités spirituelles qu'elle avait elle-même découvertes. Quand je lui ai demandé si cela lui faisait plaisir d'être ainsi un lama réincarné et reconnu, sa réponse fut aussi volubile que catégorique.

« J'en ai horreur ! Ce n'est pas du tout le genre de vie que j'aurais souhaité mener. Ah non ! Non ! déclara-t-elle. Le jour de mon intronisation, d'une certaine manière je suis entrée en prison. En fait j'aime *beaucoup* l'intimité. Si je pouvais construire ma maison avec des donjons et des gardiens disant aux curieux : "Allez-vous-en", je le ferais. Cette reconnaissance a été le fléau de mon existence. Je n'ai pas du tout une personnalité faite pour cela. Maintenant voilà que je représente le dharma. Je l'adore du fond du cœur, c'est mon nectar, mais je ne m'intéresse pas du tout aux milieux mondains de la spiritualité. Partout où je vais, c'est à travers moi que les gens jugent le dharma, et c'est pourquoi j'essaie plutôt d'aller dans des endroits où personne ne saura qui je suis. Cela me permet de me détendre. Si je voulais, je pourrais constamment me rendre d'un centre à un autre maintenant, et y être chaque fois bien reçue, mais je ne le fais pas. Ma vie est centrée sur la compassion. C'est ma seule préoccupation, la seule chose qui compte pour moi. »

C'étaient des paroles honnêtes et sincères qui venaient du cœur.

Lorsqu'elle a été reconnue par Penor Rinpoché, elle lui a proposé de se raser le crâne et d'entrer dans les ordres, mais ce dernier a refusé.

« Il m'a dit que je pourrais toucher beaucoup plus de monde en restant comme j'étais. Je préfère qu'on me traite normalement, poursuivit-elle. J'aime ressembler à toutes les femmes occidentales de mon âge, m'habiller et penser comme tout le monde. Avant de rencontrer Penor Rinpoché, j'essayais de tout gérer d'une manière démocratique. Je pensais en fonction de "nous", nous qui formions un groupe de méditation, et j'étais certaine que la dynamique, l'énergie qui nous unirait, serait notre prière pour le bien du monde entier. Je crois beaucoup à la puissance de la prière. C'était une formule beaucoup plus égalitaire, où toute l'attention n'était pas focalisée sur moi.

« Mon plus grand souhait, mon espoir de tous les jours, c'est de pouvoir revenir à cette façon de fonctionner. En fait, dans la mesure où j'ai pu confier des responsabilités à d'autres personnes, j'y suis parvenue. J'ai la conviction que chacun d'entre nous doit être fort. »

En comprenant ainsi ce qu'elle éprouvait, je me suis demandé pourquoi dans ce cas-là elle avait choisi d'embrasser le rituel tibétain. Après tout, elle avançait déjà très bien en suivant son propre chemin, indépendante, n'appartenant à aucune religion ni à aucune secte établie. Elle avait découvert ses vérités en tant qu'Occidentale, des vérités portant sa marque distinctive, complètement par elle-même. Alors pourquoi avoir maintenant adopté l'autel du bouddhisme tibétain ? Avait-elle, en quelque sorte, été détournée, récupérée ?

Jetsunma était visiblement ravie qu'on lui pose une question aussi difficile. Une lueur s'est allumée dans ses yeux, et ses gestes sont devenus plus vifs.

« En fait, le dharma nous a beaucoup aidés, a-t-elle répondu. J'avais de grandes difficultés à enseigner à mes élèves. Je croyais que ma propre évolution spirituelle avait été progressive, continue, jusqu'au jour où je me suis rendu compte il y a quelques années qu'en réalité j'avais fait plusieurs sauts quantiques. J'ai remarqué que j'étais passée instantanément d'un niveau spirituel à un autre, disons de A à M, sans m'en rendre compte. Mais mes disciples ne pouvaient pas, eux, sauter de A à M, ni même de A à D. Ils devaient passer par toutes les étapes consécutives, A, B, C, D, alors que moi je n'en avais même pas connaissance puisque je ne les avais jamais parcourues dans cette vie-ci. Pour moi, il n'y avait là que des espaces vides. Et le dharma m'a aidée, en me donnant une méthode. »

Elle a continué en me citant un exemple. Elle s'était efforcée d'enseigner à ses élèves la méditation du Chod, consistant à offrir les diverses parties de son corps pour un plus grand bien. Ils ont essayé, mais n'ont pas obtenu les mêmes résultats.

« Un grand nombre d'entre eux se sont même endormis ! s'exclama-t-elle. Je n'arrivais pas à le croire ! Je me rappelle que lorsque j'ai pratiqué cette méditation dans ma ferme, cela avait été pour moi une expérience tellement vivante et tellement poignante que chaque fois j'avais pleuré. Je disais à mes élèves : "Bon, eh bien, recommencez jusqu'à ce que des larmes vous viennent aux yeux." Et ils s'y remettaient, ils essayaient encore une fois, et ils revenaient en me disant : "Je me suis endormi." Il fallait se rendre à l'évidence : cela ne marchait pas pour eux ; je ne savais plus que faire.

« Et donc, sans le dharma et les techniques précises qu'il propose, je ne crois pas que je serais parvenue aux mêmes résultats. »

Malgré tout, elle s'étonne de ce grand édifice qu'elle a créé, avec tous ses ornements tibétains. Parfois, dit-elle, elle regarde ce vaste bâtiment, et la grande communauté de moines et de moniales qui se sont rassemblés autour d'elle, remplie du plus vif des étonnements.

« Je me demande parfois comment nous en sommes venus là. Personnellement, je ne suis pas très fervente en matière de religion, je trouve que les rites et les dogmes sont épuisants. Je juge aussi tout ce protocole un peu déroutant. Même aujourd'hui je ne comprends pas toute l'importance du protocole. Cela n'a jamais fait partie de mon éducation ! »

Elle a continué en baissant la voix :

« Je préférerais pratiquer d'une manière simple, quelque part dans une grotte. Je préférerais être une personne ordinaire menant une vie centrée sur la compassion. Si je devais dire que je suis d'une quelconque religion, je serais tout à fait d'accord avec le Dalaï-Lama pour dire que ma religion à moi, c'est la compassion. C'est la seule notion qui compte à mes yeux, répéta-t-elle.

« Cela dit, je sais que le dharma est la seule méthode qui soit valable dans l'état actuel du monde. C'est une façon de procéder qui a fait ses preuves, qui est efficace ! Elle provient de l'esprit d'Illumination, et elle aboutit à l'esprit d'Illumination. La graine et le fruit sont complices sur le sentier, dit-elle, les yeux brillants de conviction. Et donc c'est ma voie. »

En la regardant et en l'écoutant parler, il m'a semblé que Jetsunma Ahkon Lhamo était sur un pont reliant deux cultures, deux modes de pensée différents, deux façons d'être. Elle était comme un arbre dont les racines étaient fermement ancrées dans la tradition mystique de l'Orient, et dont les branches fleurissaient et donnaient une abondance de fruits en Occident. Mais malgré toutes ces curieuses dichotomies, elle était étonnamment lucide au sujet du chemin qu'elle devrait emprunter et du but qu'elle devait atteindre.

« Voici ce qui va se passer selon moi. Le rituel et la technologie seront pratiqués d'une manière pure, au moins dans mon temple. Les enseignements ne seront pas modifiés d'un iota. Mais une transformation s'opérera autant que le bouddhisme s'est transformé lorsqu'il est arrivé en Birmanie, en Thaïlande et en Chine. Nous allons développer notre propre parfum.

« Je crois aussi que nous serons plus à l'aise avec le bouddhisme. Nous sommes encore très coincés et "bien élevés", comme de nouveaux convertis. J'ai rencontré d'anciens moines tibétains qui sont très simples, très fraternels. Ils vous serrent dans leurs bras, ils sont très sympathiques et ils ne font pas de cinéma. Mais cela ne peut venir qu'avec la maturité d'une religion établie de longue date. Je crois que cela va nous arriver aussi, mais pour l'instant nous sommes un peu trop rigides. Nous avons un engouement exagéré pour les robes, nous collectionnons les lamas comme des insignes sur la ceinture d'un judoka. C'est ridicule. Trouvez plutôt un instructeur qualifié pour faire mûrir votre esprit, restez-lui fidèle et apprenez. C'est aussi simple. »

Mes oreilles se sont dressées. Elle décrivait là le pourquoi de mes propres pérégrinations à travers l'univers de la réincarnation.

Jusqu'à quel point se rendait-elle compte de la grande expérience qui semble se mettre en place, cette introduction des vérités sacrées et ésotériques provenant des grottes secrètes du Tibet, au sein du monde capitaliste de l'Amérique et de l'Occident ? Et savait-elle quel rôle elle était elle-même appelée à jouer dans ce mouvement global ? Il m'a semblé qu'elle le savait, même si elle évitait de donner la moindre connotation personnelle à ses paroles.

« L'un des aspects les plus importants en termes de dharma occidental, c'est la renaissance des toulkous ici même, parce que même les grands lamas qui sont parvenus à comprendre les Occidentaux et leur façon de penser ne peuvent pas franchir le fossé culturel entièrement. Il y a certaines choses que nous faisons qui ne sont pas bien comprises par les lamas et vice versa. J'ai été très souvent témoin de cela. Même s'il s'agit des plus talentueux instructeurs, souvent ils ne parviennent pas à exprimer l'enseignement sous une forme facilement accessible, et donc nous ne "saisissons" pas vraiment ce qu'ils disent.

« Je crois que ce qui doit arriver de plus important, ce pour quoi je prie nuit et jour, c'est qu'il y ait de plus en plus de renaissances dans nos pays occidentaux. Je crois que cela commence à se produire maintenant. J'ai le sentiment que nous commençons à voir des enfants qui ont les qualités requises pour enseigner. »

Voilà qui confirmait toutes mes recherches, toutes mes pérégrinations. Jetsunma avait exprimé ce dont moi et quelques autres nous nous doutions, qu'il existait bien un plan visant à implanter les vérités du bouddhisme vivant en Occident, et que les messagers en étaient cette nouvelle race de toulkous occidentaux tels Lama Osel ou elle-même.

Ma présence auprès de Jetsunma était une occasion inespérée de comprendre le mécanisme de la réincarnation et du karma d'un point de vue occidental. Après tout, j'étais en présence d'une femme qui parlait le même langage que nous, qui savait quelles difficultés la mentalité occidentale éprouvait face à ces mystères, et qui semblait avoir compris ses lois et les avoir parfaitement maîtrisées.

« Bouddha dit à peu près : Il est stupide d'aller voir tel voyant, ou tel grand maître uniquement pour savoir qui vous avez été dans votre dernière vie, commença-t-elle. Il vous suffit de vous regarder dans le miroir. Si vous êtes à l'aise avec vous-même, cela signifie qu'autrefois vous avez apporté du réconfort à autrui. Si vous êtes en bonne santé, c'est que dans le passé vous avez travaillé à guérir et à soigner les autres, ou que vous leur avez sauvé la vie. Si vous êtes riche, vous avez dû à un moment ou à un autre dans le passé donner aux autres. Si vous vous sentez seul et que vous désiriez ardemment recevoir l'amour et l'approbation d'autrui, c'est qu'à un moment donné vous n'avez pas vous-même été bienveillant ou affectueux envers autrui. Si vous êtes pauvre, alors vous n'avez pas été assez généreux. Si vous n'êtes pas très beau, c'est qu'autrefois vous n'avez pas été suffisamment loyal, vertueux et fidèle.

« En fait, le karma est une notion très simple. Le contenu de notre conscience se manifeste constamment par le type de vie que nous menons. Chaque résultat a une cause, et il faut toujours la chercher dans l'enchaînement de nos pensées.

« Ces idées sont parfois un peu difficiles à accepter. Souvent je me fais piéger moi-même. Un de mes amis, que j'ai revu récemment, me semble souffrir énormément. Il me fait mal au cœur. J'ai l'impression d'une certaine manière qu'il est une victime. Il a été battu dans son enfance, et je sais que de nombreuses circonstances ont rendu sa vie très dure. Il serait facile de tomber dans le piège de croire qu'il est possible de souffrir sans raison, que nous sommes en quelque sorte des victimes, que les épreuves nous arrivent comme par hasard et que nous sommes “innocents et sans reproches”. Mais ce n'est jamais le cas.

« Le problème, continua-t-elle, c'est que nous ne pouvons voir qu'un continuum commencé à notre naissance. Et d'ailleurs nous ne nous souvenons même pas de cette dernière. Mais selon le Bouddha, nous avons déjà traversé de très nombreuses vies avant celle-ci, des vies innombrables, depuis des temps sans commencement. C'est en ces temps que nous nous sommes considérés comme étant “moi” pour la première fois. Le Bouddha parle en termes de “temps sans commencement”. Ainsi notre histoire remonte à une époque échappant littéralement à notre conscience. Et nous ne pouvons pas comprendre combien d'ingrédients se mêlent dans notre “soupe karmique” à l'instant présent. Actuellement nous ne voyons qu'une petite tranche du continuum d'une étape donnée de cette vie, et nous ne voyons pas tous les facteurs qui entrent en jeu. Voilà ce qui nous sépare de l'activité spirituelle. Si nous pouvions percevoir l'ensemble, nous n'aurions aucune difficulté à nous plonger dans le dharma, à corps perdu », dit-elle en riant.

Elle a réfléchi à la question de la renaissance et à son explication la plus claire.

« Le karma *semble* compliqué, mais ses règles sont en fait très simples. Il s'agit de la loi de cause à effet. Le plus grand facteur que nous ayons à combattre, et dont nous ne sommes même pas conscients, ce sont nos propres penchants. Et pourtant ils proviennent de notre karma. Nous avons été indolents et paresseux de manière répétée. Nous n'avons pas été vertueux maintes et maintes fois. C'est devenu une habitude. Un chat naît sous la forme d'un chat à cause de son habitude d'être un chasseur. C'est là sa tendance habituelle. Donc nous devons lutter. Nous devons nous soumettre à nos maîtres, nous soumettre au dharma et dire : "Je me rends compte que je suis entièrement le jouet de mes penchants habituels. Indiquez-moi le bon chemin. Dites-moi ce que je peux faire pour me libérer."

« Jusqu'au moment où nous aurons dominé ces penchants, notre renaissance est un événement sur lequel nous n'avons strictement aucun contrôle. Nous sommes complètement à la merci des habitudes qui règnent dans le flux de nos pensées, et nous sommes projetés dans des vies qui reflètent la manière dont nous avons agi autrefois.

« Jusqu'au moment où nous pourrons nous réincarner consciemment, il nous sera impossible d'exercer la moindre influence sur le type de vies que nous vivrons après la mort du corps. Les gens s'imaginent que la renaissance est une issue, mais du point de vue bouddhiste c'est le fait de mourir et d'aller au paradis qui est une issue heureuse. Si nous pensions être arrivés au bout du rouleau, nous dirions alors "Alléluia !" »

J'ai demandé :

« Le problème est-il que nous confondons nos expériences actuelles de bonheur avec le véritable bonheur ? Si nous pouvions ressentir le genre de bonheur dont le Bouddha affirme l'existence, si nous en avions un avant-goût, serions-nous encore si attachés à poursuivre les buts qui sont les nôtres aujourd'hui ?

— Exactement, répondit Jetsunma. Nos esprits sont tellement ivres ! Nous sommes tous des toxicomanes. Nous recherchons un coup de fouet, un shoot, une ivresse. Nous avons cette tendance habituelle à renaître, parce que nous cherchons un excitant, une stimulation.

Même maintenant, dans cette vie-ci, nous ne nous stabilisons pas pour pratiquer parce que nous désirons cette stimulation. Nous avons des esprits fébriles.

« Vous voyez, nous croyons que cette ivresse est le bonheur. Mais en fait, si nous pouvions stopper un instant notre auto-absorption, seulement un moment, un moment libre de tout désir, libre d'auto-inflation, libre d'attachement, un moment de pur espace, nous ne souhaiterions plus rien d'autre. Si nous pouvions avoir ne serait-ce qu'un instant de cela, le tour serait joué. » Elle marqua une pause. « Si nous pouvions avoir un seul instant de pure conscience extatique, nous comprendrions. La sagesse serait née. »

Ainsi parlait Jetsumna l'instructrice, qui donnait accès aux vérités spirituelles. Toulkou autodidacte et humble, elle faisait de son mieux pour mener une vie aussi ordinaire que possible. Mais qu'en était-il de la personne ? Ses plus anciens disciples connaissent sa puissance et les talents qu'elle a à offrir.

« Je peux dire que depuis treize ans que je la connais, dit Wib Middleton, je ne l'ai jamais vue agir autrement que pour aider, pour tenter de mettre fin à la souffrance. C'est comme si elle était programmée pour cela, et pour aucun autre comportement. Si vous observez sa façon d'agir et de penser, vous serez d'accord avec nous pour dire que c'est un phénomène vraiment remarquable !

« De mon point de vue, cette femme est une incarnation extrêmement vaste. Les lamas tibétains qui viennent ici la voir disent tous : "Vous n'avez pas conscience de qui est ici à vos côtés", et les moines vous diront, avec une crainte respectueuse : "C'est une émanation de Tara", c'est-à-dire une projection de l'action d'Illumination du Bouddha. Elle a aussi la capacité de prononcer des oracles, ce qui est un accomplissement exceptionnel. Toutes ses qualités sont vraiment étonnantes. Notre difficulté, à nous Occidentaux, est que nous la percevons comme un être ordinaire. Nous avons vraiment du mal à prendre conscience de son envergure tout simplement parce que c'est une femme, et non un moine tibétain âgé et vénérable. C'est une femme occidentale qui se maquille et s'habille comme tout le monde. Mais la qualité de ses enseignements révèle qu'elle est un lama d'une grande pureté.

« Elle a une maison derrière le temple où elle vit avec sa famille. Elle médite beaucoup, tout au long de la journée. Je crois qu'elle ne cesse jamais de travailler, mais pas comme nous l'entendons généralement, comme une personne occuperait un emploi. À chaque instant, elle est en interaction avec les êtres sensibles, peut-être pas physiquement, mais elle est toujours en rapport avec eux, cherchant le meilleur moyen de les aider à se libérer de leurs fardeaux. Par exemple, elle aura conscience que quelqu'un, à des kilomètres de chez elle, cherche à se mettre en contact. Ou alors elle sera consciente du danger qui menace un de ses proches. En disant qu'elle est simplement clairvoyante, on serait bien en dessous de la réalité. Tout ce que je peux vous dire, c'est qu'elle est constamment au service des autres, qu'elle "travaille" pour eux. Elle prend toujours soin de son troupeau, pour employer une image chrétienne. »

D'autres personnes qui la connaissent décrivent une femme aux multiples talents, aux multiples facettes. Elles parlent de ses qualités de cuisinière, de son goût pour les films d'horreur, de sa passion pour les habits qu'elle achète à profusion (pour ensuite en faire cadeau). Elles racontent que comme tant d'Américains elle fait beaucoup d'exercice physique, et qu'il lui est même arrivé d'emporter avec elle en retraite sa bicyclette d'entraînement et ses poids et haltères. Elles disent qu'elle est spontanée, moderne, qu'elle sait chanter et qu'elle compose de la musique. Elles ajoutent qu'elle est extrêmement drôle, qu'elle a un grand sens de l'humour et qu'elle a même un côté provocateur. (J'en ai eu un aperçu en voyant une photo d'elle sur le tableau d'affichage de la salle à manger. C'était un portrait d'elle en train de faire un clin d'œil.)

Elles décrivent sa nature chamanique et disent qu'elle rend visite aux Indiens Hopi avec qui elle pratique un travail de prière. Et bien sûr, elle adore les enfants. J'ai pu le voir par moi-même. Le KPC est le seul centre bouddhiste tibétain que j'aie vu à disposer d'un centre de jeux et d'une crèche. Jetsunma réunit tous les enfants autour d'elle et leur enseigne les vérités fondamentales du Bouddha, comme la bienveillance, ou le caractère destructeur de la colère et de l'avidité. C'est l'une de ses activités préférées. Elle les appelle « ses petits pratiquants » et elle affirme les compter parmi ses meilleurs élèves.

Sa créativité et son imagination ne sont nulle part plus en évidence que dans le jardin qu'elle a conçu en face du centre, de l'autre côté de la route. Fidèle à sa vision enchanteresse, ce terrain s'est transformé en un monde de magie et de beauté, offert au grand public. En passant par un portail, vous pénétrez dans un mandala, parcouru de sentiers menant aux quatre Jardins, Rouge, Vert, Bleu et Jaune. L'ensemble a été conçu de telle sorte que l'on puisse marcher dans le sens des aiguilles d'une montre, tournant autour d'objets sacrés que Jetsunma a placés à des endroit stratégiques. Parmi les arbres, vous rencontrez des bouddhas silencieux plongés dans une profonde contemplation; au milieu d'une clairière herbue, vous découvrez un immense cristal sur un socle en pierres; dans plusieurs recoins, des moulins à prières tibétains que vous pouvez faire tourner envoient ainsi des milliers de prières dans toutes les directions pour le bien de tous les êtres. Dans un autre recoin se trouve un cours d'eau sur les berges duquel poussent des iris, et un belvédère où vous pouvez vous asseoir pour vous imprégner de l'ambiance de paix et de sérénité.

Marchez un peu plus loin et vous aurez la vision splendide de huit grands stupas blancs, ces monuments qui représentent la conscience illuminée du Bouddha. Chaque stupa symbolise l'un des huit événements principaux de la vie de Sakyamuni. Au milieu se trouve un stupa encore plus haut, de presque six mètres, consacré à la longue vie de Jetsunma. Ils ont tous été remplis de prières et de mantras écrits sur de longues bandes de papier, d'objets sacrés, d'offrandes et de reliques précieuses, et ensuite consacrés pour vibrer puissamment et émettre des ondes saintes et bienfaisantes. Elle a le projet de construire encore plus de stupas, y compris, comme il se doit, une statue de Tara, la mère de tous les bouddhas, de vingt-deux mètres de haut.

Wib commente : « Si vous faites le tour de Washington en voiture, vous pourrez voir environ deux mille statues glorifiant la guerre : des généraux montant à cheval, ce genre de choses. Ici nous avons des monuments vivants dédiés à la paix et à la tolérance, à l'harmonie, à une vie pure, à l'amour et à la compassion. Même si les gens ne viennent que pour les regarder, nous croyons qu'ils en retireront des bienfaits. La seule vision d'un objet aussi puissant peut transformer leurs vies, leurs histoires karmiques, parce qu'ils ont établi un contact avec le dharma. »

J'ai posé une dernière question à cette femme remarquable :

« Que voulez-vous accomplir dans cette vie ?

— Il y a tant de choses que je souhaite faire, c'est incroyable, répondit-elle avec son rire caractéristique. Mon centre sera toujours très bouddhiste, mais je souhaite offrir une sorte de gâteau de mariage à plusieurs couches, chaque couche se trouvant à une distance différente du centre. Il y aura toujours une place ici pour les non-bouddhistes. Je souhaite construire un lieu de pèlerinage. Il n'y a aucun lieu de pèlerinage véritable dans ce pays, auquel les Américains peuvent se référer en tant que bouddhistes, où ils puissent voir et sentir la preuve de la conscience du Bouddha. Et je souhaite le créer.

« Je veux aussi créer un hospice, un endroit où des personnes croyant au dharma puissent venir aussi mourir dignement, tout en poursuivant leur pratique spirituelle, et recevoir des soins sans pour autant avoir des tubes et des objets enfoncés dans leur corps.

« Je veux agrandir mon école pour les enfants, bouddhistes et non bouddhistes, qui souhaitent apprendre la non-compétition, la bienveillance, la coopération, le caractère précieux de la Terre, la loi de cause à effet, l'équanimité et la “vocation d'amour”. Nous avons déjà commencé à travailler dans ce sens.

« Je veux créer un monastère pour moines et moniales où l'on puisse vivre en communauté, surtout pour ceux qui ont déjà des enfants. J'aimerais les aider et leur proposer des lieux de retraite.

« J'aimerais créer un collège tantrique ici, où l'on suivrait des études supérieures en bouddhisme. Vous voyez, j'ai peur, car le dharma est actuellement enseigné dans des pays dont le régime politique est instable. Je sais que rien n'est permanent, mais l'Amérique est mieux placée que la plupart des autres pays pour maintenir une certaine stabilité, et je crois que, si nous avons un centre solide ici, le dharma continuera à s'épanouir pendant un certain temps. »

Elle avait bien raison. La cause de *sa* naissance, celle d'un toulkou, est uniquement de propager la vérité du Bouddha de toutes les manières possibles, d'être au service des autres et d'aider à soulager les douleurs et les souffrances de l'humanité. Il était bien clair qu'elle accomplissait pleinement sa mission.

5

REVENIR

Comment la réincarnation fonctionne-t-elle ? Qui sont exactement ces toulkous occidentaux ? Que font-ils ici et comment ont-ils obtenu une telle maîtrise du processus de réincarnation ? Je connaissais la réponse officielle des lamas, selon la doctrine tibétaine, mais je souhaitais en connaître une version occidentale. Le Pr Robert Thurman occupe le seul poste de maître d'études indo-tibétaines de l'université Columbia, à New York. C'est un homme brillant et plein d'humour, à la voix forte et au passé rocambolesque. Il a passé de nombreuses années aux pieds des plus grands lamas de Dharamsala, siège du gouvernement tibétain en exil. Il parle et lit le tibétain couramment. Par la suite, il a obtenu son doctorat à l'université de Harvard. Je suis allée le rencontrer à New York, car je pensais que personne n'était plus qualifié que lui pour exprimer ces concepts orientaux complexes en termes occidentaux modernes. Je n'ai pas été déçue.

Avec en bruit de fond le vrombissement de la circulation new-yorkaise, nous nous sommes retrouvés à la Maison du Tibet, un centre consacré à la propagation de la culture tibétaine, dont il est président. Nous avons parlé des plus grands mystères de la Terre. Je lui ai demandé immédiatement s'il croyait lui-même à la réincarnation. Après tout, c'est un intellectuel de haut niveau, un académicien, un érudit. S'il pense que nous vivons plusieurs fois et que des grands maîtres spirituels peuvent renaître parmi nous, alors la réincarnation possède en effet un avocat de poids en sa personne.

« J'y crois, pour moi c'est une certitude! s'est-il exclamé. Et je suis persuadé que nous avons beaucoup plus d'incarnations en Occident que celles qui sont reconnues. Il faut distinguer avant tout réincarnation de renaissance. La renaissance est un processus involontaire. C'est ce qui arrive à tous les êtres qui renaissent dans le cycle de la vie, qu'il s'agisse d'humains, d'animaux, de créatures appartenant à des plans de conscience plus élevés, ou de dieux. Les voici, représentés sur cette tanka accrochée au mur », dit-il en indiquant une peinture tibétaine très colorée qui décrit les divers états dans lesquels nous pouvons renaître.

Je connaissais bien déjà cette Roue de la Vie, avec ses illustrations éloquentes représentant des êtres humains s'enlaçant, donnant naissance et mourant, des silhouettes affreuses infligeant d'horribles tortures à leurs victimes, des animaux errant sur des pentes montagneuses, des dieux prenant diverses poses sybarites et querelleuses, toutes contenues dans une roue gigantesque enserrée dans les mâchoires de Yama, le Seigneur de la Mort.

« Dans la renaissance on n'a pas le choix. Les gens naissent dans ces états impulsivement, poussés par le cycle réactif de l'action et de ses conséquences, expliqua-t-il.

« La réincarnation, par contre, se produit lorsqu'un être humain développe un libre arbitre à l'intérieur de ce cycle, en parvenant à contrôler ses actions et ses impulsions involontaires. Il est alors capable de rester conscient pendant l'ensemble du processus de transition de la mort à la renaissance, et peut choisir les circonstances précises de celle-ci. Dans le bouddhisme Mahayana, cet accomplissement est considéré comme simultané avec l'état de Bouddha. Le mot *toulkou* est une traduction tibétaine du mot sanskrit *Nirmanakaya*, ce qui signifie le corps d'émanation d'un Bouddha. »

Cette explication me montrait les hommes, les femmes et les enfants occidentaux que j'avais vus sous un jour entièrement différent. Avais-je vraiment parlé à d'authentiques bouddhas ? Je trouvais cette idée assez intimidante.

« À strictement parler, personne, à part un Bouddha, ne peut se réincarner, a répondu Bob Thurman. Il y a des êtres, cependant, qui ont un puissant désir de se réincarner pour accomplir certaines tâches, et cette intention peut leur faire dépasser leurs impulsions, mais ce n'est ni entièrement conscient, ni infaillible. Maintenant on commence à trouver des toulkous ici, mais je ne crois pas que tous les Occidentaux aient pris conscience que ce sont vraiment des bouddhas. Ils s'imaginent qu'ils sont arrivés là un peu par hasard, en provenance du Tibet », dit-il en gloussant.

Il a continué en expliquant le caractère unique de ce que le Tibet apporte à la pensée religieuse universelle.

« Très peu de personnes, même parmi celles qui se considèrent comme bouddhistes, tels les adeptes du Theravada ou du Vipassana, croient à cette idée d'incarnation. Elles continuent à penser qu'une fois que l'on est un Bouddha et que l'on a atteint l'Illumination on s'est libéré de la chaîne de la vie, et donc que l'on ne renaît plus. C'est pourquoi la plupart des autres pays bouddhistes n'acceptent pas cette notion de toulkou. Même chez les autres mahayanistes, comme les adeptes du Zen, ou les bouddhistes de la Terre Pure au Japon, on considère qu'à partir du moment où l'on a atteint le corps d'émanation on ne revient pas ici se promener en pleine ville ! Ils pensent que les bouddhas ont pu s'incarner une ou deux fois seulement dans toute l'histoire de l'humanité, et qu'ils ne sont pas partout. C'est étrange, car tous les soutras (le canon bouddhiste) indiquent qu'il existe des émanations du Bouddha partout. Des îles, des immeubles et des villes peuvent être des corps d'émanation. Des continents, des planètes, même ! Si vous êtes un Bouddha et que vous pensiez qu'il y a des êtres qui ont besoin d'une planète quelque part, vous pouvez en créer une. Vous pouvez vous recréer vous-même sous forme de planète.

« Et donc, du point de vue de la plupart des non-Tibétains, que quelqu'un qui était lama et mangeait du momos (des boulettes) puisse tout d'un coup s'incarner en Espagne et manger des olives, ou en Amérique et aller chez McDonald's est une idée complètement loufoque. Qu'un Bouddha se manifeste dans la réalité ordinaire ne correspond pas du tout à leurs catégories habituelles. Mais c'est parce qu'ils n'ont pas lu leurs soutras d'assez près et qu'ils ne comprennent pas ce qu'est un corps d'émanation de naissance. La notion du Nirmanakaya que l'on trouve dans les textes sacrés mahayanistes est une idée tout à fait magnifique. »

Les bouddhistes tibétains sont différents, poursuivit-il, dans le sens où ils ont développé les tantra*, ces pratiques ésotériques grâce auxquelles le méditant apprend à transformer le processus de mort en une occasion de prendre les trois corps du Bouddha, l'esprit suprême ou corps de vérité (Dharmakaya), le corps de plaisir (Sambhogakaya) et le corps d'émanation ou de forme (Nirmanakaya). Les enseignements décrivant l'accomplissement suprême qu'un être humain peut atteindre ont toujours été par définition non seulement extrêmement complexes mais aussi excessivement difficiles à suivre.

J'ai demandé à Bob Thurman d'expliquer en termes ordinaires comment les grands adeptes deviennent toulkous, ce qu'ils font, concrètement, pour cesser de « renaître » et commencer à se « réincarner ».

Il a employé le langage très moderne de l'informatique.

« Le méditant, au cours de ces retraites de cinq ans, agit de manière très technique. Il n'est pas seulement assis là, occupé à communier avec le Grand Tout ! Très techniquement, il descend, il dissèque son propre système nerveux pour devenir autoconscient depuis l'extérieur de ses propres cellules. C'est un peu comme si, tout en employant le logiciel Word Perfect, on était soi-même dans la puce, en étant conscient d'y être. Ce n'est qu'en stabilisant sa propre conscience que l'on peut y parvenir, jusqu'à atteindre le niveau des points et des tirets, et descendre encore plus bas, toujours plus bas.

« En d'autres termes, le mahayaniste ayant acquis la compréhension technique du tantra est comme un physicien quantique de la réalité intérieure. Il s'est désidentifié du processus conceptuel et perceptuel grossier. Il est parvenu jusqu'au niveau neuronal, et à partir de là il a continué jusqu'au stade neuronal le plus subtil, le stade supraneuronal, et a atteint un mode où c'est un peu comme si l'ordinateur était consciemment conscient de lui-même. Le yogi descend jusqu'à aller en dessous du langage de la machine, en dessous du niveau subatomique.

« À partir de ce moment, tout est volontaire. Donc on peut contrôler chaque impulsion, surtout pendant la mort, parce que l'on n'est plus entraîné mécaniquement et prisonnier d'une réalité trop grossièrement construite. Vous ne participez plus que *volontairement* à cette réalité. C'est pourquoi la transition de la mort n'est plus un problème pour ces êtres. Lorsque vous avez accompli ceci, vous n'avez pas réalisé quelque action mystique mais un acte très concret et évolutif. Il s'agit du niveau d'évolution le plus élevé. C'est ainsi que l'on définit le Bouddha, le niveau d'évolution le plus avancé. »

Son explication était claire, vivante et moderne. Étant plutôt une illettrée de l'informatique, cependant, même si j'en comprends l'idée générale, je ne pouvais pas m'engager dans un débat très poussé sur ce sujet avec lui. D'autre part, j'étais trop éblouie par ce qu'il venait de dire. La description de ce processus de méditation suprême m'avait laissée bouche bée d'admiration et d'un respect presque craintif. Quel sommet les Tibétains n'avaient-ils pas atteint !

Il me restait de nombreux et précieux renseignements à recevoir de cet homme à la fois si éloquent et cultivé. Je lui ai demandé quelques éclaircissements sur la façon dont nous voyageons d'une existence à l'autre.

« L'élément qui perdure de vie en vie se trouve au niveau le plus subtil de l'être. On l'appelle la goutte indestructible du tantra, ou encore le corps-esprit suprêmement subtil, répondit-il. En fait, il s'agit de l'âme. Maintenant les bouddhistes se promènent et racontent partout qu'il n'y a ni âme ni soi, ce qui est ridicule. La célèbre doctrine du non-soi que prônait le Bouddha concernait le statut métaphysique de l'essence de la personne. Il voulait surtout dire que nous n'avons pas d'identité fixe, rigide, absolument inchangeante, indépendante, portant notre nom et un numéro de série gravés sur elle d'une existence à l'autre.

« Ce que le Bouddha a constamment affirmé, cependant, c'est qu'il existe un soi relatif, constamment vivant, constamment changeant. Selon lui, celui qui contrôle le soi devient un maître. “Employez-vous, vous-même, votre être, votre soi, pour vous conquérir”, a-t-il dit. Et pour le bouddhiste, l'âme est le niveau le plus subtil de ce soi. C'est le corps-esprit extrêmement subtil qui existe au milieu du chakra du cœur, comme une minuscule petite goutte. Au moment de la conception, le chakra du cœur (situé à mi-chemin entre les seins) se forme autour d'elle. Puis ensuite, au moment de la mort, elle se déroule en quittant le corps. C'est une cellule qui s'autorégénère constamment, elle ressemble à de l'ADN », expliqua-t-il.

Voilà, exprimée dans un langage courant, une explication sur cette technologie spirituelle que les Tibétains proposaient : c'était leur grand cadeau au monde. Il ne s'agissait pas là de quelque vague définition, de quelque énoncé d'expériences transcendantales, mais d'une description des rouages mêmes de la plus haute vérité spirituelle, de ce qui nous constitue. Cette vague notion de l'âme dont j'avais tellement entendu parler au catéchisme devenait plus plausible. Et je m'émerveillais de la façon dont ces mystères, que les méditants avaient découverts par leur propre expérience dans ces lointaines grottes de l'Himalaya, pouvaient avoir été si minutieusement analysés, décrits et transmis. Voici qu'en plein milieu de New York se trouvait un professeur américain capable de traduire ces données si précieuses en un langage moderne et précis, pour parfaire notre éducation.

« Vous voyez, poursuivit-il, les impressions y sont encodées tout comme les enchaînements de l'ADN. C'est un phénomène très compliqué, qui se produit en quelque sorte à un niveau subatomique. Normalement, une personne n'en a pas conscience, et pourtant c'est ce qui, en fin de compte, constitue sa conscience même. Et la clé, c'est qu'il s'agit d'un continuum. Cette gouttelette indestructible a encodé en elle une immense quantité de données individuelles spécifiques, qui sont constamment en train de se modifier. Elle se fait influencer par vos expériences dans cette vie. Et c'est elle qui transporte dans la vie suivante le code de ce que vous avez développé et appris au cours de cette vie.

— Il me semble, suggérai-je, que ce gène spirituel dont vous parlez ressemble à une immense coupe, perpétuellement réceptive aux décisions que nous prenons, aux habitudes que nous forgeons, aux impressions que nous avons, aux actions que nous faisons, et ainsi de suite. »

Le Pr Thurman semblait ravi de voir que j'avais saisi l'idée générale, même si c'était d'une manière assez rudimentaire.

« Absolument ! s'écria-t-il. Mais il faut bien se rappeler que nous sommes là au niveau *sub*-subconscient. Cela se passe même *en dessous* du subconscient. »

Il continua son explication.

« Par exemple, un beau geste de générosité, un grand sacrifice, ou le fait d'avoir réussi à surmonter un sentiment de rage et d'avoir su pardonner à quelqu'un, ce genre de transformation de l'esprit s'inscrit comme une sorte d'augmentation de la générosité dans l'ADN. En revanche, si vous devenez particulièrement égoïste, avare, ou que vous assassiniez quelqu'un, vous obtiendrez une grande augmentation d'avarice ou de méchanceté dans l'ADN.

« Ces pensées ou ces actes plus profonds, plus puissants, opèrent une programmation qui a un impact réel sur la vie ultérieure. En fait, tout s'inscrit, mais c'est comme un minuscule petit enchaînement parallèle dans les combinaisons moléculaires, pour continuer l'analogie de l'ADN. Cela ne signifie pas que chaque petite impression provoque un grand changement. Mais la gouttelette indestructible est très sensible et enregistre tout. C'est cela qui garantit, selon la vision du monde des bouddhistes, l'idée que chaque petit élément doit grandir et se transformer. Un tout petit brin de générosité peut évoluer et finir par donner un bon fruit, ou un tout petit peu de moralité, ou une intuition méditative. Quel que soit le cas, le germe se développe. »

Selon les bouddhistes tibétains, ce gène spirituel, avec toutes les données encodées, est emporté par l'âme après la mort. Le processus de mort honoré depuis si longtemps, et décrit si précisément dans *Le Livre des morts tibétain,* explique exactement ce qui se passe. Au fur et à mesure que nous commençons à nous retirer de cette vie, les éléments de notre forme physique sont absorbés un à un et, pendant que cela se produit, la conscience s'affine de plus en plus, devient de plus en plus subtile, de plus en plus lucide, tandis que l'esprit conceptuel grossier se retire. Enfin, la conscience la plus subtile, qui siège aux environs de notre chakra du cœur, est libérée et se révèle. C'est à ce moment-là, selon les écrits bouddhistes, que les « informations » les plus fortes et les plus puissantes passent au premier plan et façonnent notre existence suivante.

Bob Thurman, qui vient de terminer une nouvelle traduction du *Livre des morts tibétain*, l'a décrit de la façon suivante. « L'Être du Bardo, qui vient de mourir et se trouve entre deux vies, est dans un état semblable au rêve. Par pure imagerie, il s'est créé la sensation d'avoir un corps. Cela rappelle les rêves que nous avons actuellement : nous pouvons devenir papillon ou cheval, ou changer de sexe. Toute une série d'événements peuvent nous arriver dans un rêve. Et nous les voyons. Mais avec quoi les voyons-nous ? Ce n'est pas avec ces yeux-ci, dit-il en indiquant les siens. Ainsi, notre imagerie mentale produit un œil virtuel. C'est comme si nous avions conscience d'une réalité virtuelle. »

Est-ce pour cette raison que les bouddhistes croient que nous pouvons renaître sous de nombreuses formes différentes, des créatures infernales aux animaux ?

« Bien que je comprenne le principe selon lequel notre esprit crée notre réalité, je n'ai jamais compris ni accepté qu'il soit possible qu'un être ayant un esprit humain puisse renaître sous forme de fourmi ou de cafard. Et que serait-il advenu du reste de sa conscience ? Où seraient passées toutes les informations de l'humain encodées dans le gène spirituel ? » ai-je demandé.

Le Pr Thurman, comme je m'y attendais, avait une réponse.

« En arriver à descendre aussi bas dans la chaîne évolutive, jusqu'au niveau d'un animal aussi simple qu'un cafard – même si selon les bouddhistes les animaux ne sont pas aussi bas que des créatures infernales, par exemple –, impliquerait une action extrêmement grave dans la vie d'un individu, qui aurait perturbé toute sa sensibilité. Il pourrait s'agir d'un choc important, d'une terreur ou d'un repli massif. Par exemple, un acte particulièrement vil qui entraînerait un repli de l'être pour avoir été trop brutal. Il faudrait une action négative très importante pour imprégner l'ADN si fortement que cela pousserait l'âme à choisir dans l'état "intermédiaire", en tant qu'image, la forme d'un cafard. Vous voyez, si vous renaissez sous forme d'insecte, c'est que dans votre état "intermédiaire" vous êtes attiré par cette forme. Si vous renaissez sous forme d'être humain, c'est que vous avez été attiré par la forme humaine. Vous gravitez vers les règnes envers lesquels vous avez des prédispositions. Pour en arriver à considérer ce petit cafard comme un être séduisant, il faudrait avoir subi un choc immense.

« On dit qu'être dans cet état intermédiaire extrêmement subtil du corps-esprit ressemble à un rêve où votre forme corporelle, parce qu'elle n'est créée que par votre imaginaire, est très instable. Si donc des images inconscientes émergent malgré vous et font que vous pourriez tout d'un coup être séduit par l'idée d'être, disons, une araignée, alors vous courez un réel danger. »

Je n'ai pas trouvé cela très rassurant. Comme je l'avais déjà bien compris, à la suite de mes petites incursions personnelles dans le monde de la méditation, le contenu de la conscience est incroyablement aléatoire, et en général échappe complètement à notre contrôle conscient. L'acte même de s'asseoir pour tenter de stabiliser l'esprit dans la méditation révèle, comme dans un film en Technicolor éblouissant, à quel point la plupart des pensées et des images qui encombrent le miroir de la conscience sont futiles et dénuées de la moindre pertinence. Cet esprit incontrôlé, selon Bob Thurman et selon tous les sages, est la seule chose qui nous reste lorsque le corps disparaît, et alors nous ne sommes plus confrontés qu'aux impulsions de notre conscience.

« Oui, c'est vrai, les bouddhistes ont peur de la période de transition entre la mort et le retour dans un nouveau corps, m'a confirmé le Pr Thurman. Ils ne craignent peut-être pas de malédiction éternelle, comme certains chrétiens brandissant la Bible, mais en revanche ils appréhendent le processus de renaissance. Ils ne se disent pas : "Ah, c'est formidable, la prochaine fois je serai Cléopâtre, tout va bien." La transition, voyez-vous, est un moment où vous ne contrôlez pas votre inconscient, ce qui vous rend excessivement vulnérable. C'est pour cette raison que les bouddhistes font tellement d'efforts, toute leur vie durant, pour influencer ce gène, pour essayer de l'améliorer. Ils appellent les règnes inférieurs l'Abîme des Trois États Pitoyables ou des Trois Mondes de l'Horreur. »

Depuis des années j'avais du mal à accepter cette idée que l'enfer puisse être une réalité. Je me rappelle la façon dont Lama Zopa, à mes tout débuts à Kopan, avait passé des journées entières à décrire avec un luxe de détails les diverses atrocités, douleurs et angoisses caractéristiques de ces « règnes inférieurs ». À mon sens, ces descriptions avaient un parfum dantesque, avec ces créatures infortunées empalées sur des lances, brûlant dans des fournaises, constamment fouettées, rossées, battues, écorchées ou perpétuellement soumises à des états de soif et de faim atroces. J'avais rationalisé en me disant qu'après tout il ne s'agissait que d'enseignements médiévaux s'étant perpétués grâce au système féodal qui régnait au Tibet avant l'arrivée des Chinois et la fuite des lamas.

Comme Lama Zopa n'était vraiment pas enclin au mensonge, et comme j'acceptais sans aucune difficulté et même avec joie les belles choses qu'il me disait sur la nature absolue de la réalité et la compassion universelle, je tentais de traduire ces descriptions d'enfer en concepts modernes qui auraient pu me paraître acceptables. Si, ainsi que les bouddhistes nous l'affirment, notre existence n'est rien de plus qu'une succession d'états d'esprit fluctuants, pourquoi ces mondes infernaux et animaux n'existeraient-ils pas également ? raisonnais-je. Un prisonnier politique soumis à la torture, une personne souffrant de la famine en Afrique, ou prise dans la guerre civile en Bosnie, ou un enfant subissant d'incessants abus sexuels, toutes ces personnes n'étaient-elles pas elles aussi, d'une certaine manière, dans une sorte d'enfer ? Les journaux quotidiens sont pleins de nouvelles, provenant du monde entier, de personnes confrontées à d'affreuses souffrances. Et que dire de ces âmes tourmentées, atteintes de maladie mentale ? Notre société en est remplie. Ne vivent-elles pas, elles aussi, un enfer ?

Je commençais à peine à échafauder ma propre interprétation des enseignements bouddhistes sur les six mondes d'existence, lorsque je fus bouleversée par un entretien que m'a accordé le Dr Margot Grey, psychologue et psychothérapeute en exercice dans un grand et célèbre hôpital londonien. Je l'avais interviewée pour un article sur les expériences de mort imminente. J'ai appris qu'au cours de ses vacances en Inde, Margot Grey avait elle-même vécu une EMI (expérience de mort imminente, ou NDE – Near Death Experience), ce qui avait éveillé en elle un intérêt personnel et professionnel pour ce phénomène. Après des recherches approfondies, elle avait écrit un livre excellent intitulé *Return from Death*[1]. Pour mon plus grand intérêt, mais à ma grande inquiétude, le Dr Grey m'a décrit des cas dont elle avait eu connaissance, où des personnes avaient raconté être descendues dans d'affreux scénarios ressemblant à des enfers, au moment où elles quittaient leur corps et se dirigeaient vers le monde de l'après-vie.

C'est non seulement troublant mais en plus inhabituel : la plupart des descriptions d'EMI parlent d'un monde d'une rare beauté, où règne la plus grande des béatitudes. Les gens racontent qu'ils sont allés vers la lumière, qu'ils ont été enveloppés d'amour, qu'ils se sont sentis extrêmement paisibles, qu'ils ont rencontré des êtres chers et contemplé des endroits exquis, d'une beauté sans égale. Les expériences négatives n'ont presque jamais été divulguées, me dit le Dr Grey, probablement parce que les gens ont trop honte d'en parler. Néanmoins, elles existent.

Elle a cité des cas où les témoins avaient ressenti une « peur et une panique » extrêmes et des « angoisses mentales et émotionnelles », tandis qu'ils étaient précipités « vers le bas », vers un lieu horrible, souvent décrit comme étant « aride », « stérile », « gris » ou « sombre », dégageant des odeurs de « pourriture », et où il fait soit extrêmement chaud, soit affreusement froid. Ils ont dit avoir traversé des « trous noirs », ou un « tourbillon noir ». Ils ont parfois eu l'impression d'être menacés et raillés par des créatures démoniaques et coléreuses, ou attaqués par des personnages sans visage ou encapuchonnés. Parfois il y avait des odeurs de soufre, d'horribles cris et d'affreux gémissements.

1. *Au retour de la mort*, Éditions Arkana.

Mon sang se glaçait face à ces sinistres histoires. Elle m'a raconté un cas spécifique illustrant bien son propos. Il concernait une femme qu'elle avait reçue en psychothérapie, et qui souffrait encore des séquelles d'une EMI terrifiante. Alors qu'elle était physiquement sur le point de mourir, elle s'était retrouvée dans un endroit entouré de brume. La chaleur était extrême, disait-elle, et d'un immense abîme montaient des volutes de vapeur. Des bras et des mains sortaient de cette espèce de puits, essayant de l'attraper. Elle était persuadée d'être en enfer. Puis elle vit un lion énorme bondissant vers elle depuis l'autre côté; elle cria, pétrifiée à l'idée qu'il la précipiterait dans le puits. Elle est restée dans une sorte de coma pendant environ trois jours, puis est revenue à la vie.

Ce cas était extraordinaire car cette femme était une chrétienne dévote et pratiquante, persuadée d'avoir mené une vie morale exemplaire. Elle n'arrivait pas à comprendre ce qu'elle avait bien pu faire pour mériter une punition si horrible. Elle découvrit en faisant une thérapie qu'elle était en fait pleine de fureur envers son mari, qui l'avait quittée pour une femme plus jeune. Selon le Dr Grey, cette rage contenue en elle avait créé l'environnement infernal dans lequel elle s'était retrouvée lorsque son esprit avait quitté son corps. Elles ont travaillé ensemble pour extirper sa colère et la réconcilier avec ce qui s'était passé.

Cette histoire m'a fascinée car, malgré son contexte occidental, elle correspond exactement à ce que Lama Yeshe et particulièrement Lama Zopa ont toujours affirmé : la colère fait partie de ces états d'esprit négatifs qu'il faut à tout prix éliminer. C'est une de nos illusions les plus fondamentales, avec l'avidité et l'ignorance, source assurée de souffrance et de douleur extrêmes. Du point de vue bouddhiste, ce n'est pas Dieu qui nous a condamnés à l'enfer, mais l'état et le contenu de nos propres esprits. Nous créons notre propre réalité, qu'elle nous plaise ou non. Je trouve cette explication satisfaisante, même si elle n'est pas nécessairement très rassurante.

Par la suite, en regardant à la télévision une émission d'Oprah Winfrey sur les expériences de mort imminente, j'ai vu d'autres personnes affirmer avoir eu des expériences terrifiantes, « négatives ». Une jeune femme en particulier a décrit comment, alors qu'elle était « inconsciente » et apparemment à l'article de la mort sur un lit d'hôpital, elle avait vu des vampires se rapprocher d'elle, prêts à l'emporter. Elle était si convaincue de la réalité de ce qu'elle avait traversé qu'elle était devenue missionnaire pour « tenter d'extirper une partie de son égoïsme », selon ses propres termes.

Rétrospectivement, j'en suis venue à la conclusion que l'existence ou la non-existence de tout ce monde fantasmagorique, les enfers, le règne animal, humain, les mondes de dieux, de demi-dieux, de toulkous, et en fait tout le domaine de la renaissance et de la réincarnation, repose sur une seule question, la plus cruciale de toutes. Notre conscience, notre esprit, existe-t-il séparément du corps, ou non ? Si c'est le cas, comme le prétendent les bouddhistes, alors il y a en effet de très grandes chances qu'on se retrouve dans d'autres mondes après la mort. Il est aussi très probable que nous ayons vécu d'innombrables existences avant celle-ci. Mais si ce n'est pas le cas, toute cette croyance dans la réalité de la renaissance et de la réincarnation s'effondre purement et simplement. Si la conscience est identique au corps, nous cessons d'exister au moment de notre mort. C'est aussi simple, et aussi complexe, que cela.

C'est là qu'intervient l'immense débat qui fait rage actuellement dans la science occidentale. La conscience est-elle identique au cerveau ? D'où provient la conscience ? Bien que je ne sois absolument pas experte en matière de physique moderne, j'ai été suffisamment motivée par mon intérêt pour le bouddhisme pour, de mon humble point de vue profane, tenter de comprendre ce que ces grands esprits (ou aurais-je dû dire ces grands cerveaux ?) ont affirmé. C'est d'une importance primordiale. Sa Sainteté le Dalaï-Lama le pense également. Avec sa prédilection pour la science et sa sagesse innée, liée aux explications fournies par le bouddhisme, il invite régulièrement des scientifiques à débattre de la question de la conscience, dans l'esprit d'une recherche authentique. Après tout, des deux côtés, en Orient comme en Occident, ce sont des chercheurs de vérité qui abordent ce thème. Lors d'une réunion qu'il a organisée à Dharamsala avec ses lamas les plus érudits et un groupe de scientifiques cognitifs, le Dalaï-Lama a exprimé en quelques mots le sens et l'importance de cette discussion.

« Il est très important que les traditions de la science occidentale et du développement mental oriental travaillent ensemble, dit-il. À une époque, on a pu croire que ces deux traditions étaient très différentes et même incompatibles. Ces dernières années, cependant, il est apparu clairement que ce n'est pas le cas. Ce type de dialogue est extrêmement important pour apporter une contribution à l'humanité et à son avenir, en permettant à chaque tradition de bénéficier de ce que l'autre peut lui proposer. C'est donc là le premier but de cette rencontre.

« Je crois également qu'il est important que les bouddhistes comprennent les dernières découvertes scientifiques concernant la nature de l'esprit, les rapports existant entre ce dernier et le cerveau, et la nature de la conscience. La conscience existe-t-elle ou non comme une entité indépendante, par exemple ? Je souhaiterais présenter certaines de ces explications occidentales aux bouddhistes en général et aux bouddhistes tibétains en particulier. »

D'après ce que j'ai pu saisir, une frange importante des membres de la communauté scientifique actuelle se considère comme des « matérialistes scientifiques » ou des « réductionnistes ». Ils affirment que la conscience n'est rien d'autre qu'une production de notre système nerveux, qui lui-même ne serait composé que de matière et d'énergie. En tant que tel, notre esprit est la conséquence de l'évolution depuis le Big Bang. Francis Crick, codécouvreur de l'ADN et auteur du livre intitulé *The Astonishing Hypothesis* (« Hypothèse surprenante »), affirme que la conscience de veille chez les animaux supérieurs et chez les humains a un rapport avec la vitesse de vibration ou d'oscillation des cellules du cerveau. En tant que tels, les réductionnistes croient que, lorsque le système nerveux cesse de fonctionner, notre conscience disparaît. Il ne resterait plus après la mort qu'une masse de chair en décomposition. En d'autres termes, selon les réductionnistes, nous sommes réduits à la stricte somme de nos molécules.

Cette théorie a mis le feu aux poudres parmi les têtes chauves du monde scientifique. Les passions vont bon train. « Qu'est-ce qui explique le parfum des roses, le sentiment d'amour, de douleur, la vision unique que chaque individu a du monde ? demandent les antimatérialistes, et ils sont nombreux. Qu'est-ce qui a donné naissance à la vision matérialiste, si ce n'est la conscience elle-même ? »

Puisque j'étais aux côtés du Pr Thurman, j'ai saisi l'occasion de lui demander son point de vue sur cette controverse esprit/cerveau. Ses yeux se sont illuminés.

« J'adore débattre avec les matérialistes, c'est une de mes distractions préférées. Cela m'arrive très fréquemment, dit-il avec plaisir. L'idée de discontinuité radicale qui prétend qu'une chose peut se transformer en rien est une erreur de catégorie. C'est une faillite wittgensteinienne, une idée complètement ridicule ! C'est le développement ultime d'une pensée prenant ses désirs pour la réalité. Contentez-vous d'appuyer sur la détente et tous vos problèmes sont abolis, un nirvana automatique en détruisant le cerveau, éclata-t-il.

« Dans la nature, on n'a jamais observé qu'un "quelque chose" puisse devenir "rien". Tout a un effet. Pourquoi tout à coup un objet deviendrait-il rien ? C'est fondamentalement incohérent. Dire que les êtres sensibles se transforment en un rien est une erreur catégorique, car rien, c'est rien. Et donc vous ne pouvez pas le devenir ! » rugit-il.

Il s'arrêta un instant, réfléchissant à l'implication du matérialisme scientifique sur la notion de renaissance.

« Les Occidentaux pensent qu'être matérialiste est le signe de l'âge adulte, d'une grande maturité, car ils croient ainsi faire face à la peur de la mort. Selon eux, les bouddhistes prendraient leurs désirs pour des réalités en croyant qu'ils vivent et revivent d'innombrables existences, continua-t-il. Curieusement, ils ne comprennent pas que les gens qui sont confrontés à une vie future craignent leur avenir bien plus qu'une personne confrontée à une oblitération pure et simple. L'oblitération est anesthésiante. Il n'y a plus de souffrance. Je dirais même que l'oblitération est une fuite !

« En fait, la seule façon dont ces savants se posent la question de la renaissance, c'est en la niant purement et simplement. Ils n'en examinent aucune des données. S'ils le faisaient, ils ne pourraient plus se permettre d'être aussi catégoriques. »

Derrière cette controverse, les chamailleries intellectuelles et les concepts élevés qui semblent si éloignés de la vie quotidienne, il y a une question de première importance, qui touche profondément chaque homme, chaque femme et chaque enfant. En fin de compte, c'est la définition de l'identité humaine au XXIe siècle qui est en jeu. Soit nous décidons que nous ne sommes rien de plus qu'une masse de chair, soit nous découvrons au contraire que nous avons en effet une âme : dans les deux cas seront déterminés notre comportement, nos codes moraux, notre éducation, l'essence de nos systèmes de croyances et même notre qualité de vie pendant de longues années.

Quant à moi, j'ai admiré l'ouverture d'esprit du Dalaï-Lama face à la nouvelle science :

« Nous sommes conditionnés subconsciemment par des facteurs liés à l'environnement, et par conséquent nous souhaitons peut-être expliquer ou découvrir quelque chose sans réussir à le faire parfaitement ou complètement. Selon moi, l'approche du bouddhisme en général et celle du bouddhisme mahayaniste en particulier est scientifique. Comme certains éléments de l'enseignement du Bouddha sont incompatibles avec notre connaissance du monde actuel, la validation finale doit dépendre de l'autorité de la logique et du raisonnement. Nous parvenons aux faits par l'investigation et l'analyse, et même si cela semble contredire les paroles du Bouddha, cela n'a pas d'importance. » Il ajouta : « Si la science peut nous fournir des preuves, sérieuses et solides, que nous nous trompons sur tel ou tel point, alors nous changerons notre point de vue. »

Le Dalaï-Lama démontre ainsi la première loi du bouddhisme : il faut regarder la réalité en face, sans la fuir, si l'on veut trouver la vérité et la liberté. C'est une position honnête et noble. Néanmoins, malgré toutes ses plaidoiries en faveur de la logique et du raisonnement, je dois admettre qu'en contemplant ce moine sage et humble nommé Tenzin Gyatso, le quatorzième Dalaï-Lama du Tibet, ce qui me touche n'est pas une masse de « molécules vibrantes », mais la compassion palpable et puissante qui émane de sa personne. En fin de compte, il semble que cela n'a que très peu à voir avec le cerveau, et tout à voir avec le cœur.

6

LE RABBIN GERSHOM

Mes recherches pour retrouver les gourous de la réincarnation en Occident m'ont amenée à entrer en contact avec les personnes les plus inattendues. La plus étonnante, et de loin, est un juif hassidique vivant près de Minneapolis, et qui a une histoire extraordinaire à raconter. Le rabbin Yonassan Gershom a connu des centaines de personnes qui, à l'en croire, sont mortes pendant l'Holocauste et se sont réincarnées à notre époque. Beaucoup, dit-il, sont revenues parmi les gentils.

J'ai entendu parler de ces témoignages extraordinaires peu après mon arrivée à New York : quelqu'un m'a montré un livre récent du rabbin Gershom, *Beyond the Ashes – Cases of Reincarnation from the Holocaust*[1]. J'ai immédiatement décidé d'en retrouver l'auteur. Ce qui m'a fascinée, ce n'est pas tant que des juifs morts dans les camps de concentration reviennent sur terre dans de nouveaux corps (j'étais suffisamment familiarisée avec la réincarnation pour considérer cela comme tout à fait plausible), mais qu'un rabbin, qui plus est un rabbin hassidique jusqu'au bout des ongles, soit en train de se documenter et de présenter ses découvertes au grand public.

---

1. *Au-delà des cendres : cas de réincarnations émanant de l'Holocauste*, Éditions ARE Press.

J'avais déjà vu des juifs hassidiques, bien sûr, surtout à New York : les hommes avec leurs longues tresses sur le côté, chapeaux noirs et longues barbes, les femmes avec des perruques couvrant leurs têtes rasées rituellement. Ils m'avaient plutôt mise mal à l'aise. Ils avaient l'air très austères et m'avaient donné l'impression de former un groupe excessivement renfermé sur lui-même. J'avais entendu dire qu'ils étaient ultra-orthodoxes, voulant à tout prix ramener les juifs dans le giron du judaïsme, et qu'ils appliquaient la loi juive à la lettre. C'étaient les dernières personnes dont j'aurais cru qu'elles adhéreraient à une idée aussi New Age que la réincarnation. Mais mon ignorance a été proprement pulvérisée lorsque j'ai réussi à retrouver le rabbin Gershom et à lui parler.

« Les juifs hassidiques croient tout à fait à la réincarnation, affirma-t-il. J'ai moi-même de bonnes raisons de penser que j'ai été le fils d'un rabbin tué par balles dans un village d'Europe de l'Est, et je connais de nombreux membres de la communauté hassidique qui choisissent délibérément d'avoir de grandes familles pour donner de nouveaux corps aux âmes mortes pendant l'Holocauste. »

Il poursuivit en me disant qu'Isaac Luria, un rabbin du XVIe siècle, l'un des plus grands mystiques juifs, a enseigné la réincarnation, tout comme Israel ben Aliezer, connu sous le nom de Ba'al Shem Tov, fondateur du mouvement hassidique.

« Ces deux hommes étaient réputés pour connaître avec une incroyable exactitude les vies passées de ceux qui les approchaient, expliqua-t-il. Leurs histoires sur la réincarnation abondent, aussi bien sous forme écrite qu'orale, et des millions de juifs ont entendu ces enseignements. D'ailleurs, la version Loubavitch du livre de prières hassidique contient une prière du soir où le suppliant pardonne à “tous ceux ayant provoqué ma colère ou m'ayant blessé... dans cette incarnation ou dans toute autre.” »

À mesure que l'entretien progressait, j'allais découvrir que le rabbin Gershom est une véritable fontaine d'eau vive de l'érudition juive, parlant rapidement et éloquemment de sa spécialité. J'ai ainsi appris que les juifs hassidiques, malgré leur apparence un peu rébarbative, se considèrent comme les mystiques, les voyants et les visionnaires de la religion juive. Pour eux, la réincarnation n'est pas qu'une simple idée; ils y croient fermement.

« Le problème, c'est qu'il règne une ignorance colossale au sujet de la religion des juifs. La culture chrétienne confond l'étude de l'Ancien Testament, qui est chrétien, avec le judaïsme, qui est juif. Ce n'est pas dans l'Ancien Testament que vous trouverez la riche source de la spiritualité juive », ajouta-t-il.

Après cette mise au point, le rabbin Gershom a accepté de me parler de lui-même. Ce jeune homme a reçu l'ordination du rabbin Zalman Schacter-Shalomi, le célèbre pionnier du renouveau spirituel juif. Il se considère comme « néo-hassidique ». Le rabbin Gershom n'est pas seulement expert du judaïsme; il a aussi étudié en profondeur les autres religions, ainsi que le mouvement du New Age, sans oublier la métaphysique. J'ai appris qu'il dirige des ateliers sur la réincarnation, qu'il fréquente des Amérindiens, qu'il enseigne à l'Institut d'Études juives pour adultes à Minneapolis et sert d'aumônier dans une clinique. En outre, il se met à l'écoute d'innombrables personnes angoissées, en tant que conseiller.

C'est au cours de ces consultations qu'il a entendu parler de la réincarnation des victimes de l'Holocauste. Le premier incident est survenu alors qu'il ne s'y attendait pas du tout. C'était en 1981. Le rabbin Gershom était assis chez lui, seul; il avait annulé son groupe de discussion sur la Kabbale et les enseignements ésotériques du judaïsme à cause d'une chute de neige importante. Mais une jeune femme norvégienne est tout de même venue frapper à sa porte. Après qu'il lui eut servi une tasse de café, elle a déclaré qu'elle aurait préféré en fait parler de l'Holocauste.

Elle a raconté au rabbin Gershom que, depuis son enfance, le simple fait d'évoquer la Shoah la remplissait d'une peur inexplicable. Sa sœur lui avait récemment parlé de la vie dans les camps de concentration, sujet qu'elle étudiait, et cela n'avait fait que raviver sa terreur. Pendant que la jeune femme parlait, le rabbin a « vu » un autre visage, maigre et décharné, se superposer à celui de sa belle interlocutrice ; pris d'une intuition, il a commencé à fredonner un air de musique. À cet instant, les yeux de la jeune Scandinave se sont écarquillés d'épouvante et elle a éclaté en sanglots, affirmant qu'elle savait avoir trouvé la mort dans l'Holocauste. La chanson qu'avait chantée le jeune rabbin s'appelait *Ani Maamin*, l'hymne entonné par des milliers de juifs au moment où ils avaient pénétré dans les chambres à gaz. La femme norvégienne n'avait jamais entendu cette chanson jusqu'alors, du moins dans sa vie actuelle.

Cette histoire devait n'être que la première d'une série innombrable de récits de réincarnations suite à l'Holocauste, et qui allaient être portés à l'attention du rabbin Gershom, au fur et à mesure que le bruit se répandait qu'il était réceptif à de telles confidences. Pendant plusieurs années, il a gardé le silence sur le dossier brûlant qui lui était confié, craignant que, si les médias se mêlaient de confessions sur un sujet si sensible, le tout serait horriblement sensationnalisé (ce qui est arrivé de toute façon). Il avait aussi l'impression que le public n'était pas prêt à faire face à ce qui serait littéralement un réveil des crimes commis dans les camps de concentration. Il sut qu'il avait eu raison lorsque la Spiritual Frontiers Fellowship in America (« Fraternité des Frontières spirituelles d'Amérique ») a refusé une conférence qu'il voulait donner au sujet de sa « découverte » parce que la question était à la fois trop intime et trop chargée. La peur et la culpabilité étaient clairement présentes.

Maintenant, juge-t-il, les temps sont mûrs. Le rabbin Gershom peut raconter les histoires des nombreuses personnes qu'il a rencontrées et dont il est convaincu qu'elles sont mortes entre les mains des nazis pendant l'Holocauste, pour renaître et vivre à notre époque. Tout en croyant que nombre d'entre elles renaissent dans la religion juive, il a privilégié les récits de celles qui étaient revenues dans des familles non juives parce que, affirme-t-il de manière très sensée, la preuve de la réincarnation est plus convaincante dans ces cas-là. De jeunes enfants qui n'ont pas été entourés par les coutumes, les pensées et la foi de la religion hébraïque, et qui pourtant manifestent une connaissance mystérieuse de celles-ci, doivent vraiment être pris au sérieux. L'origine de leurs souvenirs d'enfance, si ces derniers ne dépendent ni de l'environnement ni de l'éducation, nécessite d'être élucidée.

Pour illustrer son propos, il raconte l'histoire d'une femme au foyer de religion luthérienne qui chaque vendredi soir avait une forte envie d'allumer des bougies. Cette impulsion spontanée n'avait aucun fondement dans sa propre foi, ni aucune signification particulière pour sa famille. Le rabbin Gershom lui a dit que depuis des milliers d'années les femmes juives allument les flammes du sabbat le vendredi, et qu'elles avaient même essayé de perpétuer cette coutume dans les wagons surchargés en route vers les camps de concentration. Il a aussi rencontré un homme, non juif, qui a relaté que son fils nouveau-né refusait de boire du lait s'il y avait de la viande sur la table. Si ses parents insistaient, il jetait le lait par terre. Ce comportement les rendait perplexes, car leur fils n'agissait jamais de cette façon lorsque la boisson était du jus de fruits ou de l'eau. Il n'est pas kasher pour un juif de manger de la viande et de boire du lait au même repas, et le rabbin Gershom a suggéré que le comportement de l'enfant était sans doute la trace d'une vie passée.

Il a évoqué des cauchemars récurrents que de nombreuses personnes avaient eus pendant leur enfance. Ces cauchemars sont, dit-il, tellement authentiques jusque dans les détails qu'ils constituent la preuve que ces personnes ont réellement vécu auparavant et fait l'expérience des événements qui leur reviennent maintenant sous forme de rêves.

Il y a eu le cas de Beverly, une mère seule d'une trentaine d'années, qui a rêvé qu'elle était un petit garçon d'environ sept ou huit ans, se tenant avec sa mère dans une file d'attente. Beverly a raconté comment ils sont arrivés à une table où un homme disait à certaines personnes d'aller vers la droite, et à d'autres d'aller vers la gauche. Il leur a montré une porte, qu'ils ont traversée. Alors la scène se transformait radicalement et le garçon et sa mère se retrouvaient dans un lieu où planait une odeur atroce. Dans son cauchemar, elle voyait des hommes jetant des personnes vivantes dans un feu, jusqu'au moment où le petit garçon y fut également projeté. Il se débattait, essayant d'éteindre les flammes, pour enfin succomber.

Certaines personnes ont le souvenir d'avoir été enterrées vivantes : alors qu'elles étaient allongées au fond d'un trou, elles ont vu, les surplombant, des hommes armés portant des bottes noires, tandis que de plus en plus de terre était projetée sur leurs visages. D'autres ont vu du sang sur la neige. Certaines personnes souffraient d'une phobie inexplicable des fils barbelés; d'autres étaient terrifiées à la simple vue d'un uniforme, de la police, ou au son des sirènes. Au moment où il a commencé à écrire son livre, le rabbin Gershom avait déjà réuni quelque deux cent cinquante récits de réincarnations suite à l'Holocauste, et depuis le chiffre a énormément augmenté.

« Je dirais qu'il y a des milliers de cas. Depuis la publication de mon livre, j'ai reçu au moins une centaine de lettres du monde entier, de personnes vivant au Chili, en Australie, en France, en Allemagne, au Canada. Je me suis personnellement entretenu avec environ cinq cents personnes. À chacune de mes conférences, il y a encore quatre ou cinq personnes qui viennent me voir et qui me disent considérer qu'elles sont des réincarnations issues de l'Holocauste. À ce stade, j'ai arrêté de compter. Et d'après moi, ce n'est là en réalité que la partie émergée de l'iceberg », me dit-il.

J'étais très impressionnée, d'autant plus que les preuves données par le rabbin Gershom sont vraiment convaincantes. Mais en rédigeant ce livre, son intention n'a jamais été, à ce qu'il en dit, de se borner à raconter des histoires de vies antérieures : il existe en effet des enjeux autrement plus importants derrière la découverte des victimes de l'Holocauste réincarnées.

« Je voulais donner une interprétation théologique de la signification de l'Holocauste, m'a-t-il affirmé. De nombreuses personnes pensent que l'Holocauste est le remboursement d'une dette karmique. Elles ne considèrent pas le judaïsme comme une religion suffisamment valable pour que l'on aille jusqu'à mourir pour elle. Et donc elles n'arrivent pas à considérer les victimes de l'Holocauste comme des martyrs se sacrifiant pour une finalité supérieure. »

J'ai déjà entendu plusieurs fois des experts occidentaux de la réincarnation m'exposer cette théorie selon laquelle les millions de juifs morts dans les camps de concentration ont payé en réalité un « karma collectif », suite à des actions négatives qu'ils auraient commises collectivement dans des vies passées. Des événements dans l'histoire comme l'Inquisition en Espagne ou les atrocités accomplies par les hordes mongoles en maraude étaient souvent cités.

Le rabbin Gershom n'en croit pas un traître mot.

« Beaucoup de personnes disent que cela nous était destiné, que l'Holocauste est une punition parce que nous aurions été des usuriers véreux, ou pour d'autres crimes. C'est une affirmation très antisémite. Je n'ai pas trouvé un seul cas, parmi les témoins relatant leurs souvenirs de vies antérieures, d'une personne ayant pratiqué la torture pendant l'Inquisition espagnole, et qui aurait subi le même sort pendant l'Holocauste, par voie de conséquence », me dit-il assez passionnément.

J'ai avoué ma perplexité. Les lois du karma, telles qu'elles m'ont été enseignées chez les bouddhistes, ne sont pas modifiables. Nous portons en nous-mêmes, dans la vie mouvante et insaisissable de notre conscience, la cause des situations dans lesquelles nous nous retrouvons, et personne d'autre que nous n'en est responsable. On ne peut pas faire porter la responsabilité à qui que ce soit ou quoi que ce soit d'extérieur, mais cela ne veut pas dire qu'on puisse en être blâmé. Les lamas affirment que nous avons tous commis autrefois un nombre incalculable d'actions négatives qui mûriront pour nous revenir sous forme de souffrances ultérieures. Après tout, chacun de nous a déjà été sujet à diverses illusions qui l'ont fait souffrir. Personnellement, j'ai été assez frappée que mes enseignants n'aient pas cherché à faire exception en ce qui les concerne. J'ai entendu plus d'une fois Lama Zopa affirmer que la tuberculose dont il souffre depuis tout petit est certainement due à un karma négatif. Même le Dalaï-Lama, qui écoute chaque semaine le flot d'angoisse émanant de ses compatriotes au sujet des atrocités commises au Tibet, a déclaré publiquement que les souffrances actuelles de son peuple ont été sans aucun doute causées par de mauvaises actions collectives accomplies dans un lointain passé. (Ce qui ne signifie cependant pas, a-t-il immédiatement ajouté, qu'il faille pour autant rester inerte et laisser les persécutions chinoises continuer.)

« Croyez-vous au karma ? ai-je questionné.

— Oui, mais je ne le définis pas tout à fait de la même manière. C'est-à-dire, ce n'est pas œil pour œil, dent pour dent. Comme je vous l'ai dit, je n'ai pas trouvé, parmi toutes les personnes se rappelant leurs vies passées, une seule ayant torturé quelqu'un pendant l'Inquisition, et qui aurait subi des tortures pendant l'Holocauste. En revanche, j'ai trouvé beaucoup de personnes martyrisées à mort pendant l'Inquisition, qui ont subi le même sort pendant la Shoah (l'Holocauste) », me dit le rabbin Gershom.

Cela semble apporter un tout autre éclairage sur la question.

Selon lui, les raisons de l'emprisonnement et de la persécution des juifs pendant la Seconde Guerre mondiale étaient beaucoup plus profondes qu'une simple question de karma. Elles étaient d'ordre aussi bien mystique qu'ésotérique, et pouvaient expliquer en fin de compte pourquoi les juifs ont été persécutés au cours des âges.

« L'Alliance du Sinaï, où ont été donnés les Dix Commandements, était beaucoup plus importante que ne le pensent la plupart des gens. Ce fut un événement cosmique qui a transcendé toutes les incarnations et qui a uni les juifs entre eux pour qu'ils soient des témoins de l'Unicité de Dieu, pendant toutes les existences qu'il leur serait donné de vivre. Les dictateurs ont tendance à s'attaquer aux juifs avant tout, parce qu'ils ne s'inclinent devant personne à part Dieu. Nous sommes les témoins de certains principes, et c'est pourquoi nous sommes les premiers à être attaqués lorsque ces principes sont en danger. »

Cela m'a semblé assez vague. Je l'ai pressé de me dire quels sont ces principes qui ont entraîné des dictateurs tels qu'Hitler à persécuter les juifs. Sa réponse m'a transportée au cœur du mysticisme juif, et était stupéfiante tant par sa grandeur que par ses implications.

« Nous préservons l'équilibre du temps et de l'espace, me dit-il. C'est pourquoi on dit que les juifs sont le peuple "élu". Nous sommes choisis non pas dans le sens où nous serions des êtres uniques, ou les préférés, ou meilleurs que tous les autres, mais parce que nous avons été nommés pour accomplir une tâche particulière. Si nous considérons la planète comme une seule société, la prêtrise en serait le peuple juif, une prêtrise spécialisée dans certains travaux. D'un point de vue kabbalistique et mystique, c'est là notre rôle. Cependant, ajouta-t-il rapidement, le rabbin réformiste moyen ne vous dira pas cela ! »

Il développa son propos sur la manière dont s'effectuait la préservation de l'équilibre du temps et de l'espace.

« Par exemple, d'un point de vue hassidique, le sabbat est vraiment une période de temps différente. Le temps est créé et s'écoule au travers des prières du peuple juif. De même, les six cent treize commandements, connus sous le nom de Mitzvot, ont été donnés collectivement au peuple juif, pour qu'il s'y conforme. Maintenant ces six cent treize Mitzvot correspondent à des énergies spirituelles et, lorsqu'un juif accomplit l'un d'eux, il n'y a pas que le sens physique qui importe, mais cela a un effet sur la vibration cosmique de l'ensemble de l'univers.

« Cette explication est fondée sur la signification mystique de l'alphabet hébreu. Les trois "lettres mères" représentent les éléments de l'air, de l'eau, et du feu à partir desquels Dieu a créé la terre. Les sept doubles lettres représentent les jours de la semaine et la dualité du positif et du négatif, du bien et du mal, et ainsi de suite. Les douze lettres simples correspondent aux douze mois de l'année. Tous ces éléments sont également en relation avec les différentes parties du corps, ainsi qu'avec le temps et l'espace.

« Ainsi nous réunissons la pensée, la parole, l'action physique et le temps. C'est la vibration primordiale de l'univers. J'ai entendu dire, lors d'un séminaire auquel j'ai participé récemment, que l'une des missions spatiales qui mesuraient les fréquences vibratoires de différentes planètes a permis de découvrir que le niveau hertzien auquel vibre la Terre est identique à celui de la voix humaine.

« Selon une légende immémoriale, si l'on était suffisamment pur et saint, et que l'on comprenne les combinaisons des lettres hébraïques (qui sont les briques de l'univers), on pourrait créer des êtres vivants. C'est de là que viennent les histoires sur le Golem de Prague et la créature de Frankenstein. Le premier a été créé pour protéger les juifs de la persécution chrétienne. En réalité, lorsque les humains sont imparfaits et qu'ils essaient de créer la vie, il ne peut en résulter que des créations imparfaites, qui échappent à leur contrôle et doivent être détruites.

« De toute façon, dans le système kabbalistique pratiqué par Isaac Luria, il y a une croyance au sujet de "Tikkun Olam", qui signifie littéralement "Réparer le Monde". Cela pourrait se traduire en quelque sorte par le terme “guérison planétaire”. L'idée est que, lorsque les juifs pratiquent les commandements, la qualité vibratoire de ces actes affecte l'univers, répare et élève la vibration de la planète. »

Pour en revenir à Hitler et à son rôle dans ce drame mystique : selon le rabbin Gershom, c'était justement cette tâche suprême confiée aux juifs qu'Hitler voulait détruire.

« Beaucoup pensent qu'Hitler pratiquait la magie noire, c'est-à-dire qu'il était porteur d'énergies très négatives. Il est évident que quiconque souhaiterait diriger le monde s'attaquerait aux juifs, dont le rôle est de réparer la qualité vibratoire de la planète. Je crois personnellement qu'il s'agit de l'affrontement entre les Fils de la Lumière et les Fils des Ténèbres prédit par les textes esséniens. »

Cette déclaration aurait pu me paraître complètement farfelue, voire incroyable, si je n'avais déjà entendu parler de l'implication d'Hitler dans la pratique de la magie noire et de l'occultisme. Son appartenance à la Société de Thulé, l'un des groupes occultes les plus influents d'Allemagne, est bien connue, tout comme sa consommation de peyotl, une drogue psychotrope, et sa fascination pour le mysticisme. Alfred Rosenberg, le théoricien officiel d'Hitler, dont le livre *Mythe du XXe siècle* prône que la civilisation occidentale devrait être purgée de tout élément juif, était lui aussi membre de cette société secrète. Les affirmations du rabbin Gershom ne sont peut-être pas si bizarres, après tout. Ce qu'il était en train de me dire, en deux mots, c'est que le karma collectif vécu par les victimes de l'Holocauste n'est pas tant le résultat d'actions nuisibles et négatives commises autrefois qu'un sacrifice *en masse*[1] pour une finalité supérieure.

Son point de vue est radicalement différent de celui des religions orientales; je le trouve fascinant, même

1. En français dans le texte. *(N.d.T.)*

s'il ne me semble pas entièrement logique, car il doit nécessairement y avoir des *causes* pour tout phénomène, et une responsabilité personnelle doit être assumée. Je me demande comment ce rabbin Gershom, si lettré et cultivé, se défendrait dans un débat contre des lamas tout aussi érudits. C'est un spectacle auquel je serais très heureuse d'assister.

Le rabbin Gershom a d'autres idées originales au sujet de la réincarnation, dont il me faut tenir compte. Je lui ai demandé si le judaïsme considère que l'on peut s'élever et s'enfoncer dans le jeu de la réincarnation, comme l'affirment les spécialistes orientaux.

« Oui, tout à fait, les gens peuvent glisser et chuter, répondit-il. Nous pensons que renier le judaïsme est un pas en arrière. »

Voilà encore une dissemblance étonnante, car je n'avais jamais entendu dire jusque-là que changer de religion puisse être une tare sur le registre karmique d'une âme.

« Nos enseignements affirment que les membres du groupe initial concernés par l'Alliance du Sinaï seront toujours juifs, vie après vie, et que c'est un pas en arrière sur l'échelle spirituelle de renaître en dehors de la communauté hébraïque. Bien sûr, certains individus entrent et sortent du judaïsme, mais quelques âmes sont comme des phares, elles se spécialisent et approfondissent un enseignement pendant de nombreuses vies. Je crois personnellement que le traumatisme de l'Holocauste a fait fuir de nombreux juifs en dehors de leur religion, à la recherche d'autres voies spirituelles. Ils sont morts en pensant : “Si l'on me fait mourir de faim, si l'on me torture et si l'on me persécute à cause de ma religion, alors je ne veux plus être juif.” Dans leur souffrance et leur hâte de revenir, ils se sont emparés du premier corps qu'ils ont pu trouver. Mais leurs âmes restent juives. Beaucoup des victimes de l'Holocauste réincarnées chez les gentils se sont reconverties au judaïsme, ou s'y préparent.

« Vous voyez, les implications de l'Holocauste dépassent de loin celles d'un simple massacre, déjà atroce ; il s'agit également d'une tentative de destruction de la puissance spirituelle du judaïsme. Malheureusement, elle a en partie réussi. En Amérique particulièrement, il y a très peu de spiritualité chez les juifs, dont la plupart sont très anti-orthodoxes. J'ai l'impression qu'être un juif pratiquant suscite beaucoup de peurs.

« Une femme se reconvertissant au judaïsme m'a dit que si tant de personnes renaissent en dehors de cette religion, c'est parce que, selon elle, l'Holocauste a complètement écrasé l'esprit du peuple élu. N'importe quel enfant juif grandissant dans les années 50 aurait eu cet horrible linceul de mort, de destruction, de dépression et de chagrin à supporter, et les anciennes victimes ont donc choisi de revenir plutôt en dehors de leur communauté d'origine pour avoir une enfance joyeuse, en toute sécurité, avec le projet de se reconvertir au judaïsme par la suite pour y ramener la joie.

« Personnellement, je crois que toutes les âmes unies par l'Alliance du Sinaï redeviendront des juifs. Là sont leurs racines karmiques. »

Je n'ai pu m'empêcher de lui demander s'il croit que les nazis eux aussi se réincarnent.

« Oui, il est évident que les nazis reviennent, répondit-il. Il serait ridicule de penser qu'il n'y a que les âmes innocentes qui se réincarnent ! Je n'ai pas eu l'occasion de rencontrer personnellement des individus réincarnés qui croient encore au nazisme, mais si l'on considère la résurgence récente d'organisations d'extrême droite en Amérique et ailleurs dans le monde, il n'est pas très difficile de croire que les âmes ayant été des nazis dans leur vie précédente sont revenues parmi nous. Certaines d'entre elles ont sûrement tiré les leçons de leurs erreurs et ont pu évoluer au-delà du fascisme. Mais je crois que de nombreuses âmes répètent les mêmes erreurs dans leur vie actuelle. »

Bien qu'en sa qualité de rabbin il n'ait pas été directement consulté par un très grand nombre d'ex-nazis, il m'a parlé d'une mère, de confession chrétienne, qui est venue le voir. Elle s'inquiétait au sujet de sa fille, une adolescente qui avait développé tout à coup pour les insignes nazis une véritable obsession ne pouvant être née dans sa famille tolérante et pacifiste. Elle adorait aussi les motos, les voitures rapides, et tout ce qui possède un moteur bruyant. Cependant elle n'était pas antisémite. Le rabbin Gershom a conclu qu'il pouvait bien s'agir là de la rémanence d'une vie passée de jeune homme, peut-être un pilote, qui avait été captivé par le côté excitant des signes extérieurs de la puissance militaire nazie.

Dans tout ce que j'ai appris sur la réincarnation selon la mystique juive, j'ai noté tout particulièrement comment celle-ci explique ce qu'est l'élément qui transmigre d'une existence à l'autre, faisant l'expérience de plusieurs vies. Cette explication est aussi complexe et profonde que celle des bouddhistes tibétains, mais à nouveau diffère radicalement sur les concepts employés et le sens qui leur est donné.

Selon le rabbin Gershom, l'élément qui voyage d'une incarnation à l'autre est une « âme », bien que, selon ses définitions juives, l'« âme » ait de nombreuses significations et interprétations différentes. Le rabbin croit que l'âme a cinq niveaux; à la lumière de la psychologie moderne et de la métaphysique, il les définit comme :

1. *nefesh*, la force vitale biologique du corps;
2. *ruach*, l'esprit émotionnel inférieur ou ego;
3. *neshamah*, la conscience supérieure individuelle;
4. *chayah*, l'inconscient collectif du groupe;
5. *yechidah*, le niveau d'unité avec Dieu et la création.

Le rabbin Gershom affirme que les deux premiers niveaux ne subsistent pas au-delà de la mort parce qu'ils dépendent du corps physique. La *neshamah*, cependant, survit bel et bien et peut se développer consciemment. C'est à ce niveau qu'entre deux vies terrestres sont enregistrées toutes les incarnations d'une âme, non pas tous les détails, mais les leçons et les vérités importantes pour son évolution et sa croissance. De plus, la *neshamah* maintient un lien constant avec la *chayah* et la *yechidah*, ces niveaux transcendantaux supérieurs où l'âme est en contact avec la lumière du Dieu omniscient.

Le rabbin Gershom établit une analogie entre la *chayah* et l'inconscient collectif de Jung, par lequel on est lié à son propre groupe karmique. Quant au niveau le plus élevé, la *yechidah*, l'âme y est unie avec l'ensemble de la création et en contact avec son origine dans l'Esprit du Créateur. Le judaïsme ne croit pas qu'une personne puisse vraiment devenir Dieu (tandis que les bouddhistes considèrent que chaque être a la possibilité de devenir un Bouddha), mais il est possible en revanche de se brancher à la source de Lumière et de Création divine, de la même manière qu'une ampoule reçoit l'électricité émise par la centrale électrique.

J'ai trouvé ses arguments subtils et stimulants sur le plan intellectuel. J'ai pensé qu'il serait intéressant pour moi d'y revenir par la suite, à un moment où j'aurais plus de temps, pour étudier en profondeur la conception juive de l'âme. Malgré toutes les différences, j'avais découvert de nombreuses ressemblances entre les points de vue orientaux et juifs sur les vies passées, présentes et futures.

J'ai appris que les juifs comme les bouddhistes comprennent que nous revenons de très nombreuses fois, aussi bien en tant qu'hommes qu'en tant que femmes, et que les circonstances précises de chaque incarnation ne sont jamais les mêmes. Pareillement, le karma négatif ou les « péchés » sont projetés dans les vies futures jusqu'au paiement du karma. J'ai appris que les juifs hassidiques, tout comme les bouddhistes, croient que chaque vie est une occasion précieuse d'évoluer sur le plan spirituel, et que là est l'essence de la nature humaine. Nos problèmes, nos ennuis doivent donc être considérés comme des occasions d'avancer, et non comme des prétextes pour nous apitoyer sur notre sort. Le point de rencontre le plus encourageant entre Orient et Occident tient à ce que les deux partagent une finalité remarquablement similaire.

« Quelle est la destination finale de la réincarnation dans la tradition juive? ai-je demandé au rabbin Gershom.

— Le but est de demeurer dans le monde spirituel, de revenir au Jardin d'Éden, c'est notre métaphore. Une fois qu'une âme a atteint ce sommet suprême, elle n'a plus besoin de revenir sur Terre pour y apprendre des leçons karmiques. Le judaïsme enseigne que ces êtres avancés retournent volontairement, parfois pendant des milliers d'incarnations, aider l'humanité. On les appelle les Zaddikim ou les "saints justes". Certains Zaddikim sont reconnus, d'autres viennent ici en prenant l'apparence d'hommes ordinaires et font leur travail sans se faire connaître. Il est dit qu'il existe toujours au moins trente-six saints juifs cachés sur Terre; ils mènent des vies exemplaires et aident le monde à tourner sur son axe. »

S'agissait-il là de la version juive des bodhisattvas, ces êtres qui ont renoncé à leur place au nirvana afin de revenir aider les autres créatures incarnées? Comme pour confirmer mon hypothèse, le rabbin a ajouté :

« Dans les traditions orientales, il existe des gourous qui reviennent en tant que tels. La tradition juive a également ses maîtres illuminés, qui ont dépassé la loi de cause à effet. Ce sont eux qui viennent préserver et transmettre notre sagesse. »

J'ai quitté ce rendez-vous fascinée par ce que je venais d'apprendre sur la religion des juifs hassidiques et sur les idées passionnantes du rabbin Gershom au sujet de la réincarnation. Je ne pouvais pas accepter tout ce qu'il avait dit, mais j'étais entièrement d'accord avec lui : si on pouvait cesser de persécuter les juifs, laisser leur mission spirituelle s'épanouir dans toute sa beauté et sa profondeur, et leur enseignement sacré se propager, le monde en sortirait enrichi.

7
LA FILIÈRE FRANÇAISE

La France a été l'étape suivante de mon périple à la découverte des nouveaux toulkous occidentaux. Ceux-ci sont tous, par définition, des êtres extrêmement intéressants, et celui que je m'apprêtais à rencontrer n'a pas échappé à la règle. À ce qu'on m'en avait dit, le petit garçon qu'on allait me présenter fut le premier cas reconnu d'une réincarnation d'un Occidental en Occident. Cette occurrence est rare, en effet, car jusqu'alors les seules personnes ayant acquis le pouvoir de choisir délibérément leur renaissance dont j'avais entendu parler ou que j'avais rencontrées étaient des maîtres orientaux. Comme je le savais déjà, le processus de la réincarnation consciente est très difficile, car il exige non seulement une compréhension et une maîtrise raffinées de l'esprit, au moment où en quittant le corps physique il devient de plus en plus subtil, mais aussi la volonté et la détermination de revenir dans ce monde aider les êtres sensibles. Si un Occidental avait pu réussir un tel exploit, il s'agirait en effet d'un précédent marquant dans l'histoire de la spiritualité.

Ce voyage était d'autant plus intéressant que le sujet en question était tout simplement Zina Rachevsky, la première disciple occidentale de Lama Yeshe et de Lama Zopa. L'histoire de Zina est aussi fascinante que celle de ses maîtres, et je l'ai relatée en détail dans *L'Enfant lama*[1]. Tous ceux qui sont allés à Kopan en ont entendu parler, et ont été éblouis par l'histoire de sa vie. Selon tous les témoignages, elle était une force de la nature, une femme belle, tenace, excentrique qui, comme pour accentuer l'inspiration féerique de sa vie, était en fait une aristocrate de descendance russe, que les gens surnommaient Princesse. Elle avait grandi en Californie, et pendant les années soixante elle était devenue une starlette à Hollywood. Ainsi elle connut toute la richesse, le prestige, le vedettariat et la frivolité qu'offrait la « ville du clinquant », mais aussi toutes ses embûches. On la disait anxieuse et cabotine. Elle fut confrontée à des scandales liés à la drogue, eut des amants, plusieurs maris. Elle semblait déterminée à vivre au bord du gouffre et souffrait d'une insatisfaction spirituelle profonde. Zina était bien une enfant de son époque !

Aussi n'est-il pas surprenant qu'elle ait suivi la mode hippie comme des milliers d'autres Californiens et qu'elle se soit rendue en Inde à la recherche d'un gourou. Un beau jour, en 1965, elle est entrée en coup de vent dans la petite chambre que partageaient Lama Yeshe et Lama Zopa à Darjeeling, demandant à ses occupants abasourdis : « Comment puis-je recevoir la paix et la libération ? »

Les deux lamas avaient de bonnes raisons d'être surpris, car aucun Occidental ne les avait encore approchés, et *a fortiori* pour leur demander les moyens d'atteindre l'Illumination. Ils ont accepté d'instruire Zina, à titre d'essai, et après quelques mois de visites quotidiennes de sa part sa sincérité leur a paru évidente. Dans un entretien que Lama Yeshe m'a accordé à Londres, il m'a dit comment il avait perçu Zina à l'occasion de leur première rencontre :

« Elle était très insatisfaite sur tous les plans. Elle disait que sa vie était vide, “sans saveur”. Elle avait tout essayé, mais restait insatisfaite. Je comprenais très bien ce dont elle parlait. À côté d'elle, je n'avais rien : pas de pays, pas de domicile, pas d'argent, pas de possessions, pas de famille, et pourtant je possédais tout. J'ai

1. Op. cit.

commencé à questionner Zina, et plus tard d'autres Occidentaux, sur leur façon de vivre. Je me suis rendu compte que ce qui manquait à Zina, c'était la compréhension d'elle-même, de sa vie intérieure. Il lui manquait l'intelligence de son propre potentiel de joie. Elle croyait que le bonheur provenait de l'extérieur, mais c'est une erreur. Il vient de l'intérieur. »

Par la suite, Zina est devenue une moniale bouddhiste, la première Occidentale à s'engager de la sorte, puis elle est partie au Népal avec les Lamas Yeshe et Zopa, dans un environnement que ses gourous considéraient comme propice à la pratique spirituelle. Là, près du grand stupa de Boudnath, réputé comme le sanctuaire bouddhiste le plus puissant en dehors du Tibet, ils ont mis en place de petites formations pour les Occidentaux curieux, qui venaient voir ce que manigançait cet étrange triumvirat. Les cours se sont remplis, et un centre a été créé sur la colline nommée Kopan, surplombant Boudnath et la vallée de Katmandou, avec l'imposante chaîne des Himalayas en toile de fond. Involontairement, Zina, véritable chercheuse excentrique, venait de lancer un mouvement qui allait devenir une organisation mondiale et toucher la vie de milliers de personnes.

Comme tous les contes de fées, celui-ci a une fin dramatique. Sur les conseils de Lama Yeshe, Zina a quitté Kopan pour entamer une longue période de retraite dans les hauteurs des Himalayas. À l'instar des anciens yogis, elle s'est installée dans une grotte, s'isolant des distractions de la vie à Katmandou, afin de pratiquer une profonde méditation fondée sur la divinité tantrique Yamantaka, personnage à l'apparence féroce, de couleur bleue, entouré de flammes, brandissant une épée et symbolisant l'aspect courroucé de la sagesse des bouddhas. Pour l'ex-starlette d'Hollywood, sociable, aimant s'amuser, habituée à tout l'apparat d'une luxueuse existence occidentale, cela a dû être une mission incroyablement difficile. Dans les montagnes, les conditions sont dures. Le climat est hostile, le terrain escarpé et traître, la nourriture rare et le confort matériel inexistant. Mais l'air est pur et transparent, la montagne résonne de la puissance accumulée de générations de méditants, et ces vues merveilleuses depuis le toit du monde sont incomparables pour favoriser l'expansion de la conscience. Zina y est allée, suivant consciencieusement les directives de son bien-aimé Lama Yeshe.

Elle était dans sa grotte depuis plus d'un an lorsque soudain, à l'âge de quarante-deux ans, elle est morte. Deux rinpochés qui vivaient dans la région ont relaté qu'ils avaient été « témoins » de la transition de Zina au cours de leurs méditations, et ont pu indiquer l'heure et la date exactes de son décès. Personne ne connaît la cause précise de sa mort, certains disent qu'elle a mangé de la nourriture empoisonnée, d'autres qu'elle a contracté le choléra. Quelle qu'en soit la raison, sa maladie a été soudaine, semble-t-il, et a duré cinq jours. Le matin de la cinquième journée, on dit qu'elle s'est assise et qu'elle a annoncé : « Je vais mourir », et que, malgré son état agonisant, elle a réussi à se mettre en position du lotus et à concentrer son esprit sur la pratique spirituelle développée au cours de sa retraite. Ceux qui ont la perception de l'au-delà ont dit que Zina était dorénavant dans un pays pur.

Il semblait qu'avec sa mort elle soit sortie de nos vies. Personne ne parlait plus de cette femme dont le feu sacré avait été à l'origine d'un mouvement en constante expansion, jusqu'au jour où le bruit s'est répandu que la réincarnation de Zina avait été retrouvée en France. L'enfant était un garçon, et il se trouve que son père avait des liens familiaux avec Zina.

C'est donc avec une grande curiosité que je suis venue en France pour voir cet enfant de quatre ans et ses parents. Ils ont accepté de me raconter leur histoire à la seule condition que je ne révèle pas leur nom. La raison de ce secret, m'ont-ils expliqué, étant que Sa Sainteté Sakya Trizin, chef de la secte Sakya du bouddhisme tibétain, qui avait officiellement reconnu le garçon, leur avait conseillé de dissimuler l'identité de leur fils pour le protéger jusqu'à ce qu'il ait atteint un âge suffisant pour sa sécurité et son développement. La célébrité, me suis-je rendu compte, pouvait être un piège sur le sentier spirituel. « Nous ne voulons pas non plus que les gens projettent sur lui leurs imaginations et leurs fantasmes à propos de Zina », ont ajouté ses parents. Cela m'a semblé être une demande légitime, et j'ai donc accepté.

Nous nous sommes rencontrés dans un appartement d'une banlieue chic de Paris, et avons discuté pendant plusieurs heures du phénomène de la réincarnation, tel qu'ils le vivaient. Pendant tout ce temps-là, Pierre (c'est le pseudonyme que je lui donne ici) a manifesté le même remarquable degré d'énergie et de détermination, allié à une douceur inhérente, que j'avais déjà noté chez le jeune Lama Osel. C'était un enfant souple et séduisant aux traits raffinés, aux cheveux épais et clairs, et aux yeux bruns vifs et brillants. Son visage était animé, plein de vie et de curiosité. Il m'a montré ses voitures et ses camions, en me les nommant en français. Il comprend l'anglais, mais refuse de le parler. Malgré son âge précoce, Pierre semble déjà décidé à se forger une identité unique et distincte.

« Il est très résolu, tout comme Zina », dit sa mère Janine, une femme chef d'entreprise. En tant que membres de la famille de Zina, ils avaient entendu parler de ses exploits bien avant que leur fils n'entre sur scène. Elle et le père de Pierre, Gérard, sont maintenant divorcés, mais ils se rencontrent régulièrement pour discuter de la façon d'élever leur remarquable fils. J'avais entendu dire que les parents de Lama Osel s'étaient aussi séparés, et je me suis demandé si le stress d'avoir un réincarné reconnu parmi ses enfants exerce une pression telle que le mariage doive y succomber. Au Tibet, on affirme qu'il est fréquent qu'un des deux parents meure peu de temps après avoir engendré un toulkou. Qui sait pour quelle raison mystérieuse cela se passe ainsi ? Peut-être y a-t-il un prix à payer pour donner naissance à un « enfant spécial » ?

Janine et Gérard croyaient-ils que leur fils était vraiment la réincarnation de Zina, comme on le leur avait dit?

« Une réincarnation a bien eu lieu, nous en sommes certains. Mais Pierre n'est pas Zina. Ce n'est pas un clone. C'est une personne indépendante. Zina n'est pas en train de se promener dans le corps de Pierre. Zina est Zina et Pierre est Pierre », ont-ils répondu catégoriquement. Et cependant je me rappelle encore le jour où j'ai demandé ouvertement à Lama Osel s'il était bien Lama Yeshe. Il a insisté : « Je suis Lama Osel. Autrefois j'étais Lama Yeshe, et maintenant je suis Tenzin Osel, un moine. » La distinction, il me semble, est subtile mais d'une importance vitale. Le Bouddha a dit que la conscience, comme tout dans l'univers, est dans un état de fluctuation permanente. C'est un flux d'instants de conscience perpétuellement en mouvement. Je me suis ainsi dit qu'il ne pouvait pas y avoir de Zina ou de Lama Yeshe fixe, concret, qui serait réapparu en tant que quelqu'un d'autre, pas plus qu'une rose qui meurt ne peut être la même que celle que vous voyez s'épanouir sur le même buisson. La seule chose que l'on puisse dire avec précision, ai-je pensé, c'est que le flux de conscience sur lequel on avait autrefois mis l'étiquette « Zina » se manifeste sous une forme maintenant étiquetée « Pierre ». C'est un phénomène magnifique et mystérieux.

Un fait concret a émergé très clairement de ma conversation avec Janine et Gérard. Malgré le passé excessivement exotique, folklorique et controversé de Zina, ils gardent tous deux une très grande estime pour elle. Ils ne doutent pas un instant qu'elle ait atteint un niveau d'accomplissement spirituel extrêmement élevé dans sa grotte de haute montagne, entourée de sommets inaccessibles et intimidants, vers la fin de sa vie. Après la naissance de Pierre, ils ont rencontré un journaliste qui avait interviewé Zina dans sa retraite troglodyte. Ils ont reçu cet enregistrement comme un cadeau du ciel. Pouvoir ainsi écouter ses propres paroles les a convaincus qu'elle avait été une femme vraiment exceptionnelle.

« Lorsque j'ai entendu sa voix, j'ai eu la chair de poule : on aurait cru un ange, a commenté Janine. Quel qu'ait pu être son passé, elle a réussi à transformer sa vie du tout au tout, j'en suis sûre. Elle a dit à un moment, en parlant de sa tentation de quitter les lamas et de recommencer à "s'éclater", qu'elle avait décidé de ne pas céder à ce leurre, car son expérience lui avait prouvé que les "hauts sont si hauts et les bas si bas". C'est en ces termes qu'elle s'est exprimée. Je me rappelle aussi qu'elle disait très clairement qu'on a tort de mépriser ou de penser du mal des personnes qui se droguent, car en réalité elles ont une quête, elles recherchent confusément une vie plus spirituelle, un sens à l'existence. Ses paroles m'ont profondément touchée. »

Plus tard, Gérard m'a fait écouter l'enregistrement et, bien que l'interview ait eu lieu en français, j'ai pu entendre la sonorité étonnamment légère et lyrique de sa voix, qui dénotait un sentiment de joie évidente. Quelque chose de profond et de merveilleux avait dû lui arriver dans sa retraite montagnarde.

De manière encore plus significative, la bande a révélé des paroles prouvant indiscutablement que Zina avait eu l'intention de renaître exactement comme le font les toulkous orientaux. Gérard m'a confié le contenu de l'interview.

Elle avait expliqué au journaliste qu'elle comprenait parfaitement le Bardo, ce terme tibétain qui désigne l'état intermédiaire entre la mort et la renaissance, et qu'en outre elle avait l'*intention* de se réincarner. Elle était catégorique. Son souhait le plus grand était de prouver aux Occidentaux qu'ils peuvent eux aussi choisir leur prochaine renaissance. Ce désir, plus qu'un simple rêve matériel ou mondain, était maintenant devenu sa motivation directrice. Elle a insisté sur le fait qu'elle disait la vérité. Il est intéressant d'observer que ces mots ont été prononcés dix-sept ans à peu près avant la naissance de Pierre.

Cette interview faite par le journaliste français après une difficile ascension de la montagne révèle aussi l'étendue de ses progrès sur le plan spirituel. Il semble que ce fut une transformation vraiment impressionnante, et très encourageante pour les Occidentaux qui aspirent à la transcendance. Si Zina en a été capable, c'est que la voie nous est ouverte, à nous aussi.

« Zina disait que, lorsqu'elle avait commencé à méditer pour la première fois, elle ne parvenait pas à tenir plus de cinq minutes, mais elle s'est efforcée avec opiniâtreté d'accroître progressivement la durée de ses méditations », a poursuivi Gérard.

Elle a affirmé pouvoir méditer à présent plusieurs heures d'affilée, disant même que si, en quelques mois, elle avait pu passer d'une durée de cinq minutes à quelques heures, peut-être qu'au bout de quelques années d'efforts elle réussirait à rester en méditation pendant des années. Tout comme Lama Zopa dans sa dernière vie, elle pourrait peut-être même vivre vingt ans dans une grotte.

Un peu plus tard, une lettre de Zina à Lama Yeshe m'est venue entre les mains. Plus que tout autre témoignage, cette missive reflète la transformation remarquable, la profonde compréhension et l'état d'esprit exceptionnel de Zina peu avant sa mort. C'est une « preuve » supplémentaire de sa maîtrise spirituelle.

Dans sa lettre, elle révélait à quel point ses pensées s'étaient déjà tournées vers la souffrance des êtres sensibles, et comment, miraculeusement, la clarté de la vue dans ce site montagneux commençait à se refléter dans son esprit.

Zina parlait avec une certaine surprise, et cela est encore plus significatif, de ses progrès en méditation depuis qu'elle vivait dans sa grotte. Elle pouvait, affirmait-elle, demeurer maintenant assise silencieusement plusieurs heures d'affilée. Grâce à la discipline croissante qu'elle s'imposait, l'objectif qu'elle s'était fixé semblait de plus en plus proche. Cette perspective la remplissait d'un sentiment d'extase. Il s'agissait bien d'atteindre l'Illumination et de maîtriser la mort, ni plus ni moins.

Tout en ayant entrevu sa destination finale, elle reconnaissait en toute humilité qu'il y avait encore un long chemin à faire, mais qu'au moins désormais le trajet était balisé et qu'elle savait où elle en était. Elle affirmait prendre de plus en plus conscience de ses défauts... de ces mauvais penchants de l'esprit, ancrés en elle par la force de l'habitude, et qu'elle savait devoir surmonter si elle voulait réussir.

Elle évoquait plus particulièrement ces énervements et ces irritations chroniques qui l'assaillaient encore trop souvent, et leur aspect plus extrême, la colère... cet ennemi juré de la paix interne et externe. Mais elle comprenait à quel point la compassion était un antidote efficace à ce fléau, et elle priait donc pour que lui soient accordées la patience et la tolérance.

À mes yeux, sa lettre resplendissait d'honnêteté et d'une simplicité presque enfantine, mais par-dessus tout c'est l'immense amour qu'elle vouait à son lama qui rendait le document si émouvant et bouleversant.

Elle avait signé de son nom tibétain.

Si Zina était morte dans l'état d'esprit bienheureux que sa lettre évoquait, elle pouvait dès lors avoir conquis les rapides du Bardo, cet état entre la mort et la renaissance, et atteint son but, c'est-à-dire le libre choix de sa réincarnation, prouvant ainsi qu'un Occidental peut maîtriser les mêmes arcanes que les grands méditants tibétains.

Pendant la période précédant la naissance de Pierre, la présence et la personnalité de Zina se sont fait sentir avec une intensité croissante. C'est une histoire passionnante qui continue de fasciner Janine et Gérard. Ce dernier m'a décrit la curieuse séquence d'événements par lesquels Zina a tout à coup commencé à s'introduire dans leur vie.

« Tout a débuté quand je suis revenu à Nice, quelques mois avant d'épouser Janine. Des souvenirs de ma cousine Zina m'ont une fois de plus envahi l'esprit (en fait elle était la cousine de ma grand-mère), car la maison où j'habitais se trouvait à cinq minutes de marche à peine de l'endroit où vivait sa famille russe. Elle-même y avait vécu assez longtemps, et elle avait même été élue Miss Côte d'Azur, ou quelque chose comme ça. Je l'ai appris en lisant les journaux. Peu après, le Dalaï-Lama est venu dans le midi de la France : sa photo était en première page de *Nice Matin*. Alors mon esprit s'est soudain empli d'images de ma cousine, devenue nonne tibétaine.

« Je me souviens très bien d'elle, même si j'étais encore très jeune à l'époque où je l'ai connue. Chaque fois que je la voyais, elle était presque nue : elle se promenait en tenue très légère dans toute la maison. Elle collectionnait les maris et les enfants. Elle a souvent écrit des lettres à ma grand-mère depuis sa retraite, que celle-ci m'a montrées. C'étaient des missives un peu folles, remplies de dessins et de poésie. Je me rappelle très bien qu'un jour où ma grand-mère venait de recevoir une nouvelle lettre, elle s'était tournée vers ma mère pour lui dire : "Je suis sûre qu'elle se drogue de plus en plus." Ce qui était totalement faux, évidemment.

« Toujours est-il que retrouver la maison de Zina, dans le contexte de la visite du Dalaï-Lama, me rappelait ma cousine décédée dans les montagnes de l'Himalaya en 1973. »

L'épisode suivant de cette histoire étrange s'est produit à Paris, où Gérard, faisant fi des conseils de sa famille et de ses amis, avait décidé de revenir. Il étudiait le droit et la capitale exerçait sur lui une attraction quasi magnétique. Un jour, il est allé acheter un livre sur la fiscalité. La queue devant la caisse était longue et, tandis que Gérard attendait, un livre d'un orange vif aux lettres noires a semblé sauter vers lui, de l'étagère près de laquelle il se tenait. Il l'a pris, l'a ouvert et feuilleté.

« Pendant une demi-seconde, j'ai vu le nom de Zina Rachevsky. J'ai parcouru le livre plus lentement mais sans parvenir à le retrouver. Comme la queue était très longue, et qu'elle n'avançait pas vite, j'ai continué à regarder, et je l'ai enfin repéré au tout début de l'ouvrage. Il s'agissait de l'édition française de *Wisdom*

Energy, le premier tome des enseignements de Lama Yeshe et de Lama Zopa Rinpoché. Zina était mentionnée dans l'introduction, comme la première Occidentale disciple des deux lamas. Pour moi, le fait de voir son nom à cet endroit était une incroyable coïncidence. »

Il a acheté le livre.

« Maintenant je comprends pourquoi il était très important pour moi de quitter Nice. Tous mes amis m'ont dit : "Comment peux-tu faire une chose pareille ?" J'étais profondément engagé dans la pratique de l'aïkido, et très séduit par la philosophie que j'y trouvais. Mais en mon âme et conscience, je sentais que je devais revenir à Paris. C'était extrêmement important, mais à l'époque je ne savais pas pourquoi », a-t-il ajouté.

Il lut le livre le soir même : il y décelait des réponses à des questions qu'il se posait depuis longtemps. Il était particulièrement attiré par les discours des deux lamas sur le karma, cette loi de cause à effet qui affirme que rien n'arrive par hasard ou par coïncidence. Excité par sa découverte, il a téléphoné à sa grand-mère à Nice, qui écrivait un livre sur la branche russe de la famille, pour lui dire qu'il avait des renseignements sur sa cousine. Au lieu du dénigrement habituel au sujet de l'exotique Zina, sa réaction a été positive. Il a ensuite écrit à l'éditeur de *Wisdom Energy*, pour tenter d'obtenir plus de renseignements sur Zina, mais il n'a jamais envoyé la lettre.

Quelques mois plus tard, après son mariage avec Janine, il ressortit le livre pour discuter de son contenu avec un ami. Ils parlèrent tard dans la nuit, débattant des concepts du bouddhisme tibétain tout comme Zina avait dû le faire la première fois qu'elle avait connu cette religion de l'éveil.

Le lendemain même Gérard devait participer à une audience au palais de justice, mais en arrivant il apprit qu'elle avait été annulée. Comme il n'avait rien à faire, il est allé flâner à la Samaritaine. Ironiquement, à la lumière de ce qui allait suivre, le slogan publicitaire du magasin proclamait : « On trouve tout à la Samaritaine ! » Comme il allait partir et entrait dans l'ascenseur, il entrevit un instant du bordeaux et du doré, ces couleurs spécifiques aux robes d'un moine tibétain. Poussé par quelque chose en lui dont il n'était pas sûr, il reprit immédiatement l'ascenseur pour retrouver la personne portant cette tenue. Il sentait que c'était un signe. Il a cherché quelques instants, et rejoignit le moine en train d'acheter des chaussettes.

« Je lui ai demandé : "Que faites-vous ici?" Tout ce qu'il m'a dit, c'est : "Vous devez y aller aujourd'hui à midi. Vous devez y aller aujourd'hui à midi." C'était tout. Je me suis dépêché de poser des questions autour de moi pour apprendre qu'il y avait une grande rencontre de toutes les branches du bouddhisme du monde entier, Thaïlande, Japon, Taiwan, Singapour, Birmanie, Sri Lanka et Tibet. Mon audience juridique avait été annulée, et je n'avais rien d'autre à faire, donc je m'y suis rendu. C'était un immense rassemblement, où un grand nombre de personnes s'entremêlaient. Dans une pièce annexe, on vendait de l'artisanat, des affiches et des livres bouddhistes. Je suis entré et j'y ai trouvé une table où l'on vendait *Wisdom Energy*. Je me suis dit : "Bon, voilà mon rendez-vous." C'est incroyable, vous savez. Chaque fois, cela se passait en un clin d'œil. »

Il dit à la femme vendant les livres que *Wisdom Energy* mentionnait quelqu'un de sa famille. Elle était très intéressée, car elle dirigeait le bureau parisien de la FPMT (Foundation for the Preservation of the Mahayana Tradition, « Fondation pour la Préservation de la Tradition du Mahayana »), l'organisation fondée par Lama Yeshe. Il lui a demandé s'il pourrait rencontrer les deux lamas qui avaient eu un rôle si important dans la vie de Zina. Elle lui a répondu qu'il venait de manquer Lama Zopa venu pour la première fois en France, mais que Lama Yeshe se tenait juste derrière lui. Il s'est retourné, et là sur le mur se trouvait une grande affiche de Lama Osel.

« J'ai dit : "Je ne comprends pas." Je ne savais rien du bouddhisme. Elle a ri. Puis elle m'a précisé que

Zina avait eu une vie très intéressante, que l'on disait qu'elle était allée aux Pays Purs des Dakinis après sa mort. Je ne savais pas ce que tout cela signifiait, mais cela m'intéressait parce que je n'avais entendu parler que du mauvais côté de Zina, de celle qui se droguait et ainsi de suite. La femme a protesté : “Ce n'est pas vrai, elle a fait un travail considérable. Elle a été à l'origine d'un grand mouvement ayant amené le bouddhisme tibétain en Occident. Elle a accompli une œuvre importante et très bénéfique. Elle est très respectée.” J'ai téléphoné à ma grand-mère, et elle m'a dit que c'était impossible ! »

À cette période, Janine était enceinte et l'enfant en elle prenait de plus en plus de place dans sa vie et dans celle de Gérard. C'est alors qu'ils ont rencontré le journaliste qui avait interviewé Zina. Il leur a donné ses bandes magnétiques et les photographies de Zina dans sa retraite en montagne vingt ans plus tôt, en leur indiquant qu'il n'avait jamais écouté l'enregistrement.

« Nous sommes rentrés, m'a dit Gérard, et nous avons écouté sa voix avec une grande émotion. L'enregistrement était de mauvaise qualité, parce qu'il était très ancien. J'ai commencé à penser qu'il était très étrange que Zina pénètre ainsi dans nos vies et qu'elle avait peut-être un message ou autre à nous transmettre. Dans son interview, elle disait qu'elle avait pris quelques notes pour rédiger une biographie, qu'elle avait confiées à quelqu'un. Elle n'arrivait pas à écrire car sa pratique était telle que chaque jour elle voyait les choses différemment. Alors j'ai songé que je devrais peut-être essayer de trouver le manuscrit pour en faire quelque chose. C'était sans doute le message qu'elle essayait de nous transmettre.

« Je pensais très souvent à Zina, tous les jours. Sa vie était en train de se mêler à la mienne. Je me rappelle être allé dîner et avoir parlé de ma cousine, et une personne à la table d'à côté s'est penchée pour nous demander : “C'est de Zina que vous parlez ? Je l'ai connue !” Ce genre de choses m'arrivait tous les deux ou trois jours. Quelqu'un la connaissait, ou connaissait quelqu'un qui la connaissait. C'était vraiment très, très étrange. »

Puis Gérard a fait un rêve, un rêve long et impressionnant dont il se rappelle encore tous les détails aujourd'hui. Il s'y voyait le gardien d'une grande épée qui appartenait à sa grand-mère et émettait de la lumière comme le soleil. À ce stade de son récit, je me suis souvenue non seulement de Yamantaka et de son épée sur laquelle Zina avait médité, mais aussi du fait qu'en identifiant les toulkous les Tibétains demandent toujours aux parents éventuels s'ils ont fait des rêves marquants.

La tâche de Gérard dans son rêve était de cacher l'épée pour que les voleurs qui venaient s'en emparer en pleine nuit ne parviennent pas à leurs fins. Comme le sol était couvert de neige, il savait que les voleurs pourraient suivre les traces de ses pas s'il tentait de s'en aller, et il a donc décidé de se faire très petit et de s'envoyer par la poste, avec l'épée, à Lama Zopa, qu'il n'avait encore jamais rencontré. Il s'est placé consciencieusement dans une enveloppe, et lorsqu'elle est arrivée, Lama Zopa était stupéfait, ce qui est compréhensible. Il a ri encore et encore, comme il le fait dans la vie, et a dit joyeusement : « Quel étrange moyen de venir ici ! »

Gérard a continué le récit de son rêve prophétique :

« Il m'a demandé de le suivre à l'intérieur d'une maison étrange, complètement blanche, sans fenêtres, ne comportant qu'un corridor très étroit sans éclairage extérieur. Par la suite, j'ai compris : c'était un stupa. Lama Zopa est passé devant moi et dans ce corridor étroit se trouvait une petite alcôve avec une très belle cloche en cristal. C'était un endroit incroyablement beau, avec une lumière exquise. Vraiment divin, comme un autre monde. Quand je suis passé près de la cloche, elle a sonné avec un son très pur. C'était merveilleux. Puis Lama Zopa, après un silence, m'a dit : "Puis-je vous présenter Lama Yeshe ?" La cloche était Lama Yeshe, que je n'avais jamais rencontré non plus. »

Deux ou trois jours plus tard, Janine a réveillé Gérard en pleine nuit. Elle était extrêmement agitée et criait :

« C'est impossible ! C'est impossible ! Cela ne peut pas être Zina, parce que c'est un garçon. Comment cela se peut-il ? Comment cela pourrait-il être Zina ? C'est un garçon ! » rageait-elle. Gérard avait peur. Janine était trempée de sueur et ses yeux étaient révulsés comme si elle était en transe.

« J'ai pensé qu'il valait mieux que je la laisse se calmer un moment. Elle s'est tranquillisée et je l'ai réveillée. Je lui ai demandé si elle savait ce qu'elle venait de dire et elle m'a répondu qu'elle ne se souvenait de rien. Je lui ai répété ce qu'elle avait crié et, en sentant à quel point elle et son côté du lit étaient trempés de sueur, elle s'est bien rendu compte qu'elle avait dû être particulièrement agitée.

« Je me suis dit alors que nous avions intérêt à demander conseil à un lama ou à quelqu'un ayant autorité en la matière. Donc j'ai téléphoné à la femme que j'avais rencontrée, celle qui vendait des livres à la rencontre bouddhiste, et qui entre-temps était devenue une amie. Elle m'a rappelé quelques minutes plus tard et m'a dit qu'un lama de haut rang, le chef de la secte Sakya du bouddhisme tibétain, se trouvait actuellement à Paris. Elle lui avait parlé de moi, et il avait dit qu'il serait heureux de me rencontrer. »

Enfin Gérard s'est confié à Sakya Trizin, relatant la curieuse suite d'événements, y compris le message « cauchemardesque » qu'avait reçu Janine comme quoi le garçon dont elle était enceinte était Zina.

« Il m'a appris que les méditants reviennent parfois dans la même famille pour aller plus loin, mais que c'était très rare et de très bon augure. Il m'a également promis qu'il allait vérifier si c'était bien le cas et m'a demandé de revenir le lendemain. C'est ce que j'ai fait, et il m'a annoncé que le petit garçon que Janine portait était bien Zina. Il m'a dit qu'il avait effectué plusieurs vérifications, parce que c'était le premier cas qu'il connaissait de réincarnation d'un Occidental en Occidental, mais que les résultats étaient concordants. Il a précisé avoir rencontré Zina à Darjeeling. Elle était unique dans le sens où elle avait été la première Occidentale à intégrer l'ordre monacal de la secte des Gelugpa. »

Malgré cette prodigieuse nouvelle, Gérard n'était pas vraiment surpris.

« Je le savais déjà. Pour moi, à ce stade, il ne s'agissait plus que d'une confirmation. Pendant des mois, j'avais été en osmose complète avec la conscience de Zina, en écoutant l'enregistrement, en essayant de comprendre ce qui se passait. J'avais maintenant la réponse : tout ce qui était arrivé avait un lien avec cette réincarnation. »

Janine a aussi accepté l'annonce avec équanimité : « J'étais certes un peu surprise mais je ne trouvais pas que c'était insensé, je me disais : "Il se passe quelque chose, mais je ne sais pas ce que c'est au juste." Je n'ai certainement pas tout rejeté en bloc. Je restais ouverte aux possibilités, ni plus ni moins. »

Plus tard, Sa Sainteté Sakya Trizin a confirmé ses conclusions dans une lettre qu'il a envoyée à Lama Zopa. On pouvait y lire :

> *Cher Lama Zopa Rinpoché,*
>
> *Ceci constitue une confirmation de votre lettre du 2 août 1990 ainsi que la reconnaissance officielle de la réincarnation de votre première disciple occidentale, « Zina ».*
>
> *Comme il s'agit de la reconnaissance d'une réincarnation, il a fallu un certain temps pour mener à bien les vérifications et contre-vérifications. Oui, l'enfant* (son nom) *est bien la réincarnation de votre première disciple occidentale, Zina. Chaque fois que nous avons vérifié, que ce soit ici ou en France, nous avons reçu la même réponse.*
>
> *Avec tous mes meilleurs vœux et prières. Fidèlement vôtre dans le Saint Dharma,*
>
> (signé) *Sa Sainteté Sakya Trizin (15 septembre 1990).*

Rien, cependant, n'aurait pu préparer Janine et Gérard à la naissance de cet enfant spécial, qui les avait choisis pour parents. Janine avait déjà assisté à plusieurs accouchements parmi ses amies, et elle croyait donc savoir à quoi s'en tenir. Mais, dès le début, ils ont su que cette naissance allait être radicalement différente de tout ce qu'ils avaient pu voir ou connaître. C'est comme si le nouvel être qui avait été autrefois Zina dirigeait l'ensemble des événements.

Quand les contractions ont commencé, Janine et Gérard se sont rendus à la clinique, mais la sage-femme qui avait préparé Janine n'était pas là et celle de service n'était pas des plus sympathiques. Heureusement, les douleurs se sont arrêtées et Janine a pu rentrer chez elle. Deux jours plus tard, les contractions ont repris et, tout en se disant qu'il s'agissait peut-être encore une fois d'une fausse alerte, ils sont repartis vers la clinique. Une fois de plus, la sage-femme était absente, et une fois de plus, les douleurs ont cessé. Puis soudain elle est arrivée, et immédiatement les contractions ont repris ; la naissance était en cours.

Étonnamment, Janine n'a éprouvé aucune douleur, aucun désagrément, aucune peur. Bien au contraire. Elle est entrée dans un état de bonheur extrême, à tel point que des éclats de rire la secouaient.

« Je riais tellement que lorsque Pierre est sorti il avait un anneau autour de la tête qui est resté pendant quinze jours. Je me disais : "J'aimerais vraiment que toutes les femmes que je connais aient des accouchements aussi beaux et faciles que le mien !" »

Pierre avait attendu les douze coups de minuit. Puis il a émergé dans cette vie en émettant un son qui ressemblait à un chant. C'était si fort que les médecins de l'autre côté de la clinique ont pu l'entendre.

« C'était comme un bourdonnement, une mélodie enchanteresse qui semblait venir d'un autre monde, se rappelle Gérard, essayant en même temps de le reproduire. Je m'en souviens parfaitement. C'était vraiment particulier, vous savez. Tout le monde avait un peu peur. Il est sorti sans pleurer. Pas un pleur. Seulement ce son très fort. C'était étrange et profond. »

Puis, pendant quelques secondes, son cœur s'est arrêté. L'équipe médicale l'a remis en marche en disant aux parents de ne pas s'inquiéter, que cela arrivait de temps à autre. Alors Pierre a pleuré comme un enfant ordinaire. On l'a lavé et donné à sa mère.

À ce moment-là, un deuxième événement étonnant s'est produit. Lorsque la sage-femme a mis Pierre sur le ventre de sa mère, il a plié les jambes en position du lotus, et il est resté assis là sans l'aide de qui que ce soit. Puis il a fait des gestes compliqués avec ses mains, qui rappelaient des moudras bouddhistes, tous les doigts liés, et il a regardé sa mère comme un vieil homme. Il a continué ainsi sans bouger, pendant plusieurs minutes. Toute cette séquence a pu être filmée en vidéo. Gérard, qui observait le visage de Janine, pouvait y lire une terreur sacrée.

« J'avais déjà assisté à de nombreuses naissances et je savais que les bébés sortent avec la tête pendante et un corps faible, me dit-elle. Mais là il s'agissait de quelqu'un de mon âge, qui me regardait droit dans les yeux, assis là à me fixer pendant au moins cinq bonnes minutes. Je pensais avoir créé un monstre. J'étais terrifiée. Gérard craignait que je n'accepte pas l'enfant. »

Le médecin est arrivé et n'en a pas cru ses yeux. L'infirmière, qui n'avait pourtant aucune idée du contexte, s'est exclamée : « Oh, regardez! Un moine tibétain! » En le soulevant, le médecin a noté que les yeux de Pierre suivaient ses mouvements et que ses doigts pouvaient serrer, ce qui est tout à fait inhabituel pour un nouveau-né.

Quand Pierre est rentré chez eux, il a été un bébé modèle. Lorsqu'il a commencé à s'exprimer, le son ressemblait à un mantra.

« Avant de s'endormir, il se prenait le pouce et murmurait comme un moine qui répète ses mantras, m'a dit Gérard. Janine et moi écoutions derrière la porte. C'était merveilleux. C'était un bébé très facile à vivre, il n'était jamais malade, il ne pleurait jamais. Tous ceux qui le voyaient se sont sentis très heureux. Il a toujours été précoce pour son âge. »

Malgré ces débuts inhabituels, Janine et Gérard ont tenté de donner à Pierre une vie aussi normale que possible, très loin des feux de la rampe sous lesquels vivent les toulkous reconnus comme Lama Osel. Pierre va à l'école communale où personne ne fait particulièrement attention à lui, conformément aux souhaits de ses parents.

« Le jour où Pierre me dira clairement : "Ma vie n'est pas celle-ci, je dois faire autre chose", je le laisserai le faire. Mais je ne veux pas l'influencer ; il a tellement de richesses en lui. Elles doivent s'exprimer spontanément si elles existent vraiment. »

Je me suis demandé si elles se manifesteraient sans l'éducation spéciale donnée aux toulkous. Puis je me suis rappelé Jetsunma, cette femme aux États-Unis qui avait développé par elle-même une sagesse et une compassion exceptionnelles.

Ce n'est pas que Gérard et Janine mettent en doute la parole de Sakya Trizin, selon qui leur fils est la réincarnation de Zina. Ils n'ont pas non plus la moindre antipathie ou réticence envers le bouddhisme tibétain, au contraire. Bien qu'elle ne soit pas bouddhiste, Janine a appris à respecter énormément Lama Zopa, et se décrit comme étant entièrement « ouverte » à la philosophie de cette religion. Elle accroche avec plaisir dans la chambre de Pierre les images religieuses que lui envoie Lama Zopa. Lorsque j'ai vu Gérard, il s'occupait d'organiser la première visite du Dalaï-Lama à Paris. Ils ne font, à leurs dires, qu'exercer une prudence élémentaire et protègent leur fils d'une attention non souhaitée et des projections d'autrui. C'est, me semble-t-il, une approche typiquement occidentale. Entre-temps, ils attendent et étudient le comportement de Pierre.

Leurs observations sont aussi nombreuses que significatives.

« Il est particulièrement attentionné envers ses proches, signale Janine. Quand il avait deux ans, par exemple, il jouait dans la cour avec d'autres enfants, et il s'est très gentiment inquiété pour une petite fille qui avait enlevé ses chaussures, de peur qu'elle ne se fasse mal, ou qu'elle ne prenne froid. Je sais très bien que cela n'est pas du tout une attitude normale pour un enfant de son âge. Il s'inquiète pour moi parce que je fume et il me répète sans cesse que je devrais arrêter. Il a aussi un sens moral très développé. Il nous corrige si nous nous laissons aller à dire du mal de quelqu'un. Il a un sens très prononcé du bien et du mal. J'apprends beaucoup de choses en vivant avec lui, constamment. »

Ses parents disent qu'il apprend très vite et que sa mémoire est exceptionnelle.

« Si je lui lis une histoire, et qu'une semaine plus tard je la lui relise, il sait si j'ai sauté une page. Il peut aussi se rappeler le nom de quelqu'un un an ou plus après l'avoir entendu, bien après que je l'ai moi-même oublié », raconte sa mère.

À l'école, il est le chef, tout naturellement, et comme Lama Osel, il a beaucoup d'énergie et de puissance. « Il faut la canaliser parce qu'il veut tout faire en même temps. Je dois même être assez dure avec lui, et lui donner la fessée de temps à autre. Ce n'est pas aussi facile qu'on pourrait le croire. Il a une telle personnalité qu'il est presque impossible de l'obliger à faire quelque chose s'il en a décidé autrement. » Il n'aime pas non plus beaucoup dormir : « C'est fou. Je dois toujours parlementer avec lui pour qu'il accepte de faire la sieste. Même en se couchant tard, le lendemain il n'est pas du tout fatigué. Je le couche à huit heures et demie du soir, et souvent deux heures après il est encore réveillé », m'a confié sa mère.

Elle a également remarqué qu'il aime prendre des responsabilités. Il adore se servir lui-même son petit déjeuner, et le manger seul. Il aime beaucoup qu'on lui apprenne comment fonctionnent les machines, puis les faire marcher. Il est aussi très conscient du danger. Il a horreur de se battre et ne prend jamais de risques physiques.

« Il ne court jamais devant des portes de garage ouvertes, et ne cherche pas non plus à attraper des bouteilles haut perchées dans la salle de bains. Je crois que je n'aurai jamais à m'inquiéter parce qu'il s'aventure sur une planche à roulettes », dit Janine. J'ai fait observer qu'à cet égard il était très différent de Zina, qui adorait prendre toutes sortes de risques et était même plutôt excentrique. « Peut-être s'est-elle transformée », m'a répondu Janine.

Le trait le plus frappant chez Pierre, cependant, c'est sa façon de parler. Il s'exprime comme un adulte, employant des concepts complexes et des mots compliqués au bon moment. C'est désarmant, et les gens le remarquent.

« Il discute comme vous et moi. Nos amis bouddhistes disent que c'est cela qui le distingue vraiment. J'en ai parfaitement conscience, mais j'ai décidé dès le début de ne pas trop y faire allusion en sa présence. Je ne voudrais pas qu'il devienne trop gâté », a-t-elle ajouté.

Un autre test a été concluant, peu après la reconnaissance de Pierre par Sakya Trizin. Lama Zopa l'a invité à Kopan, avec ses parents. Si Pierre était la réincarnation de Zina, ce serait bel et bien comme s'il rentrait chez lui, car c'est à Kopan que Zina avait passé les premiers jours de sa vie de nonne bouddhiste, période si décisive dans son évolution spirituelle. Kopan avait complètement changé depuis les années 60 où Zina et ses lamas étaient venus s'y installer pour enseigner aux premiers chercheurs de vérité occidentaux : de nouveaux bâtiments étaient apparus, il y avait l'eau courante, une salle à manger avait été construite, un nouveau gompa, magnifique, avait été bâti, des douches et des sanitaires avaient même été installés.

Dès son arrivée, Pierre a commencé à se comporter différemment. Il s'est dirigé vers une boîte d'où il a sorti des objets religieux et différentes sortes de robes. Ses parents ont protesté, mais Lama Zopa s'est mis à rire en disant que c'était simplement une forme de « pratique » qui lui était personnelle. Il a aussi remarqué que Pierre avait la même « énergie » que Zina. On lui a ensuite montré le gompa, mais il a soutenu que c'était sa « maison ». Jour après jour, chaque fois qu'il passait devant ce monument, il répétait que c'était sa « maison ». Plus tard, ses parents ont appris que l'actuel gompa avait été construit sur l'emplacement de la maison où Zina avait vécu.

Une autre fois, ils sont allés visiter le célèbre temple bouddhiste de Swayambuth, tout près de Kopan. Tout à coup, Gérard et Janine se sont rendu compte que tout était très silencieux. Pierre n'était plus avec eux. Ils se sont précipités à sa recherche et l'ont trouvé en train de faire tout seul des prosternations complètes devant une statue du Bouddha. Quand il s'est aperçu qu'on l'avait surpris, il a été furieux : il n'était plus incognito ! Il n'avait que deux ans et demi à l'époque.

Ce parti pris d'ignorer ostensiblement le décorum extérieur du bouddhisme tibétain s'est poursuivi.

« Il refusait les katags, ces écharpes blanches qu'on lui offrait. Il ne voulait pas s'asseoir à côté de Lama Zopa. Chaque fois que les moines voulaient qu'il fasse quelque chose, il répondait "non", d'une voix très forte. À la fin, ils l'ont même surnommé "Monsieur Non".

« Mais c'était vraiment fascinant de voir, lui qui refusait de se mêler aux moines, sa très grande familiarité envers les moniales, cette affinité naturelle entre elles et lui. Il entretenait d'excellents rapports avec elles, et il les appelait même ses amies. Personnellement, je ne sais pas comment il faisait pour voir la différence », m'a avoué Janine.

Pendant son séjour à Kopan, une cérémonie de reconnaissance officielle a été organisée, pour laquelle trois cents personnes ont été invitées. On a sorti les robes de Lama Osel, pour qu'il les porte, mais il a fermement refusé. Puis il a fini par changer d'avis, un peu plus tard.

« Il a dit "d'accord". Et tout à coup il s'est transformé, dans la façon qu'il avait de porter ces robes, d'évoluer avec elles. C'était très beau. Tout d'un coup je voyais mon fils avec toutes ses facettes », m'a dit Janine.

Mais malgré tout le respect qu'elle avait pour Lama Zopa et certaines des personnes qu'elle rencontrait, Janine voulait que sa position soit parfaitement claire.

« J'ai dit à Lama Zopa que le jour où Pierre me dira lui-même qu'il veut enseigner, je le laisserai suivre la formation traditionnelle des toulkous. En attendant, je veux que notre fils ait une vie ordinaire, avec nous, en France. »

Lama Zopa était d'accord. « C'est votre enfant. Je ne veux pas vous l'enlever. Prenez seulement grand soin de lui, faites attention à ses fréquentations et à l'environnement dans lequel il évolue. » Il n'en dit pas plus.

Pour des gens comme Janine et Gérard, qui n'avaient pas été élevés dans le bouddhisme et n'avaient pas non plus cherché à l'étudier par eux-mêmes (comme d'autres parents occidentaux dans leur cas), le fait d'avoir un toulkou pour fils a été un véritable défi. Depuis la naissance de Pierre, ils se sont efforcés de comprendre ce qu'est au juste la réincarnation, et ce qu'elle implique, en particulier pour leur fils.

« Je suis vraiment convaincue qu'il y a chez Pierre une partie de Zina, dit Janine. Je le sais en observant son comportement. Mais je ne considère pas que Zina soit "devenue" Pierre. J'avais horreur de ces personnes qui s'approchaient de lui en disant : "Ah, Zina." Il devenait un véritable objet de curiosité. J'ai vraiment eu l'impression que c'était du spectacle, rien de plus, et j'ai donc décidé d'y mettre fin. Lama Zopa m'a dit que Pierre avait la même énergie que Zina ; je n'ai jamais eu l'occasion de la rencontrer de son vivant, aussi il m'est difficile de me prononcer. Mais j'ai parfaitement accepté la situation et je n'éprouve aucune crainte », a-t-elle ajouté.

Gérard, lui, avec sa mentalité d'avocat, a fait des recherches consciencieuses sur la signification de la renaissance aussi bien dans le système tibétain des toulkous que d'après la physique moderne. Il est fasciné par la rencontre de ces deux courants de pensée et il en suit avec attention les derniers développements. Il pense qu'il est d'une importance vitale de savoir exactement qui est son fils. Par conséquent, il a acquis des convictions individuelles fortes et personnelles à ce sujet.

« La réincarnation n'est pas un processus par lequel une personne habite dans le corps d'une autre. Ce n'est pas du tout cela. C'est le point de vue occidental, la perspective chrétienne qui considère qu'il y a le corps et l'âme, laquelle vit dans ce corps. Ce n'est pas vrai. La conscience est partout, dans le corps et en dehors de celui-ci également. Ce n'est pas aussi simple qu'emménager dans une maison pour y vivre.

« Lorsque les gens ont commencé à dire : "Ah, voilà Zina", j'ai pensé qu'il était de mon devoir de savoir ce qui se passait réellement, pour être renseigné et protéger Pierre. J'ai lu beaucoup de livres, et j'ai découvert que les Tibétains eux-mêmes sont divisés entre différentes explications du phénomène. Et en face vous avez les recherches scientifiques, surtout en sciences physiques, qui donnent certaines explications valables. »

Et, au bout du compte, il s'incline devant l'énormité du phénomène auquel il est confronté :

« En fait, la continuation de la conscience est un phénomène complètement extérieur à notre "canal". Il n'est pas possible de méditer dessus comme s'il se produisait à l'intérieur de notre "médium" », dit-il.

Par-delà tous ces débats intellectuels, son fils est de chair et d'os, comme Gérard est le premier à le concéder, et sa propre expérience avec Pierre ne se trouve pas dans les livres. Ils ont une relation dynamique et pleine d'amour.

« Depuis l'âge de deux mois, il m'a regardé avec de la *reconnaissance*[1]. Il ne m'a pas exactement rendu hommage, mais il a exprimé une forme de gratitude. Je le voyais dans ses yeux : "Je suis Pierre et je te remercie." J'ai vu cela très souvent, avant même qu'il ait appris à parler. C'est comme une grande confiance accordée à ses parents. Et je pense que Zina a vraiment accompli ce qu'elle s'était engagée à faire : revenir. Avant que Pierre ne naisse, j'avais la sensation que Zina était pré-

1. En français dans le texte. *(N.d.T.)*

sente, telle que je la perçois dans les photos que j'ai d'elle. Au moment du "cauchemar" par lequel Janine a su que ce serait un garçon, cette image a complètement disparu. Et lorsque Pierre est né, et qu'il ne pouvait parler qu'avec ses yeux, j'ai retrouvé cette même image, cette même sensation, à travers lui. »

Tout cela semblait certes très convaincant, mais une question capitale restait encore sans réponse. Pourquoi Zina s'était-elle réincarnée dans un corps d'homme? La féministe en moi répugnait à l'idée que Zina, cette femme exotique, farouche, puissante, déterminée et courageuse, qui avait tant accompli dans un corps féminin, ait pu renoncer à son sexe et choisir de continuer ses exploits spirituels en tant qu'homme. Dans le monde patriarcal du bouddhisme tibétain, nous manquons cruellement de figures féminines inspirant la vénération et le respect, pouvant être imitées, dans une saine émulation. Se faire garçon me semblait être une grave trahison envers son sexe.

« Si vous lisez les écritures avec un regard superficiel, vous verrez qu'il s'y trouve un vœu pour les nonnes de devenir moines dans leurs vies futures. Personnellement, j'interprète cela en termes énergétiques, et non sur le plan physique, a commenté Gérard.

« Mais si vous étudiez vraiment la société tibétaine, vous pouvez trouver des nonnes de haut rang qui se sont réincarnées en nonnes de haut rang. Chacun a donc son propre chemin. Si vous pensez à la crédibilité de Zina, vous verrez qu'elle n'était pas acquise à cent pour cent. Une grande partie de ceux qui l'ont connue n'arrivent tout simplement pas à accepter qu'elle ait pu devenir une nonne d'un si haut rang, si avancée dans l'ascèse. Ils n'arrivent pas à croire qu'elle ait pu changer si vite. Le seul fait qu'elle ne soit plus une femme maintenant, mais un garçon, met en évidence sa transformation. »

Son explication était logique, mais je restais sur ma faim.

Que nous réserve l'avenir? Accepter que votre enfant

soit la réincarnation d'un praticien spirituel avancé est une chose, mais savoir quoi faire de cette prise de conscience en est une autre. Mettre un enfant comme Pierre sur la bonne voie éducative et spirituelle est une tâche particulièrement lourde, et Janine et Gérard sont en droit de se demander, plus encore que les autres parents, ce que Pierre va devenir « quand il sera grand ».

Janine n'a aucune idée préconçue. « Tout peut arriver. Je n'ai pas peur. Je suis ouverte à ce qui peut survenir », dit-elle. Gérard, cependant, a cherché des conseils pratiques pour bien gérer l'immense responsabilité qui est maintenant la sienne.

« J'ai interrogé plusieurs lamas : Vers quelle voie Pierre est-il susceptible d'évoluer? Que dois-je faire? J'ai passé sept heures à en discuter avec Lama Zopa, et c'était très intéressant. Mais la réponse est toujours la même : "Attendez, vous verrez bien." Un grand lama a dit que, comme Pierre est un toulkou, si nous ne nous occupons pas de lui il pourrait devenir "fou". Un autre, que Pierre fait beaucoup pour le bien de tous les êtres. Ils ont tous dit que tout s'éclaircirait quand Pierre aurait sept ou huit ans, et que c'est de lui que viendront les réponses. »

Parfois, cependant, Pierre fait de petites remarques qui laissent Gérard sans voix.

« L'autre jour, sa grand-mère lui parlait et lui a demandé où j'étais. Pierre lui a dit que j'étais dans mon bureau, qu'il connaît très bien. Elle lui a ensuite posé cette question : "Et c'est où, ça?" Ce à quoi il a répondu : "À Katmandou." Parfois il me demande quand je pense revenir à Kopan. Alors on ne sait jamais », ajouta-t-il en riant.

Entre-temps, Janine et Gérard, comme tous les parents, tentent simplement de donner à leur enfant ce qu'il y a de meilleur, et de lui offrir toutes les occasions possibles de se développer comme un être humain complet.

« J'essaie aussi de me renseigner le plus possible sur le bouddhisme tibétain, pour être en mesure de l'orienter, si nécessaire. Mon expérience de ces traditions très anciennes, celle des arts martiaux, et maintenant celle du bouddhisme, m'a enseigné qu'il est important de comprendre pourquoi nous sommes ici, dans quel but, et qui nous sommes. Et par la suite, on apprend comment agir pour le bien d'autrui. C'est une conséquence naturelle. Il s'agit surtout de connaître la vraie nature des choses.

« Nous ne ressentons pas de pression. Pourquoi y en aurait-il une ? La seule pression est celle de ce qui doit être fait maintenant, comme de lui donner une bonne éducation, lui fixer des limites, lui apprendre à dire "merci" : toutes ces données élémentaires.

« Personnellement je crois que le processus naturel aura lieu, mais pas dans la voie monacale. À Kopan, il nous a bien montré qu'il refusait d'être mêlé aux moines de quelque façon que ce soit, il n'a pas voulu s'asseoir sur le trône, ni porter la tenue monacale.

« Dans l'avenir, il décidera lui-même de ce qu'il va faire. En fin de compte, la question n'est pas tant de savoir au juste quel type de métier ou quel mode de vie il aura. L'important, c'est la connaissance. En ce sens, je crois que mon devoir se limite à lui donner les moyens d'atteindre l'objectif qu'il s'est fixé, quel qu'il soit », dit Gérard.

Et quant à nous qui avons tellement entendu parler de la remarquable Zina, il ne nous reste plus qu'à attendre.

8

TRINLEY TOULKOU

Après avoir quitté Pierre et ses parents à Paris, j'ai pris le train, me lançant de nouveau dans un voyage plutôt mystérieux. J'avais entendu parler d'un toulkou français vivant dans un monastère tibétain, dans la grande chaîne de montagnes derrière la côte méridionale, mais qui avait soigneusement évité toute espèce de publicité. Les adeptes de la secte Nygma m'avaient confié son nom, Trinley Toulkou, et le destin a voulu que je rencontre à Paris un homme qui m'a communiqué son numéro de téléphone. Une voix jeune et agréable a répondu à mon appel, pour me dire, à ma grande surprise, que je pouvais tout de même venir le rencontrer.

D'après mon expérience, tous les voyages dont le but est spirituel sont parsemés d'obstacles et d'empêchements immenses, comme s'il s'agissait d'éprouver la sincérité de la démarche. Ce pèlerinage n'a pas échappé à la règle.

La circulation du vendredi soir aux environs de Paris était effroyable. Pendant que mon taxi était coincé dans les embouteillages, le train que j'avais l'intention de prendre est parti. J'ai fait la queue à la gare de Lyon pendant plus d'une heure, car le nouveau système de réservation des billets par ordinateur attendait vingt minutes avant de livrer à chaque passager son titre de transport. Quand mon tour est enfin arrivé, il ne restait plus qu'une place disponible, dans un compartiment fumeur. C'était un cauchemar. Mais je l'ai acceptée.

Heureusement, les fumées et l'agitation se sont dissipées, tandis que le train s'enfonçait dans la campagne française. Le TGV ultrarapide a finalement cédé la place à un petit train de banlieue bringuebalant qui m'a déposée à la gare pittoresque d'une petite ville proche de Grenoble. Assise à la terrasse du café de la gare, sur une place pavée, j'ai attendu la voiture qui devait m'amener vers Trinley Toulkou. Entourée de bacs de géraniums, j'ai siroté mon verre de vin, écouté les oiseaux du soir, admiré le coucher du soleil derrière les maisons ocre et rustiques, en me disant que les rêves que j'avais eus de loin sur la France se réalisaient dans ce tableau idyllique. Une vieille deux-chevaux est arrivée comme prévu, et son chauffeur, comme un maniaque, nous a lancés sur les chapeaux de roue le long d'une route de montagne sinueuse, transportés par les gaz d'échappement et le jazz bruyant s'échappant de sa radio. C'était un des visiteurs coutumiers du monastère, où il venait rechercher la paix, m'a-t-il expliqué.

En arrivant à destination, une fois le moteur et la radio éteints, j'ai concédé qu'il avait raison. Dans ce monastère franco-tibétain perché sur le bord d'une grande montagne régnait en effet un calme puissant, dans une beauté saisissante. Un peu partout, des fleurs sauvages tapissaient le sol, bleues, rouges, blanches et jaunes, ouvrant sur des paysages féeriques. On m'a dit par la suite que des daims sauvages parcouraient les pentes boisées, ce qui semblait tout à fait propice puisque cet animal est l'emblème national du Tibet. Le monastère lui-même reflétait les deux cultures qu'il incarnait. Ici et là on voyait les bâtiments d'origine, de merveilleux chalets en pierre avec des toits en tuiles usées, qui rappelaient les bergeries françaises. Au-dessus se trouvait un nouveau temple, blanc et de grande taille, carré et robuste, du plus pur style tibétain.

Trinley Toulkou est venu à ma rencontre. Dans la pénombre du soir, j'ai vu un grand jeune homme assez svelte, vêtu de la robe bordeaux et doré traditionnelle, souriant avec une douceur et une gentillesse infinies.

Ses yeux brillaient de prévenance, tandis qu'il m'entraînait à la cuisine du monastère pour y prendre le thé. Dans la conversation, il me dit qu'il apprenait à conduire et s'apprêtait à passer son permis. La perspective de se mettre au volant lui était agréable, et j'ai pensé que, quel que soit le degré d'isolement d'un lieu, la vie occidentale moderne n'est jamais très loin. Il parlait bien l'anglais, avec un accent français teinté d'américain, reflétant son origine. Son père était en effet français et sa mère américaine : voilà tout ce que je savais de Trinley Toulkou, le rinpoché resté secret.

Le lendemain matin, assis en tailleur sur le sol de sa chambre au sommet du temple, avec une vue panoramique sur les vallées et les montagnes, Trinley Toulkou m'a raconté ce qu'il était prêt à révéler de son histoire. Il est né en 1975 de parents déjà adeptes du bouddhisme tibétain, ce qui lui a valu d'entrer en contact avec les lamas.

« Quand j'étais petit, je voulais vraiment devenir moine. Je demandais toujours à ma mère de m'emmener au monastère. J'adorais porter les robes monacales. J'ai des photos où je souriais, un petit enfant toujours souriant en tenue de moine. Mais je me rappelle aussi que, lorsque ma mère m'a laissé au monastère, je me suis senti très triste. J'ai pleuré plusieurs jours de suite. C'est normal. J'étais si jeune, et ne m'étais encore jamais retrouvé seul, sans ma mère. Elle venait souvent me rendre visite. Puis je me suis habitué à la vie monacale, car je savais de toute façon qu'elle reviendrait me voir de temps en temps. »

La chaleur et l'extraordinaire douceur que j'avais perçues le soir précédent étaient toujours présentes chez ce rinpoché de dix-huit ans, au visage ouvert et aux yeux doux et souriants. Il m'a dit qu'il était moine depuis l'âge de trois ans.

Comme la plupart des autres toulkous occidentaux, Trinley a été reconnu parce que ses parents étaient impliqués dans la pratique ou l'étude du dharma bouddhiste. À l'âge de dix-huit mois, il parlait déjà tibétain :

il avait appris cette langue avec sa gouvernante originaire du Tibet, un atout inestimable pour la vie qu'il était destiné à mener. Kalou Rinpoché l'a remarqué, un jour qu'il jouait dans son entourage. Après les vérifications d'usage, celui-ci l'a reconnu officiellement comme la réincarnation d'un dénommé Khashap Rinpoché. Cette reconnaissance a été formellement ratifiée par Sa Sainteté le Karmapa lui-même, personnage qui inspire presque autant de vénération aux bouddhistes tibétains que le Dalaï-Lama, surtout dans la secte des Kagyu.

« On m'a dit que j'étais la réincarnation de ce lama nommé Khashap Rinpoché, qui avait dirigé un monastère au Tibet. Je ne sais pas grand-chose de lui, à part qu'il est mort de la tuberculose, en Inde, à un âge assez précoce. Il était en retraite au moment de sa mort, et je suis censé être sa réincarnation », m'a dit Trinley Toulkou.

Il ne s'épanchait pas beaucoup, bien qu'il soit difficile de savoir s'il n'en savait pas plus, s'il refusait de parler ou s'il ne voulait pas faire étalage d'éventuelles prouesses spirituelles. Je l'ai pressé de me donner quelques renseignements supplémentaires.

« Dans ma vie précédente, je voulais venir en Occident, et j'ai dit, semble-t-il, aux personnes de mon entourage que nous nous reverrions dans cette partie-ci du monde. À part cela, je n'ai pas beaucoup de souvenirs de mon enfance, sauf que le Karmapa et Kalou Rinpoché m'aimaient beaucoup. Le Karmapa m'a tout de suite donné refuge », m'a-t-il dit, désignant par cette expression l'accueil d'une personne dans la foi bouddhiste.

En fait, il a passé ses premières années aux côtés de Kalou Rinpoché, qui a nourri et favorisé son potentiel spirituel. Cela a dû être extraordinaire pour ce petit garçon franco-américain de vivre comme le fils adoptif d'un grand adepte de la spiritualité et d'apprendre ainsi les leçons et rituels riches et complexes du bouddhisme tibétain. Ceux qui l'ont vu à cette époque disent qu'il entrait et sortait des cérémonies en courant, agissant vraiment comme s'il était chez lui, et que Kalou Rinpoché était toujours affectueux et tendre envers lui, parfois indulgent, comme un véritable père. Alors que certains pensent que Trinley Toulkou était exceptionnel par sa façon d'assister Kalou Rinpoché au cours des cérémonies, d'autres le trouvaïent plutôt chahuteur et assez incontrôlable.

« J'ai accompagné Kalou Rinpoché pendant sept ans au cours de ses voyages en Europe et en Asie du Sud-Est, m'a-t-il dit, pour visiter les centres du Karmapa. Et à dix ans, je suis venu ici, en France. »

À cette époque, son éducation a vraiment commencé à prendre une tournure sérieuse. Pendant huit ans, tous les jours, il a mené avec diligence la vie disciplinée d'un moine tibétain, suivant le même itinéraire que des millions d'autres avant lui dans ces centres d'apprentissage spirituel hautement organisés de l'Himalaya. Dire que son emploi du temps est chargé serait un euphémisme.

Il se lève à 6 heures et fait son ascèse personnelle. À 7 heures, il se rend à la puja, la cérémonie de prières du matin, en compagnie des autres résidents. Le petit déjeuner est à 8 heures. Il étudie ensuite avec son instructeur jusqu'à midi et demi, l'heure du déjeuner. De 15 à 17 heures, il travaille encore, mais cette fois-ci en anglais. Il fait ses devoirs entre 17 et 19 heures, puis participe à une autre puja. À 20 heures, il dîne. De 21 heures à 23 h 30, il s'adonne encore à d'autres pratiques rituelles et termine ses devoirs, avant d'aller se coucher.

Il n'y a pas de pause le samedi ou le dimanche, les Tibétains n'ayant aucune notion de week-end. La routine rigoureuse de l'apprentissage, de la prière et de la méditation se poursuit toute l'année, sans aucune interruption ! Et Trinley Toulkou lui-même est déterminé à continuer aussi longtemps qu'il le faudra pour atteindre le degré de geshe. Et il lui faudra peut-être encore dix ans.

Cela ne le dérange pas. Ce toulkou, même s'il est occidental, emprunte le parcours tibétain traditionnel, accompagné il est vrai de l'étude du français et de l'anglais.

« Je continuerai mes études encore longtemps. Je veux les terminer. Il est idiot de s'arrêter. Je crois qu'elles sont pour moi une très bonne opportunité », m'a-t-il déclaré doucement.

Je lui ai demandé ce qu'il voulait faire de sa vie.

« Je souhaite avant tout aider Sa Sainteté le Karmapa et Kalou Rinpoché. C'est là ma mission principale ; après tout, ce sont eux qui m'ont reconnu », me répondit-il, sachant parfaitement que ces grands lamas tibétains étaient décédés et se trouvaient maintenant dans de nouveaux corps, jouant le rôle de jeunes maîtres éminents et suivant une formation très semblable à la sienne.

Sa réponse, cependant, était un peu décevante. On aurait dit que Trinley parlait en moine tibétain obéissant, bien versé dans la notion orientale de piété filiale avant tout. Avait-il subi un lavage de cerveau pour perpétuer le système tel qu'il était, sans plus ? Sa capacité occidentale de pensée latérale, ce zeste d'individualisme qui nous est inculqué, avait-elle complètement disparu ? Était-ce tout ce pour quoi il était né ? Il a continué :

« Ensuite peut-être, si je peux, j'aimerais aider les Européens à comprendre le bouddhisme. C'est quelque chose de nouveau ici, et la plupart des gens ne comprennent pas le véritable dharma. Ils aiment les objets exotiques comme les tableaux, les trônes, les objets religieux. Mais la philosophie bouddhiste, qui peut transformer très profondément votre vie, voilà ce que j'aimerais enseigner. »

Ma déception s'est dissipée. Voilà encore une fois, affirmée haut et fort, la mission des nouveaux toulkous occidentaux, la raison pour laquelle un sage tibétain choisit de renaître dans un pays et dans un corps étrangers. Pourquoi, si ce n'est pour révéler au monde les secrets d'une voie mystique hautement évoluée dont la promesse ultime est de libérer tous les êtres de leurs chaînes de chagrins, et qui a fleuri dans ce bastion glacé du Tibet ?

Si donc la vie choisie par Trinley Toulkou ne ressemble à première vue qu'à un retour à la vie conventionnelle des lamas tibétains, son ambition est en fait bien plus vaste. J'ai lu plus tard dans une brochure qu'il donne déjà des enseignements au monastère. Il dirige des séances de méditation et explique le culte fondamental des grandes divinités tibétaines. Mais comme il le dit lui-même, il continue d'étudier sous la direction de son instructeur tibétain, et il lui reste encore beaucoup de chemin à faire.

Cela fait dix ans à présent que Trinley Toulkou habite à la montagne dans le midi de la France, et qu'il respecte cet emploi du temps particulièrement rigoureux. C'est une existence isolée et austère pour ce garçon tout récemment devenu jeune homme. Les fêtes, le football et toutes les autres distractions qu'apprécient les adolescents de son âge ne lui manquent-ils pas trop ? Lui arrive-t-il de quitter sa montagne ?

« Je ne fais pas du tout de sport, m'a-t-il répondu. Après le déjeuner, je vais me promener, pour prendre un peu l'air. Parfois je me rends chez mon père, et il m'arrive d'aller au cinéma avec des amis du pays. Mais en fait, je n'ai pas beaucoup de temps ! Il faut que vous vous rappeliez que j'ai été placé ici très jeune. J'ai une vie heureuse. Je ne souhaite qu'une chose, pouvoir étudier encore plus, pour en savoir plus. Je n'apprécie pas particulièrement les études, vous comprenez, mais j'aime savoir, et donc je persévère. La connaissance est un élément important, non pas pour être meilleur qu'un autre, mais pour rendre la vie plus heureuse. La sagesse est une aide et un atout précieux, à tous les âges. »

J'ai remarqué le titre d'un livre qu'il était en train de lire, *L'Art de penser*, un gros ouvrage qui retrace les bases de la philosophie européenne, m'a-t-il expliqué. Il lui avait été recommandé par un professeur parisien qui s'intéresse à lui. « C'est un bon livre », commenta-t-il. Il lit aussi beaucoup de littérature française et anglaise, ainsi que de nombreux textes sur les mathématiques.

Par la suite, un résident qui se trouvait au monastère depuis plusieurs années m'a dit que Trinley Toulkou était en effet très brillant.

« Lorsqu'il est venu ici et qu'il était encore petit, il était très chahuteur, incontrôlable. Mais le lama qui s'est occupé de lui ici est à la fois très fort et très bienveillant. Ces deux qualités réunies l'ont transformé. Il a dit qu'il nous fallait ignorer le toulkou et nous adresser à l'enfant. C'est une attitude très saine. Il avait besoin de cela, pas d'être vénéré.

« Mais dès le début, nous avons vu qu'il était très intelligent et extrêmement mûr. Il est aussi très dévoué au dharma, et les qualités bouddhiques de douceur et de bienveillance lui sont naturelles. Il les a toujours possédées. »

Enfin j'ai posé à Trinley la question que j'adresse à tous les toulkous occidentaux : sentait-il un lien quelconque avec son prédécesseur ? Sa réponse a été étonnamment ressemblante.

« Je ne pense pas être exactement la même personne. La vie est ainsi faite. Tout est en constante mutation. Par exemple, je ne vieillis pas à mon anniversaire. Mon vieillissement n'est pas visible au jour le jour, mais au bout de dix ans je paraîtrai plus vieux. Pourtant, chaque jour, à chaque seconde, je vieillis. Tout est impermanent. Même le "je" n'existe pas. La manière dont les choses existent est très complexe », me dit-il.

Je me suis rappelé les enseignements que j'avais reçus au cours des années : rien n'a d'existence inhérente et notre sens du « moi » est aussi non substantiel que tout le reste dans l'univers. Dans ce sens, ce que disait Trinley Toulkou était juste. Il ne pouvait pas être exactement le même que Khashap Rinpoché. Ce dernier était tout aussi éphémère que le jeune homme assis devant moi.

Il a continué : « Nous sommes tous mus par le karma, mais les toulkous naissent souvent pour aider les êtres sensibles. Ils ne renaissent pas uniquement par la force de leur karma. »

C'était tout ce qu'il acceptait de dire, mais c'était suffisant. Il faisait allusion au contenu des textes sacrés : le bodhisattva n'est pas obligé de revenir sur Terre payer des dettes et récolter les expériences semées au cours d'innombrables vies passées. Le bodhisattva a trouvé l'issue. La seule raison qui le motive à revenir dans ce monde de chagrins est l'aide et le service qu'il peut apporter à autrui.

J'avais été autorisée à pénétrer dans le monde intensément privé de Trinley Toulkou, et j'étais reconnaissante de l'aperçu qui m'en avait été donné. Alors que je m'apprêtais à redescendre vers la vallée dans une voiture tout aussi imprévisible que la première, ce rinpoché doux et serviable, au très grand sens des responsabilités et au large sourire, m'a fait un geste d'adieu. Je me suis demandé ce qu'il ferait de sa vie si un jour il quittait sa montagne.

9

DR DENNING

La première fois que mon attention a été attirée par le Dr Hazel Denning, j'étais à Sydney, un après-midi paresseux ; j'avais allumé la télévision et vu Oprah Winfrey, l'animatrice américaine, diriger un débat houleux au sujet des vies antérieures. Parmi ses invités se trouvait une femme d'un âge certain, intelligente et extrêmement éloquente, bardée de titres et de diplômes, qui avait fondé l'Association for Past-Life Research and Therapies (Association de recherche et de thérapies sur les vies antérieures). En tant que pionnière de ce type de travail, elle avait parcouru le monde pour animer conférences et séminaires.

En dehors du fait qu'elle parlait avec une lucidité et une intégrité impressionnantes des vies passées et de leur impact sur le temps présent, le Dr Denning m'intéressait aussi en sa qualité de psychologue clinique hautement qualifiée. Sa contribution documentée à mon dossier, de plus en plus épais, sur la réincarnation et ses implications dans la vie occidentale moderne serait pour moi, pensais-je, d'une valeur inestimable.

Je n'ai pas été déçue. Dans un petit aéroport de Californie du Sud, une femme mince, droite et vive est venue à ma rencontre. Malgré son âge avancé (elle était octogénaire), elle m'a conduite avec une assurance désarmante à Riverside, capitale des oranges californiennes, où elle vit et a installé ses quartiers généraux. Sur les murs de sa villa se trouvaient les nombreux certificats et diplômes qu'elle avait obtenus au cours de sa longue vie de recherche : les deux doctorats d'études approfondies (« PhDs »), les maîtrises, et de nombreux documents proclamant sa compétence dans les domaines de l'hypnose et de la parapsychologie.

Pendant les deux jours que j'ai passés avec elle, le Dr Denning m'a décrit son travail et m'a dit comment elle en était venue à le faire.

« Depuis que je suis toute petite, je recherche le "pourquoi" de tant de peines et de souffrances. Je n'accepte pas cette idée selon laquelle Dieu "nous les a simplement mises sur le dos". Cela n'a pas de sens pour moi. »

Elle avait une vingtaine d'années quand elle a lu son premier livre sur la réincarnation.

« Je me suis dit : "Oh! la la! j'ai trouvé les réponses que je cherchais!" J'étais complètement euphorique. J'ai pensé : "Enfin, j'ai trouvé une explication logique et cohérente à toutes ces inégalités."

« Mais au début j'avais encore quelques hésitations à accepter une telle théorie. J'ai donc lu tout ce que je pouvais trouver, pour voir si cette idée de réincarnation tenait. J'ai commencé par lire tous les anciens textes, ce qui m'a permis de découvrir qu'en fait toutes les grandes religions l'avaient enseignée. Même dans le christianisme, jusqu'en 533, date à laquelle l'empereur romain Justinien et sa femme Théodore l'ont mise hors la loi. Deux papes ont même été tués parce qu'ils cherchaient à la perpétuer! Il y a peu de gens qui savent cela. Ils ne savent pas non plus que les premiers Pères de l'Église tels qu'Origène et saint Augustin croyaient également à la réincarnation. Tous ceux qui affirment que la réincarnation est contraire au christianisme ne savent donc tout simplement pas de quoi ils parlent!

« Ensuite j'ai lu que certains des plus grands esprits de tous les temps croyaient aussi à la réincarnation, des penseurs comme Platon, Aristote et Socrate, des hommes tels que Henry Ford, Gladstone, Thomas Edison, le général Patton, et beaucoup d'autres. Tout cela m'a beaucoup aidée à accepter l'idée », dit-elle.

Ce n'était plus qu'une question de temps avant que le Dr Denning n'inclue sa vaste étude de la réincarnation dans sa pratique de psychothérapeute qualifiée, pour aider ses patients à se sentir mieux.

J'avais une question brûlante à lui poser : comment conciliait-elle les deux aspects apparemment opposés de sa vie professionnelle, la psychothérapie conventionnelle et les régressions dans les vies antérieures ? Comment parvenait-elle à concilier la règle psychothérapeutique actuelle qui considère que ce sont des événements dans *cette vie-ci* qui sont la cause principale de nos problèmes, avec les lois anciennes du karma, selon lesquelles nous portons tout en nous ? Ces questions, je devais l'avouer, me dérangeaient encore.

« Je n'ai jamais cru que l'environnement soit le facteur le plus important dans le comportement des gens, ce qui ne veut pas dire que le milieu n'ait aucune influence, bien sûr ! affirma-t-elle catégoriquement. Je crois que le but de la vie, ici sur Terre, est l'évolution spirituelle. Lorsque nous arrivons dans cette vie, nous avons des aspects de nous-mêmes sur lesquels nous devons travailler, des problèmes que nous n'avons pas résolus dans nos vies précédentes. Un enfant peut arriver avec de la colère ou de la joie, et les événements qui se produisent dans sa vie peuvent modifier ce qui est déjà là. Disons les choses ainsi : je crois que la destinée ou le but d'une personne n'est pas modifiable, mais les parents et l'environnement peuvent rendre son travail plus facile ou plus difficile. »

Hazel Denning a passé son certificat d'hypnothérapeute, ce qui lui donnait le moyen de faire revivre aux gens leurs vies passées. Elle a été aussi méticuleuse dans ce travail qu'elle l'est dans sa quête d'authenticité, dans tout ce qu'elle entreprend. Elle ne voulait pas exercer la moindre manipulation sur la conscience de ses patients.

« Autrefois on nous enseignait la suggestion post-hypnotique. Vous savez, des phrases comme : "Vous n'allez pas manger. La nourriture vous dégoûte", et je me refusais à le faire. C'était complètement contraire à mes principes. J'ai découvert un moyen d'utiliser ces méthodes sans être obligée de recourir à une telle manipulation. Je préfère d'ailleurs le terme d'"état modifié" à celui d'"hypnose" », expliqua-t-elle.

En 1980, elle a fondé l'Association for Past-Life Research and Therapies, et depuis cette époque elle a observé le mouvement se développer et dépasser ses espérances les plus folles, l'intérêt et la croyance en la réincarnation gagnant sans cesse du terrain. Elle a affirmé sans ambages que la thérapie tenant compte des vies passées est l'un des outils de transformation les plus efficaces et les plus puissants disponibles actuellement dans les domaines de la médecine intégrative (qui vise à traiter la personne dans son ensemble, corps et esprit) et de la psychologie.

« Notre expansion a été très rapide, non seulement ici mais également outre-mer. On m'a invitée à parler de la réincarnation à plusieurs occasions, aussi bien en Asie qu'à l'université d'Utrecht en Hollande, l'une des plus anciennes universités du monde, et l'une des premières à posséder un département de parapsychologie », affirme-t-elle.

Aux États-Unis, les gens qui viennent la voir appartiennent à toutes les couches socioprofessionnelles. Elle utilise un mélange de thérapie traditionnelle et de régressions dans les vies antérieures. « Lorsque la thérapie normale ne résout pas le problème, alors un rapide retour dans le passé fait généralement l'affaire », dit-elle. Ses clients couvrent un large éventail de la société américaine. « J'ai des pasteurs, des hommes d'affaires, beaucoup d'enseignants, des militaires, des femmes et des hommes ordinaires. Ce que beaucoup d'entre eux veulent savoir, c'est : "Quel est le but de ma vie ? Qu'est-ce que je fais ici ? Pourquoi suis-je venu ici cette fois-ci ?" »

La grande majorité de ceux qui viennent la voir ont entre trente et quarante ans, bien qu'elle ait régressé une fois un enfant qui n'avait que neuf ans.

« C'était une fille. C'était elle-même qui avait demandé à me voir, et elle avait obtenu la permission de ses parents. Elle était exceptionnellement mûre. Elle est venue parce qu'elle voulait comprendre pourquoi elle avait peur du sang. À peine avons-nous commencé qu'elle s'est vue sous l'apparence d'un vieil homme, très faible et tremblant sur son lit de mort. Elle semblait être en train de mourir d'une crise cardiaque. Puis elle s'est arrêtée et m'a dit : "Non, je meurs d'avoir eu le cœur brisé." Elle a continué et a décrit comment l'homme qu'elle avait été dans sa vie précédente avait invité sa femme à dîner. Pendant la soirée, un homme était entré dans le restaurant avec un fusil et avait tiré sur plusieurs personnes, dont sa femme. Elle a vu sa femme mourir dans une mare de sang, et elle a transporté avec elle dans cette vie ce souvenir horrible, ainsi qu'un sentiment de culpabilité insoutenable, se reprochant de n'avoir pas pris suffisamment soin d'elle », m'a raconté le Dr Denning.

Ses affirmations, qu'elle énonce clairement et avec une autorité considérable, proviennent de milliers d'heures, littéralement, passées à écouter les témoignages de ses patients revivant les drames de leurs vies passées. Elle m'a « régalée » d'innombrables histoires de personnes qui avaient été transformées par son travail, et des théories qu'elle avait pu développer par la suite. Notre conversation me parut des plus instructives et très intéressante.

VM : Pourquoi les gens renaissent-ils ?

HD : Quand j'induis un état de conscience modifiée chez quelqu'un, si cette personne a un problème dans sa vie actuelle, je lui demande de revenir avant sa naissance et de voir pour quelles raisons elle a choisi ses parents, plutôt que d'autres, et dans quel but elle est revenue. Au cours des années, la réponse a presque toujours été la même, c'est-à-dire : « Je ne souhaite pas vraiment revenir. Rentrer dans un corps, c'est comme aller en prison. C'est un espace vraiment confiné. » Je lui dis alors : « Pourquoi revenez-vous, alors que personne ne vous y oblige ? » Et la réponse est toujours : « Parce que la Terre est une école où nos personnalités doivent apprendre des leçons. Si je veux évoluer spirituellement, je dois revenir. Et je souhaite vraiment grandir spirituellement. » Ce sont les réponses typiques que me donnent mes patients lorsqu'ils se trouvent dans des états de conscience modifiée.

VM : D'après ce que votre expérience vous a appris, combien de fois revenons-nous sur Terre ?

HD : Autant de fois qu'il nous faut pour apprendre les leçons qui sont les nôtres. Même dans cette vie-ci, il faut parfois des années avant que les gens saisissent le sens de leurs problèmes.

« J'ai reçu une femme, par exemple, qui, la première fois qu'elle est venue me voir, m'a dit : "Je suis ici pour apprendre à aimer." En tant que psychologue, comment pourrais-je enseigner à quelqu'un comment faire pour aimer ? Affirmer que c'est en donnant de l'amour qu'on en reçoit ne constitue pas vraiment une aide efficace.

« J'ai travaillé avec cette femme pendant dix-huit ans, avant qu'elle comprenne finalement. Cela ne s'est pas fait sans interruptions. Plusieurs années s'écoulaient parfois avant que je la revoie. Entre-temps elle s'est mariée, puis elle a vécu avec quelqu'un, puis elle s'est remariée, et a vécu cinq ou six fois avec des personnes différentes ! Elle m'a appelée un jour et m'a dit qu'elle ne pouvait plus tenir. Elle allait venir tous les jours jusqu'à ce qu'elle trouve la réponse. Elle s'est enfin vue en Grèce, une petite fille de quatorze ans environ : elle était tombée amoureuse d'un garçon qui travaillait près de chez eux. Son père, qui était très riche, l'a appris et il est devenu furieux. Il a envoyé le garçon sur une île et a vendu sa fille à un homme plus âgé. Elle était tellement en colère et déprimée qu'elle s'est suicidée. En mourant elle a dit : "Jamais, jamais, jamais plus je n'aimerai qui que ce soit."

« J'ai découvert en faisant ce travail que la dernière pensée que nous avons en mourant, si elle est négative, est celle avec laquelle nous revenons. Si nous mourons avec un sentiment de rage, par exemple, pleins de haine et de ressentiment, alors quand nous revenons, c'est là-dessus que nous devons travailler.

« Après sa découverte, cette femme a rencontré un très bel homme, elle l'a épousé et ils ont eu deux enfants merveilleux. À ce jour elle est encore mariée et affirme n'avoir jamais rêvé autrefois pouvoir être si heureuse.

« Suite à ce cas, j'en suis arrivée à la conclusion que certaines personnes ne sont pas prêtes à résoudre leurs problèmes immédiatement. Elles doivent vivre beaucoup de difficultés avant d'être prêtes à émerger avec la réponse. J'ai aussi appris qu'on ne peut pas se duper soi-même. À moins de trouver ce qui se passe vraiment, rien ne peut marcher. Souvent je dois revenir encore et encore avant de trouver ce que j'appelle la question-noyau, qui est la clé du problème.

VM : Les sceptiques vous diront que vos patients invoquent des images et des histoires de leur subconscient pour expliquer et justifier leurs souffrances et leurs malheurs.

HD : Alors pourquoi la psychothérapie ne fonctionne-t-elle pas avec ces personnes ? Car le fait est qu'elle n'arrive à rien. J'ai eu de nombreux patients qui avaient suivi une psychothérapie pendant plusieurs années, et leurs problèmes n'avaient pas diminué le moins du monde pour autant. Et s'ils étaient assez forts pour inventer tout cela, ils auraient réussi à résoudre leurs problèmes depuis longtemps, cela me paraît évident.

VM : Pensez-vous que nous choisissons activement le genre de vie que nous vivons ?

HD : Tout à fait ! Je vais vous raconter une histoire qui va vraiment vous faire dresser les cheveux sur la tête. Une femme est venue me voir, et elle a dit : « Ma mère est en train de mourir, mon père est déjà mort, et ils ont tous deux abusé de moi sexuellement quand j'ai eu trois ans et jusqu'à l'âge de treize ans. » Elle est immédiatement entrée dans un état de conscience modifiée, et elle a commencé à revivre son traumatisme. Elle s'est mise à crier : « Papa, s'il te plaît, arrête de me faire mal, papa ! » Elle a continué en disant : « Je ne veux pas que ma mère meure sans que je lui aie tout pardonné, mais ça m'est vraiment très difficile parce que je les hais tous les deux. »

« Maintenant il faut dire que si quelqu'un veut pardonner, se libérer de sa haine, c'est qu'il a déjà atteint un niveau d'évolution spirituelle assez avancé, et peut donc être aidé. Par contre, si quelqu'un vous dit : "Surtout ne me parlez pas de pardonner à ces salauds, je ne leur pardonnerai jamais, je les déteste", alors cela ne sert à rien d'insister. Il n'est pas encore prêt.

« Avec cette femme, je me suis dit : "Comment pourrais-je aider quelqu'un à pardonner à des parents qui lui ont fait *ça* ?" Mais elle est revenue dans une vie passée et elle a vu qu'elle avait été un enfant en Allemagne, un enfant de la rue, qui avait tué un autre enfant et qui avait été emmené à Auschwitz pour s'assurer que les bébés en train d'être tués dans le camp étaient vraiment morts. Au début, ce travail ne le dérangeait pas, mais au bout du compte il n'a pas pu le supporter, il a essayé de s'enfuir et il a été fusillé.

« Elle a dit : "Quand je suis revenue, j'ai décidé de choisir des parents qui abuseraient de moi pour pouvoir me débarrasser de mon karma plus rapidement." Elle a ajouté qu'elle devrait les remercier tous les deux d'avoir été des instruments grâce auxquels elle pourrait payer ses dettes karmiques.

VM : Avez-vous déjà essayé de vérifier les récits de vies passées que vous avez entendus ?

HD : J'ai vérifié chaque fois que j'ai pu. Il y avait une femme qui avait une obsession étrange au sujet de ses enfants et des attractions foraines. Elle était catégorique : ils devaient éviter d'y aller. En même temps elle savait que son attitude n'était pas rationnelle. Entrée dans un état de conscience modifiée, elle a régressé jusqu'à une époque où elle avait été la « femme obèse » d'une attraction foraine, une expérience qu'elle avait détestée. Elle a donné le nom de la femme et de la ville où cela s'était produit. Il se trouvait qu'un homme du même groupe connaissait la région en question, et il s'est proposé d'aller vérifier la prochaine fois qu'il s'y rendrait. En effet, au début du siècle, il y avait eu une femme obèse portant ce nom-là dans le cirque qu'elle avait nommé. D'ailleurs, cette femme avait aussi dans sa vie actuelle un problème d'obésité.

« Il y a aussi eu une femme qui s'est rappelé avoir coulé avec le *Titanic*. Elle était alors femme d'affaires. Elle a pu savoir comment elle s'appelait à l'époque, et par la suite elle a consulté les registres officiels de la croisière fatale. Son ancien nom s'y trouvait bel et bien. Cela lui a fait un effet très étrange.

« En dehors de ces vérifications d'ordre matériel, la meilleure preuve est que les récits de mes patients semblent "correspondre", et que lorsqu'ils font la découverte de ces souvenirs cachés, celle-ci peut déclencher chez eux une véritable transformation.

VM : Est-ce qu'il peut arriver que les gens se sentent plus coupables que soulagés en voyant les actions négatives qu'ils ont commises dans des vies antérieures ?

HD : Pas lorsqu'ils comprennent le processus et l'objectif. Je leur explique que ce n'est pas ce qui leur est arrivé qui compte, cela en soi n'a pas d'importance. La seule chose qui compte vraiment, c'est ce qu'on a pu apprendre. Je crois que tel est le principe.

« J'ai eu un cas particulièrement intéressant. Une femme est venue à mon cabinet. Elle s'est assise et a commencé à frapper les bras de sa chaise en criant de toutes ses forces : « Je déteste Dieu ! Jésus-Christ est un imposteur ! J'ai tout fait. J'ai suivi des thérapies. J'ai lu la Bible du début à la fin. Mais rien ne me réussit. » Tout allait de travers dans sa vie, bien qu'elle soit tout à fait capable. Elle avait monté des affaires, mais celles-ci s'étaient effondrées. Son mariage était un désastre. Physiquement, on l'aurait crue beaucoup plus vieille qu'elle ne l'était. Son médecin lui avait même dit que son corps avait vingt années de plus que son âge réel.

« Nous nous sommes mises au travail. Elle a fini par se voir comme un cardinal pendant l'Inquisition, qui faisait supplicier des gens. Cela était profondément perturbant pour elle. Elle savait que c'était mal, mais c'était ce que l'Église réclamait. Je lui ai demandé de voir la raison pour laquelle elle s'était retrouvée dans le rôle d'un instrument puissant de l'Inquisition, et elle a répondu, à sa grande surprise : "C'était pour réformer l'Église catholique qui était extrêmement corrompue. Telle était la responsabilité qui m'avait été donnée." J'ai découvert au cours des années qu'une grande partie des choses horribles que font les gens ont un but.

VM : Le karma devient une question particulièrement complexe si l'on commence à considérer les choses sous cet angle, n'est-ce pas ? Je veux dire, les personnes qui ont commis ce que nous pourrions appeler des actions malfaisantes sont-elles vraiment irréprochables, parce que l'on considère qu'elles se contentent de fournir à d'autres les moyens de payer leurs dettes karmiques ?

HD : Je crois que le système est si complexe et si parfait que nous répondons aux besoins les uns des autres. La manière la plus simple d'expliquer cela se pose en termes de sadisme et de masochisme. Vous savez très bien qu'une personne sadique doit absolument trouver un masochiste, c'est un besoin passionnel.

« En fait, la faute n'existe pas. Chaque expérience est une leçon. On se rend compte que l'on a été criminel dans une vie et victime dans une autre. Certaines personnes répètent le même cycle plusieurs vies de suite, jusqu'au moment où elles ont vraiment compris.

« Je crois que nous choisissons tout, y compris les vies douloureuses que nous subissons. Si nous parvenons à découvrir et à accepter dans quel but nous avons vécu les vies qui ont été les nôtres, alors les choses peuvent changer. Si une personne peut prendre ses responsabilités, elle peut relever presque n'importe quel défi. Je ne peux absolument pas aider des personnes dont la mentalité est centrée sur le reproche, ou qui n'ont pas suffisamment de force d'âme pour supporter le poids de leur propre responsabilité. Elles ne sont pas prêtes. En tant que thérapeute, il faut savoir le discerner.

« Au niveau le plus subtil, l'âme a connaissance de l'ensemble du processus, elle sait qui vous êtes, pourquoi vous êtes là, ce que vous avez fait, ce que vous allez faire, et tout le reste. Mais c'est la personnalité qui doit apprendre les leçons, pour une raison qui m'est inconnue. Ce n'est pas moi qui fais les règles. Je ne fais que les interpréter.

« Maintenant il y a des personnes qui choisissent de ne pas changer. Une femme, qui avait une très mauvaise vue et portait des lunettes vraiment épaisses, a vu qu'elle avait choisi d'avoir de mauvais yeux pour ne pas être aussi matérialiste et égocentrique et commencer à pratiquer l'introspection. Après cela, elle était satisfaite de sa quasi-cécité et ne souhaitait plus y renoncer.

VM : Est-ce que vous vous êtes rendu compte que les gens étaient toujours attirés vers les mêmes personnes, de vie en vie ?

HD : Oui. Et les rapports évoluent. Parfois les gens reviennent ensemble uniquement pour résoudre certaines difficultés. D'autres fois nous revenons seulement pour aider les gens. Je crois que certains grands martyrs ont choisi leur condition pour élever le niveau de conscience de l'humanité. Beaucoup de gens se font une idée fausse du karma, croient que ce n'est qu'une question de punition. Ce n'est pas du tout vrai. Il s'agit de cause et d'effet.

« Je connaissais une femme médecin, une personne adorable qui avait épousé l'homme le plus désagréable que j'aie jamais connu. Il n'arrêtait pas de la blâmer et de la critiquer. C'était incroyable à quel point il pouvait être cruel, sans le faire exprès. Elle s'était peu à peu éloignée de lui sur le plan affectif, mais elle ne pouvait se résoudre à le quitter. Un jour, elle a fait une régression dans une vie antérieure, et elle s'est vue rencontrer cet homme à une autre époque, une âme en perdition. Elle lui avait promis de l'épouser dans une vie future et de l'aider à se retrouver.

« Après cette expérience, elle a vraiment commencé à l'aimer, inconditionnellement. Elle avait des sentiments entièrement différents envers lui, et en un an c'était un homme transformé ; il l'accompagnait à l'église, il se déplaçait dans une voiture de sport rouge, il est devenu sympathique et a même acquis un certain sens de l'humour.

« J'adore cette histoire. Je m'en sers avec les femmes et les familles d'alcooliques qui tolèrent le buveur mais se sont repliées sur le plan affectif. Je leur dis : "Si vous parvenez à vous débarrasser de l'irritation dans votre voix, si vous pouvez vraiment éprouver à son égard des sentiments de bienveillance et les exprimer, alors il changera." Et j'ai connu certaines femmes qui ont eu suffisamment de force pour le faire.

VM : Y a-t-il une durée fixe entre la mort et la renaissance ?

HD : Certaines personnes reviennent en quelques heures à peine. Les personnes mortes sur un champ de bataille, par exemple, ne parviennent pas à supporter le fait d'avoir été brutalement privées de corps. Je crois que c'est la raison de l'accroissement de la population après les guerres. D'autres restent absentes pendant des siècles. Je pense qu'un grand nombre de personnes revenant maintenant ne se sont pas réincarnées depuis l'Atlantide, elles ont dû attendre le moment où leurs connaissances auraient une chance d'être acceptées. Elles sont revenues favoriser l'avènement des temps nouveaux.

VM : Avez-vous déjà rencontré des personnes ayant vécu sur d'autres planètes ou dans d'autres dimensions ?

HD : Cela m'est arrivé. Combien de personnes croient que la Terre est au plus bas sur l'échelle des planètes ! J'ai reçu certains clients qui affirmaient venir d'une autre planète. J'ai même reçu un homme qui écrivait en employant une autre forme d'écriture, et qui m'a ensuite traduit son texte. C'était très intéressant. Il venait d'une culture complètement différente. Il comprenait également le principe de simultanéité, selon lequel le passé, le présent et l'avenir coexistent dans l'instant présent. J'ai beaucoup de mal moi-même à comprendre cette notion.

VM : Avez-vous découvert certaines de vos propres vies antérieures ?

HD : Oui, tout à fait. Ma dernière vie a été très froide. J'étais la femme d'un diplomate en Angleterre, et la maîtresse de maison d'un de ces merveilleux domiciles où un grand nombre de domestiques s'affairent, où il y a beaucoup de réceptions, et ainsi de suite. Mais ma vie était dénuée d'amour. Au moment de ma mort, dans ma collerette en dentelle, avec tous mes domestiques qui marchaient sur la pointe des pieds autour de moi, je me rappelle avoir tenu la main de ma sœur et lui avoir dit : "Si je pouvais revivre ma vie, je ressentirais plus d'amour."

« Dans ma vie actuelle, j'ai perdu une sœur ; j'avais onze ans et elle en avait neuf. Je l'ai pleurée pendant deux ans. J'en ai eu besoin pour pouvoir ressentir à nouveau des émotions.

« Mon expérience la plus dramatique s'est produite un jour que je prenais ma douche. Depuis la classe de quatrième, j'ai eu des problèmes de foie. J'avais d'horribles crises hépatiques, accompagnées de maux de tête et de nausées insupportables. J'ai affreusement souffert. J'avais aussi un caractère exécrable. Adulte, j'ai subi deux ruptures de vaisseaux sanguins à la suite d'accès de rage. Parfois je me mettais tellement en colère que j'avais l'impression que le sommet de ma tête allait exploser ! Mais personne ne s'en rendait jamais compte, parce que je contrôlais mes émotions.

« Une fois, il y a à peu près dix ans, j'étais sous la douche, j'avais mal à la tête et j'ai dit, très fort et très distinctement : "Dieu, je veux savoir la raison de ces problèmes de foie. Pourquoi ai-je cette maladie ?"

« Cela a été instantané. Je me suis vue sur un champ de bataille : j'étais un croisé, je portais des gants et une lance me transperçait le foie. J'éprouvais une rage indicible d'être en train d'agoniser pour une cause à laquelle je ne croyais plus. Je haïssais ce que nous faisions, la destruction par le feu de temples magnifiques, mais je ne pouvais plus rien y faire. J'étais en train de mourir et je ne pourrais jamais plus voir ni ma femme ni mes deux fils. Je suis mort dans la colère, et mon foie est devenu le symbole de cette rage.

« Sous la douche, une petite voix m'a dit : "Voilà d'où vient ta rage." Je n'ai jamais plus eu de crise depuis. »

VM : Est-ce que votre croyance en la réincarnation vous a aidée à mieux vivre cette vie-ci ?

HD : Grâce aux connaissances que j'ai acquises, je n'ai jamais été obligée de porter le deuil. La dimension de l'au-delà est aussi réelle pour moi que celle-ci. Ma mère, mon mari et mon fils sont tous morts à intervalles très rapprochés dans le temps, et pourtant je ne les ai jamais pleurés. Le jour où mon fils est mort dans un accident de moto, je suis tout de même allée prononcer la conférence universitaire que j'avais prévue. Après mon discours, en apprenant les circonstances entourant ma prestation, un des professeurs présents s'est montré profondément choqué et s'est demandé comment j'avais pu agir ainsi. Je lui ai répondu : « Eh bien, selon vous il s'agit d'une tragédie, d'un drame horrible, mais ce n'est pas du tout mon avis. Et c'est cela qui fait toute la différence entre nous. »

« Je connaissais le passé de mon fils : il avait été moine dans ses trois vies passées, et il était venu cette fois-ci pour voir et découvrir le monde. Du coup, il avait vécu très dangereusement. Je savais qu'il ne souhaitait pas continuer à vivre ainsi, et qu'il a donc choisi de partir avant de commettre des actions irrémédiables. Tout en étant désolée de ce qui s'était passé, car j'avais des espoirs normaux pour son évolution, qu'il puisse être un bon citoyen et ainsi de suite, j'étais heureuse qu'il soit parti, parce que ses souffrances étaient vraiment trop insupportables.

« De même, mon mari est mort un matin pendant qu'il jouait au tennis. Lorsque j'ai appris cette nouvelle, je me suis rendue dans son bureau pour appeler sa famille : je n'ai jamais eu d'expérience plus transcendante de toute ma vie. La pièce tout entière s'est éclairée, elle était remplie d'énergie. J'avais la chair de poule et je me sentais euphorique. Complètement euphorique. J'avais l'impression qu'il m'enveloppait de son amour et qu'il me disait : "Chérie, j'ai fait exactement comme je le souhaitais." Cette fois-là encore, j'ai participé à une réunion de direction le soir même. À la fin de l'ordre du jour, j'ai dit à tout le monde ce qui était arrivé : tous étaient consternés. J'ai été obligée de passer parmi eux pour les consoler.

« Je peux aider les gens à faire leur deuil, mais leur excès de chagrin m'attriste. Lorsque cela se produit, il y a souvent un sentiment de culpabilité latent.

VM : Ce que vous dites, c'est que rien n'arrive par hasard. Croyez-vous qu'en fin de compte tout cela va dans un sens positif?

HD : Absolument. Oui, absolument! Je crois que c'est le plan divin. Je crois que nous sommes littéralement Dieu qui S'exprime. Je ne crois pas que nous soyons séparés de Dieu, ni que nous soyons en dehors de Dieu, ou qu'Il est en dehors de nous quelque part d'où Il nous téléguiderait. Je crois que Dieu (ou quelle que soit la Source de ce vaste et merveilleux univers) souhaite S'exprimer, dispersé en une myriade d'étincelles créatives et intelligentes. Je crois que nous sommes à Dieu ce qu'est la goutte à l'océan. Je crois que la conscience est un merveilleux don qui nous a été fait pour nous permettre d'être créatifs, un cadeau que nous avons prostitué, sali, détruit en oubliant nos capacités réelles. À l'époque actuelle, nous sommes en train d'y revenir.

Cet entretien m'avait remplie d'enthousiasme, comme tous ceux que j'avais pu avoir avec les « gourous » occidentaux de la réincarnation. Les ouvertures dont j'avais bénéficié grâce à Hazel Denning et aux autres chercheurs sur les vies antérieures confirmaient une grande partie des enseignements prodigués par les lamas orientaux. Les détails sur le « retour » diffèrent légèrement, mais les principes fondamentaux m'ont frappée par leur remarquable similitude. Réduites à ces principes de base, les conclusions occidentales confirment exactement ce que Lama Yeshe et Lama Zopa m'avaient affirmé sous cette tente à flanc de colline près de l'Himalaya : la vie continue après la mort ; la forme qu'elle prend est façonnée par les actes et les intentions posés au cours des vies précédentes ; l'état dans lequel nous nous trouvons au moment de la mort du corps est d'une importance primordiale ; nous rencontrons à nouveau des personnes avec lesquelles nous entretenons des rapports « karmiques » ; nos expériences douloureuses proviennent en fin de compte de nous-mêmes ; il n'y a aucun blâme à exercer, et nous sommes, sans aucun doute, les auteurs de nos propres vies.

10

LAMA OSEL

Mais qu'en était-il de Lama Osel, le plus célèbre de tous les toulkous d'Occident ? La dernière fois que je l'avais vu remontait à 1988, sur les marches du gompa de Kopan, au moment où je peaufinais mon livre le concernant, lui et sa précédente incarnation du nom de Lama Yeshe. Il n'avait que trois ans à l'époque ; il m'a annoncé très clairement qu'il allait quelque part où il y avait de grandes montagnes et des vaches, « très, très loin ». Je n'avais pas la moindre idée de ce dont il pouvait parler. Personne n'avait prévu pour lui un quelconque voyage. S'agissait-il d'un fantasme ou des effets d'une imagination débordante ? En fait, quelques semaines plus tard le gouvernement népalais a annulé les visas de tous les étrangers vivant au Népal, et Lama Osel, qui est natif d'Espagne, a été obligé de partir sur-le-champ. Il s'est rendu à Dharamsala au nord de l'Inde, ancienne villégiature du Raj britannique devenue le siège du Dalaï-Lama et de son gouvernement en exil, ainsi que d'une population foisonnante de réfugiés tibétains. En termes de temps de voyage dans le sous-continent indien, la distance à parcourir était en effet très grande. Avec les puissantes montagnes de l'Himalaya en toile de fond, et de nombreuses vaches circulant un peu partout, il est apparu clairement que Lama Osel avait eu la prémonition de son nouveau domicile.

Dès les premières années de sa vie, cet enfant remarquable a été reconnu par le Dalaï-Lama et Lama Zopa

Rinpoché comme la réincarnation de Lama Thubten Yeshe. Il a été examiné de près par tous les experts du bouddhisme tibétain, a subi les tests traditionnels auxquels sont soumis les toulkous potentiels : il les a tous réussis haut la main. Dès l'âge de deux ans, il a été intronisé avec autant de pompe et de cérémonial qu'un monarque britannique, et il a pris sa place de chef spirituel comptant parmi les plus importants et les plus remarquables de notre époque. Dès lors les anciens disciples de Lama Yeshe et un nombre croissant de « profanes » ont pu observer l'enfant lama espagnol en détail, cherchant chez lui aussi bien des signes d'authenticité que la moindre faille.

Lama Osel a été mis en avant comme l'exemple le plus frappant de la réincarnation dans notre société. Tandis que les autres toulkous occidentaux s'acquittaient tranquillement de leurs missions, Lama Osel semblait avoir un rôle terrestre d'une autre dimension. Il symbolisait vraiment le visage de la réincarnation, connu du grand public, sous le feu des projecteurs pratiquement depuis le jour de sa naissance. Il a accepté son rôle avec une aisance extraordinaire. Depuis sa plus tendre enfance, dès que sa véritable identité a été révélée, il a fait face au public, à la presse, aux foules et aux disciples avec une grâce et un détachement de toute évidence naturels.

J'ai réfléchi au fait que Lama Yeshe a été sans aucun doute l'un des premiers et des plus importants missionnaires bouddhistes tibétains en Occident. Son habileté exceptionnelle à transmettre l'antique sagesse de sa religion en termes occidentaux, alliée à sa personnalité charismatique, avait inspiré un immense nombre de fidèles et en fin de compte une organisation mondiale. Il était normal, par conséquent, que sa réincarnation soit également une personnalité aussi influente, sociable, à l'aise en public, et prête à faire connaître son message sur une grande échelle.

Je trouvais cependant que le fardeau était assez lourd à porter pour une personne si jeune, et je m'inquiétais parfois du rôle joué par mon livre dans sa célébrité. Avais-je bien fait? J'ai posé la question à Lama Zopa Rinpoché : Était-ce une bonne chose pour lui? Lama Zopa m'a répondu que cette notoriété fait partie de sa mission actuelle, dans cette incarnation.

Quelque peu rassurée, j'ai continué à suivre à la trace ce jeune lama qui parcourait la planète pour rendre visite à ses anciens disciples, démontrant, par sa seule prestance, comment cet extraordinaire et nouveau phénomène des toulkous réincarnés en Occident fonctionne. Ma rencontre suivante avec Lama Osel s'est déroulée à Pomaia, une ville blottie dans les collines toscanes, où les disciples italiens de Lama Yeshe ont fondé un centre. L'Instituto Lama Tsong Khapa est installé dans une grande villa imposante et, à l'été 1989, il était rempli de visiteurs venus écouter les enseignements de Lama Zopa et attendre l'arrivée de Lama Osel. Un an s'était écoulé, et Lama Osel avait changé, physiquement : il avait perdu cet embonpoint du nouveau-né qui rappelait les formes un peu rondes de Lama Yeshe; il avait minci et grandi.

Sa vie devenait plus sérieuse. Lama Osel avait un travail à faire dans cette vie, celui de transmettre le saint dharma du Bouddha en Occident, et la formation qu'il recevait pour cette tâche redoutable commençait à s'intensifier. C'est à Dharamsala que sa trajectoire a démarré, au moment où Sa Sainteté le Dalaï-Lama lui a enseigné les premières lettres de l'alphabet tibétain. Cette action a fait du grand homme le gourou-racine de Lama Osel, car, selon les croyances tibétaines, la personne qui vous donne les moyens de comprendre le précieux dharma est le fondement de tous vos succès. À cette époque, Osel recevait également les enseignements quotidiens de Lama Zopa Rinpoché et d'un moine de haute stature extrêmement élégant nommé Yangste Rinpoché, acclamé comme la réincarnation d'un des anciens maîtres d'école de Lama Yeshe. Lama Osel manifestait un grand dévouement envers ce jeune homme d'une grande douceur. Tout compte fait, la somme du talent spirituel mis en œuvre pour éduquer Lama Osel était vraiment impressionnante.

Il avait maintenant quatre ans, et sa maturité s'affirmait. Il était bilingue espagnol-anglais et recevait des leçons quotidiennes de tibétain, sur les rudiments de l'écriture et du langage. Maria, sa mère, en compagnie de certains de ses enfants, avait fait la route d'Espagne en Italie pour revoir Lama Osel. Nous nous sommes faufilées ensemble jusqu'à la pièce où Basili Llorca, son précepteur, lui donnait ses leçons quotidiennes de prières tibétaines, et nous avons attendu juste à l'extérieur de la porte ouverte. Lama Osel nous tournait le dos et paraissait absorbé par son travail. Nous avons observé et écouté Basili réciter les versets de prières que Lama Osel devait apprendre par cœur. L'enfant a prononcé quelques mots, puis s'est arrêté. Patiemment, Basili a répété les versets. Encore une fois, Lama Osel a buté au même endroit. Cela s'est répété plusieurs fois de suite, et à ce moment-là Osel a levé son poing et s'est frappé la tête plusieurs fois de suite, affirmant avec détermination : « Je dois me rentrer ça dans la cervelle. »

Maria et moi nous sommes regardées, surprises. Aucune contrainte n'était utilisée. Il s'agissait d'un très petit garçon déterminé à apprendre une prière difficile dans une langue étrangère. L'empressement venait de lui. Il a répété les mots tibétains plusieurs fois de suite, inlassablement, essayant d'obtenir la bonne prononciation. Cela ne l'ennuyait pas, il n'était pas frustré non plus, simplement calmement décidé à maîtriser la tâche en cours. Il s'est retourné, a vu sa mère, a souri, et s'est instantanément remis à son travail. Il ne l'avait pas vue depuis plusieurs mois, certes, mais sa leçon passait avant le reste. Sa puissance de concentration, comme toujours, était remarquable.

Maria m'a fait observer qu'elle était surprise de voir son jeune fils prendre ses études tellement au sérieux. « Il est inhabituel de voir un enfant de son âge avoir tellement à cœur d'apprendre », dit-elle. C'était vraiment très touchant.

Que Lama Osel reçoive une assistance si assidue d'un tuteur a soulevé dans mon esprit les questions vitales habituelles : si Lama Osel est vraiment la réincarnation de Lama Yeshe, pourquoi devrait-il apprendre à nouveau les mêmes prières ? J'eus plus tard l'occasion de poser la question à un lama réincarné particulièrement élevé, Ribur Rinpoché, qui avait été à une époque l'abbé de quinze monastères au Tibet. Puis les Chinois l'avaient emprisonné pendant quinze ans environ, et l'avaient torturé des mois entiers, sans fin, les mains attachées dans le dos nuit et jour. On raconte que, malgré ces terribles conditions, il est resté serein du début à la fin de l'épreuve, et qu'il a même remonté le moral à ses compagnons de cellule. Il semblait être la personne indiquée pour répondre à mes questions sur les complexités du fonctionnement psychique.

« Si les lamas réincarnés ont développé leur esprit à un tel degré, pourquoi ne renaissent-ils pas en possession des mêmes facultés ?

— Il faut comprendre, me dit-il, qu'ils n'ont pas l'Illumination dès leur naissance. Ils arrivent comme des êtres ordinaires, et dépendent donc de l'aide d'un instructeur. Ils sont tous dans le même cas, y compris le Dalaï-Lama. Ils doivent se former, ils doivent faire ressortir leurs qualités. C'est très important. Les toulkous reviennent grâce à la puissance de leur bienveillance et de leur amour, de leur compassion et de leur altruisme, tandis que les êtres ordinaires renaissent sous la pression du karma. Cela signifie qu'ils reviennent uniquement pour le service des êtres vivants. Comme il s'agit d'un nouveau départ, ils ne débutent pas dans l'état d'Illumination, car ils doivent montrer, par l'exemple, comment une personne doit se former. »

L'ultime critère d'évaluation de l'œuvre de Lama Osel sera les bienfaits prodigués à ses semblables. Après tout, nous a-t-on dit, c'est dans ce seul but qu'il est né.

Malgré son jeune âge, il montrait les signes d'une bienveillance et d'une attention hors du commun. Ces qualités étaient perceptibles avant même qu'il marche, quand il bénissait de l'onction d'une pommade mes piqûres de moustique, ou s'inquiétait du sort des animaux voués à l'abattoir. Cette sollicitude n'a pas diminué, bien au contraire. Peu après son arrivée, Maria lui a dit que son frère, l'oncle d'Osel, était hospitalisé en Espagne. Cette nouvelle a eu sur Lama Osel un effet presque électrique. Il a arrêté ce qu'il était en train de faire, il s'est rapproché de Basili, lui a tiré vigoureusement la manche en lui disant qu'il voulait partir immédiatement ! Il avait besoin d'aller à Valence voir son oncle et prier pour lui. Basili eut beaucoup de mal à le persuader que cela était impossible. Plus tard, j'ai appris qu'Osel voulait toujours se rendre auprès des personnes malades.

Pendant les quelques jours suivants, j'ai trouvé Lama Osel de plus en plus conscient du rôle qu'il avait à jouer dans la vie. Quand il était bébé, il s'était déjà glissé naturellement, presque automatiquement, dans la fonction d'un petit lama ; mais maintenant il en prenait conscience. Il souriait constamment aux gens de son entourage, très sincèrement. Il arrêtait ses activités du moment pour accueillir les nouveaux venus et les bénir. Ses arrivées et ses départs en voiture s'accompagnaient toujours de grands gestes de salut et d'adieu, comme ceux d'un enfant royal, auguste et bien élevé. Il posait avec grâce pour des photos chaque fois qu'on le lui demandait. Il faisait circuler avec joie le thé et les biscuits s'il recevait des visiteurs dans sa chambre. En fait, il ressemblait en tout point à Lama Yeshe, chaleureux, accueillant, prévenant, ouvert et communicatif, se mettant à la portée de tous, partout et chaque fois qu'il le pouvait.

Mais l'évolution la plus intéressante, de mon point de vue, était qu'il assumait de plus en plus son rôle de chef. Alors que jusque-là il s'était satisfait de jouer avec d'autres ou tout seul, il organisait maintenant les jeux et rassemblait les jeunes du centre autour de lui. Ils affluaient tout naturellement, attirés par son magnétisme et son sens de l'amusement contagieux. C'était incontestablement lui le « chef ». Nous trouvions-nous en présence de sa nouvelle génération de fidèles ? L'un de mes souvenirs les plus éloquents de cette époque est celui de Lama Osel remplissant une charrette de petits enfants puis, aidé par les plus grands qui poussaient par-derrière, tirant la charrette d'un bout à l'autre de la propriété en leur faisant tous entonner le mantra le plus célèbre du Tibet, « Om Mani Padme Om », « Hommage au Joyau dans l'écrin du Lotus », qu'ils claironnaient tous à tue-tête !

Sa précocité spirituelle a toujours été évidente. Un après-midi il saisit la médaille de Chenrezig*, le Bouddha de la Compassion, que sa mère portait au cou. « Enlève cela, ordonna-t-il. Ce n'est pas béni. Il n'y a que les bouddhas qui peuvent le bénir », dit-il en mettant la médaille sur l'autel devant ses statues de Bouddha. Comment savait-il que le bijou n'avait pas été consacré ?

Il a manifesté la même précocité au cours de la puja, cette longue cérémonie religieuse ritualisée, qui s'est tenue pour rendre hommage à Osel dans sa fonction de gourou. Comme toujours, Osel était étonnamment à l'aise sur le trône pendant les quelque trois heures de durée du rituel, vêtu des plus beaux atours d'un lama de haut rang, et il observait Lama Zopa Rinpoché du coin de l'œil pour savoir à quels moments jouer du damarou et de la cloche. Il arborait un large sourire de temps à autre en direction de certains moines et faisait des clins d'œil à d'autres (un tour récemment appris), alliant comédie et spiritualité comme le faisait Lama Yeshe. Il se balançait d'avant en arrière sur son coussin, suivant un rythme ressenti intérieurement tout en récitant les prières tibétaines qu'il avait apprises. Il essaya avec beaucoup d'attention de faire tous ces moudras* compliqués, tentant de remplir son rôle avec une sincérité touchante.

Lorsque les moines et les moniales sélectionnés se sont levés pour lui faire l'offrande d'aliments et d'encens, j'ai pu observer chez lui une transformation très profonde. Tout son maintien a changé. Un air de sérénité exquise s'est dégagé de lui. L'ambiance de la pièce s'est chargée d'une immobilité tangible alors que, les yeux tournés vers le bas et émanant une aura de sagesse antique étrange dans un corps si jeune, Lama Osel écoutait les requêtes chantées par les moines et les moniales debout, qui lui demandaient de vivre longtemps et d'aider tous les êtres sensibles. Nous étions en Italie en 1989, mais pendant quelques minutes il a semblé que nous étions « entrés dans le moment éternel au-delà du temps », selon les termes de T. S. Eliot.

Puis l'instant est passé. La puja était finie. Lama Osel a bâillé très fort, s'est levé de son trône et, avec un poing fermé au-dessus de la tête, il a fait le salut de la victoire à Pende, le moine américain qui lui avait enseigné le base-ball. Tout était revenu à la normale.

Plus tard, en feuilletant l'album de photos, j'ai eu un aperçu de la vie très inhabituelle menée par Lama Osel au cours de l'année qui venait de s'écouler, dont la plus grande partie avait été consacrée à une tournée mondiale. On le voyait faire de la voile à Hong Kong, puis à Los Angeles à l'initiation de la Kalachakra donnée par Sa Sainteté le Dalaï-Lama, ensuite à Disneyland enlaçant Mickey Mouse, à nouveau à Hong Kong bras dessus bras dessous avec un enfant chinois, réincarnation de l'un de ses amis les plus proches lors de sa dernière vie : la sympathie entre les deux garçons était flagrante. Ailleurs on le voyait confectionner de petites figurines du Bouddha avec Lama Zopa Rinpoché; en France, jouer à des jeux sur ordinateur avec un moine; à Madison, aux États-Unis, avec son ex-enseignant, Geshe Sopa; plus tard, on le retrouvait en Hollande imitant une personne en train de méditer; puis en Allemagne, et ainsi de suite. C'était une vie très riche, mais son accompagnateur Basili Llorca assurait qu'elle ne faisait pas de lui un enfant gâté pour autant.

« Il supporte bien les voyages, même si les changements de nourriture ne lui réussissent pas toujours très bien, précisa le moine espagnol qui était devenu la mère, le père, l'ami et le précepteur de Lama Osel. Il reçoit beaucoup d'attention, mais il est trop gentil et trop intelligent pour se laisser gâter. »

Basili passait plus de temps avec Osel que n'importe qui d'autre. Avait-il observé d'autres signes annexes pouvant indiquer que Lama Osel est un lama de haut rang réincarné, peut-être Lama Yeshe ?

« Cela dépend des situations. L'environnement compte beaucoup pour lui. Lama Osel, peut-être plus que les autres enfants, est très prompt à sentir l'ambiance et à s'adapter au comportement des autres. Quand il se trouve avec des enfants tapageurs, il s'agite comme eux. En compagnie d'autres rinpochés, comme Ling Rinpoché, ses rapports peuvent être très bons.

« À Dharamsala, où il a été entouré de lamas et d'érudits, il ressemblait beaucoup plus à un lama qu'à un jeune enfant. Son comportement montrait son intelligence et il donnait des réponses qui surprenaient chez quelqu'un de son âge. Bien sûr, les toulkous ne disent jamais clairement qui ils sont.

« À un certain moment, un rinpoché, très vieux et d'un rang élevé, est venu à Dharamsala faire une retraite. Pendant son séjour, Osel s'est réveillé un matin en disant son nom – en fait il le chantait. Il voulait aller le voir et lui porter un katag. Il a insisté. Alors nous y sommes allés. Assis face à ce saint homme, il a demandé s'il pouvait poser une question. Le rinpoché répondit : "Oui. – Pouvez-vous voir les esprits des êtres sensibles ?" lui demanda Lama Osel. Le rinpoché était très surpris qu'une telle question provienne d'un jeune enfant. "J'aimerais beaucoup en être capable. Je m'efforce d'y parvenir", répondit-il. Lama Osel aperçut alors un portrait du Dalaï-Lama dans la chambre du rinpoché et fit observer que le Dalaï-Lama était également son gourou.

« Mais en fait, c'est à travers les petits détails que je perçois les plus grands signes, a poursuivi Basili Llorca. Un soir, après que je l'ai lavé, que j'ai nettoyé ses habits, après l'avoir fait dîner et l'avoir mis au lit, la routine habituelle, il m'a dit : "Merci, Basili, de tout ce que tu fais pour moi. Merci. Tu es tellement gentil." Ce n'est pas un comportement courant chez un enfant de son âge », ajouta-t-il.

Tous ceux qui connaissaient Lama Yeshe se rappellent sa capacité exceptionnelle à remercier les gens. Il m'est revenu des images où il rentrait sous la tente de méditation à Kopan, rayonnant de bienveillance envers nous, les mains jointes, et disant : « Merci, merci, merci beaucoup. » La gratitude, je l'ai découvert par la suite, est la marque distinctive d'une réalisation spirituelle véritable. Lama Yeshe l'avait. Il ne remerciait pas les gens seulement lorsque cela allait de soi, mais il éprouvait de la gratitude pour des raisons obscures, quand quelqu'un prenait un bain de soleil, ou quand un agent de la circulation lui donnait un procès-verbal pour excès de vitesse ! Le fait d'être conscient et d'apprécier la gentillesse d'autrui est en effet particulièrement inhabituel pour un enfant si jeune.

Cela ne veut pas dire qu'il a toujours été un modèle de vertu. Son niveau d'espièglerie est aussi marqué que son degré d'évolution spirituelle. Maria, Basili et moi l'avons observé attaquer un enfant qui convoitait un jouet en sa possession. Il exigeait souvent de gagner aux divers jeux auxquels il s'adonnait, et il pouvait parfois être extrêmement autoritaire. Ces réactions sont relativement naturelles.

« Je suis obligé de lui faire respecter une discipline stricte. Il est très entêté, et cela exige des moyens de contrôle efficaces », a précisé Basili.

Les « moyens de contrôle efficaces » sont en fait des fessées. Lama Osel a souvent senti la main de Basili sur son arrière-train. Alors que certains d'entre nous n'ont pas toujours apprécié la quantité de sanctions physiques qu'il a pu recevoir à l'époque, Lama Osel avait une manière déconcertante et très personnelle d'y faire face. Souvent il se retournait vers Basili et lui disait : « Je ne suis pas mon corps », ou : « Merci, Basili, de me battre. »

Chaque fois que nous avons remis en question l'emploi de méthodes de correction physique aussi coercitives, Basili nous a affirmé ne rien regretter. Lama Zopa lui avait confirmé qu'il convenait de réprimander Lama Osel de cette manière, que c'est toujours ainsi que les enfants tibétains ont appris à distinguer le bien du mal. D'ailleurs, c'est aussi la méthode espagnole.

« Le Dalaï-Lama, Lama Zopa, Lama Yeshe, tous les grands lamas ont reçu la fessée. C'est normal. L'important est de le faire sans colère », nous a-t-il répondu.

L'autre contentieux au sujet de Lama Osel venait du fait qu'il soit séparé de sa famille. Au Tibet, la coutume veut que les toulkous, une fois qu'on les a découverts, retournent à leur ancien monastère pour continuer à y enseigner et à guider les autres comme autrefois, dans leur vie précédente. L'enfant lui-même (c'est généralement un garçon) est habituellement heureux de revenir à son ancien lieu de résidence, malgré les protestations de certains parents. Pour des Occidentaux, cependant, qu'un jeune enfant comme Osel vive séparé de sa mère et de son père est une situation plutôt gênante.

Maria et Paco ne sont pas des parents ordinaires. Maria a toujours exprimé une croyance anticonformiste selon laquelle il ne faudrait pas trop « envahir » les enfants, mais plutôt leur laisser de l'« espace ». Elle est complètement et sincèrement détachée, ne cherche pas à retenir les êtres qui lui sont chers. Elle aime ses enfants, mais cela ne veut pas dire qu'elle ait besoin d'eux pour se sentir comblée. En fait, malgré sa fécondité, elle n'a jamais vraiment souhaité avoir une famille. Sa nombreuse descendance lui est arrivée tout naturellement, favorisée par son rejet de la contraception et de tout ce qui lui semble « antinaturel ». Par ailleurs, Paco aussi bien que Maria ont toujours été de fidèles disciples de Lama Yeshe. Inspirés par son message d'amour et de sagesse universels, ils ont fondé sur la plus haute montagne du sud de l'Espagne un centre de retraite ouvert aux fidèles de toutes les confessions. Grâce à leur dévotion pour Lama Yeshe et leur confiance en Lama Zopa, il ne leur a pas été trop difficile de confier leur fils à ce dernier.

Ils ont voyagé *en famille*[1] au Népal pour être plus près de Lama Osel à Kopan, mais ont été forcés de revenir en Espagne lorsque le gouvernement népalais a suspendu tous les visas étrangers. Quand elle est arrivée à Pomaia, en Italie, Maria n'avait pas vu Lama Osel depuis un an, et je lui ai demandé comment elle avait supporté la séparation.

« Je sais que l'amour vrai n'est pas possessif, et c'est le type de rapport que je cherche à entretenir avec mon fils. Je dois le partager avec tout le monde, m'a-t-elle dit. Passer deux heures avec Lama (Osel) est un véritable bonheur pour moi. Pouvoir venir ici en Italie et passer quelques jours auprès de Lama me procure une joie incroyable. S'il était avec moi tout le temps, je le considérerais exactement comme mes autres enfants. Je me fâche avec eux, et eux avec moi, ensuite nous nous sentons frustrés, nous n'avons jamais réellement de moments tranquilles ensemble. C'est pour cela que j'apprécie particulièrement cette situation.

« Il y a quelqu'un qui s'occupe très bien de lui. Il est heureux, en bonne santé, propre, gentil avec tout le monde. Je suis ravie.

« D'ailleurs, après avoir passé une année loin de lui, je me rends compte qu'il arrive très bien à se débrouiller sans nous. Son monde émotionnel est très vaste. Il n'est pas comme les autres enfants qui n'ont de contacts qu'avec leur famille immédiate. Lama, lui, a Lama Zopa Rinpoché et une famille mondiale. De plus, il n'a pas le temps de s'ennuyer. Il a une vie très remplie. »

Alors que Maria était plutôt sereine vis-à-vis de la séparation avec son fils, Paco éprouvait un sentiment de déchirement prononcé.

« Paco supporte beaucoup plus mal son absence que moi. J'arrive à analyser la situation de manière intellectuelle, et à l'accepter, mais Paco est plus sensible. Cela lui va droit au cœur », avoua-t-elle.

---

1. En français dans le texte. *(N.d.T.)*

Concernant Lama Osel, elle ne se trompe pas en disant que ses parents ne lui ont pas manqué. Il a toujours semblé d'une nonchalance étonnante sur la question d'être séparé de sa famille pour mener une vie monacale. Cette attitude a été perceptible dès l'âge de deux ou trois ans, alors qu'on aurait pu attendre d'un enfant si jeune qu'il soit catastrophé de se retrouver sans famille, surtout sans sa mère. J'ai observé plusieurs fois avec fascination comment il réagissait à Katmandou quand, après avoir passé du temps avec eux, le moment venait de repartir. Je ne l'ai jamais vu hésiter pour dire au revoir et monter dans la voiture qui l'emmenait. Au contraire, il paraissait plutôt soulagé d'échapper au brouhaha de cette famille nombreuse pour revenir à la tranquillité du monastère. Ce jour-là, en Italie, j'ai pu observer chez lui ce même amour serein.

Ce n'est pas qu'il n'éprouve rien pour sa famille. Il prend plaisir à jouer avec ses frères et sœurs, et fait toujours particulièrement attention à son frère cadet Kunkyen (Maria et Paco ont donné des noms tibétains à tous leurs enfants), lui apportant des fruits et des boissons, et se comportant toujours envers lui avec beaucoup de respect. Chaque fois que je revenais à Kopan après avoir séjourné chez Maria et Paco, Lama Osel me demandait : « Est-ce que Kunkyen vous a bénie ? » La rumeur veut qu'il soit, lui aussi, un « enfant spécial », même si on ne lui a jamais fait d'ouverture officielle jusqu'à présent.

L'affection de Lama Osel pour Kunkyen n'a pas diminué en un an. « Sa première question est toujours : "Comment va Kunkyen ?" » affirme Maria. Kunkyen a maintenant trois ans et, selon Maria, il a beaucoup de caractère et de détermination. « Il parle beaucoup. Il est très comique, un vrai comédien, il se plie les oreilles et fait le clown. » Voilà encore un enfant prometteur dont il faudra observer l'évolution, me suis-je dit...

J'ai demandé à Maria ce qui la frappait dans le développement de Lama Osel au cours des douze derniers mois, depuis la dernière fois qu'elle l'avait vu.

« Je remarque qu'il a toujours un esprit positif. Je trouve qu'avec lui chaque situation devient une fête », me répondit-elle.

Puis elle souligna une de ses qualités, que j'avais également remarquée : Lama Osel ne semble pas perturbé par l'intensité de ses émotions, contrairement à la plupart d'entre nous. S'il est malheureux ou triste, cela ne dure que quelques secondes et ensuite c'est terminé. C'est presque comme s'il portait un masque par égard pour nous, comme par politesse, pour rentrer dans la norme.

« Il n'a pas la même conception de la souffrance que nous, affirme Maria. Il est complètement absorbé par l'instant présent. Il se réveille instantanément. Si vous lui demandez d'arrêter de jouer, il répond "d'accord". S'il faut y aller, il est prêt. Il peut passer d'une situation à une autre sans aucune difficulté. C'est vraiment unique. »

Quant à l'identité de son fils, Maria est catégorique :

« Je ne doute pas un instant que Lama Osel ait l'esprit de Lama Yeshe, mais sur le plan spirituel son développement se poursuit encore. Quand je pense à mon gourou, c'est toujours Lama Yeshe qui me vient à l'esprit. Peut-être que, le jour où Osel lui-même commencera à me transmettre les enseignements du dharma, je le considérerai comme mon gourou. Mais pour l'instant, je continue à l'appeler *cariño*[1] ! »

Un an s'est encore écoulé avant que je revoie Lama Osel. Il avait passé les mois précédents, plus tranquillement, dans un monastère tibétain en Suisse appelé Tarpa Choeling, fondé par feu Geshe Rabten. L'air des hautes montagnes, la nourriture saine, la sérénité et la régularité de la vie monacale lui avaient fait beaucoup de bien. Mais, en août 1990, Lama Zopa est allé en Hollande enseigner à l'Institut Maitreya, fondé par les disciples hollandais de Lama Yeshe dans les bois magnifiques d'Emst, et Lama Osel et Basili l'y ont rejoint.

1. En espagnol dans le texte. *(N.d.T.)*

Lama Osel avait beaucoup grandi et prenait de plus en plus les choses en main. Je suis arrivée alors qu'une puja était sur le point de commencer, et je me suis dépêchée de m'installer. Cette fois-ci, Osel n'attendait les directives de personne. Il s'est lancé, récitant les prières tibétaines l'une après l'autre à une vitesse impressionnante. Je l'ai regardé à nouveau et j'ai remarqué que, d'une certaine manière, il semblait être à présent l'égal de Lama Zopa. Dieu merci, son sens de l'humour restait intact. À un moment, il a eu une crise de fou rire qu'il a réussi à maîtriser. Il a fait un grand sourire, des grimaces, et s'est mis dans une position de méditation feinte, qui ressemblait à une caricature hilarante de celle de Lama Zopa. Ce dernier le savait, mais m'a intriguée car il ne riait pas.

La discipline et la concentration, déjà perceptibles chez Lama Osel un an plus tôt, s'étaient développées. On posa devant lui un verre de jus d'orange, mais il attendit une heure avant d'en prendre une gorgée. Au fond de la grande pièce, un groupe d'enfants qui avaient commencé à s'ennuyer s'étaient mis à jouer. Il n'a pas cherché à les rejoindre, et il n'a pas non plus jeté de regards envieux dans leur direction. Il les a plutôt bénis tour à tour lorsqu'ils se sont approchés de lui pour lui offrir l'écharpe blanche traditionnelle.

À la fin de la puja, Lama Zopa Rinpoché a prononcé un discours. Comme toujours, derrière le débit posé et tranquille, un message puissant s'est profilé :

« Aujourd'hui nous avons fait l'offrande d'une puja de longévité à Lama dont l'ancienne forme s'est évanouie, et qui est revenu, tel un guide, sous une nouvelle apparence. Malgré ma connaissance limitée du dharma, je voyage d'un pays à l'autre tout autour du monde. Mais jusqu'au jour où Lama Tenzin Osel Rinpoché sera prêt à enseigner en Occident et ailleurs, j'ai l'intention de continuer de la sorte, nous dit-il.

« Nous invitons des instructeurs hautement qualifiés à venir enseigner dans nos centres, et lorsqu'ils arrivent, nous les accueillons et nous acceptons la grâce qu'ils nous font en nous aidant de la sorte. Mais il ne nous faut jamais, jamais oublier que nous sommes ici en présence de l'incarnation de Lama, qui nous est revenu sous cette nouvelle forme. Nous ne devons pas oublier celui qui a créé tous ces centres.

« Tant d'êtres sensibles ont connu le dharma que nous ne devons pas oublier notre Lama, revenu dans un nouveau corps, sous prétexte que nous avons la chance de rencontrer d'autres lamas qualifiés.

« Je pense qu'il est de ma responsabilité de prononcer ces paroles, car c'est Lama qui m'a si souvent amené en Occident dans le passé, dans le but de créer cette organisation à l'intention de ses disciples occidentaux. »

Il m'a semblé que Lama Zopa nous promettait ainsi qu'un jour Lama Osel enseignerait comme prévu, mais qu'il nous avertissait en même temps de ne pas oublier qui était vraiment notre instructeur principal. L'action de Lama Zopa consiste en fait à consolider la structure mondiale des centres fondés par Lama Yeshe, s'assurant qu'elle demeure stable jusqu'à ce qu'Osel soit en mesure de reprendre le flambeau. En voyant le jeune garçon assis à côté de Lama Zopa, que je trouvais si charmant lorsqu'il mettait ainsi sa main en cornet autour de l'oreille pour faire semblant de surprendre des mots qu'il n'aurait pas dû entendre, ce projet m'a semblé tout à coup vertigineux, étourdissant. Osel n'avait encore que cinq ans. Et tant de choses pouvaient arriver.

J'ai reçu un rappel cinglant de la loi bouddhiste de l'impermanence de toute chose en retrouvant Maria. Si la vie d'Osel s'était déroulée sans accrocs depuis l'année précédente, elle en revanche avait souffert d'un coup du sort très dur. Maria avait découvert une grande tumeur dans l'un de ses reins. Elle m'en a décrit la taille précise : 8 cm x 7 cm x 6 cm. Cela m'a paru énorme. Le médecin lui avait conseillé une ablation immédiate. Mais, fidèle à sa méfiance instinctive envers toute intervention médicale, que prouvait son opposition à la contraception, Maria avait préféré attendre avant de prendre une décision. Entre-temps, avec sa facilité habituelle, elle avait donné naissance à un enfant de plus, son septième. Elle avait aussi mis en place une entreprise touristique dans sa ville, pour répondre aux besoins du nombre croissant de touristes qui commençaient à découvrir cette charmante bourgade.

Lama Zopa s'était ensuite rendu en Espagne, et elle était venue le rencontrer pour lui parler de sa maladie et lui demander conseil. « Si le gourou dit que je dois me faire opérer, je le ferai, même si je n'aime pas beaucoup les médecins ni les hôpitaux. Mais Lama Zopa m'a dit que cette tumeur était une grande source de bénédictions pour moi. "Cela va aider votre pratique spirituelle. C'est maintenant le moment de faire une retraite, pour maîtriser cette maladie", m'a-t-il dit. » Ses mots ont fait mouche et, pour la première fois dans sa vie, Maria s'est préparée à pratiquer sérieusement la méditation.

En fait, son année avait été difficile à plus d'un titre : elle avait eu un accident de voiture à la veille de Noël. Elle était en train de reconduire Lama Osel et Basili à Bubion, depuis Madrid, lorsque, à Grenade, une voiture a émergé d'une rue transversale et les a percutés. Le chauffeur avait fait une fête bien arrosée pendant plusieurs heures. Maria a été projetée contre le volant ; Basili a fait une embardée en avant et s'est fait mal au genou ; et Lama, qui dormait derrière, est tombé par terre, sans la moindre égratignure. Ils ont tout de même décidé d'aller à l'hôpital pour un bilan.

Ce qui s'y est passé est extraordinaire. Lama Osel, à quatre ans, a pris les événements en main. Il s'est approché du médecin et lui a dit : « Veuillez bien soigner ma mère qui a une douleur sur le côté, et Basili qui s'est blessé au genou. Moi je n'ai rien, mais il vous faut les ausculter. » Le médecin était plutôt déconcerté de recevoir des ordres de la part d'un patient aussi petit, et il lui a répliqué que des examens s'imposaient pour lui également. « Non, ce n'est pas utile. Mais veuillez, s'il vous plaît, vous occuper de ma mère et de Basili », insista-t-il.

Un peu plus tard, le médecin entendit frapper à la porte de la pièce où il procédait à l'examen des radios de Maria et de Basili. Osel est entré. « Puis-je venir, s'il vous plaît, car je m'intéresse beaucoup à ce genre de chose », annonça-t-il. Le médecin le regarda de plus près et reconnut l'enfant dont le visage était déjà si connu dans toute l'Espagne. Son comportement inhabituel trouvait ainsi une explication.

Lama Osel est aussi capable de surprendre ses proches par des « révélations » soudaines. Un jour, alors qu'il était en Suisse avec son père Paco, un moine italien et Basili l'ont amené déjeuner dans un restaurant surplombant une vallée. Lama Osel observait de son siège des oiseaux fondant sur le balcon à la recherche de quelques restes de nourriture. Au milieu de la conversation générale, Osel s'est mis à parler d'un ton qui les a tous stoppés net.

« Autrefois, dit-il, de très, très nombreux bouddhas sont entrés dans mon corps, puis je suis devenu minuscule et suis entré dans le ventre de ma mère. Puis j'en suis ressorti. » Il fit une pause et ajouta : « Autrefois, j'étais Lama Yeshe. Maintenant, je suis Lama Osel. »

Les convives étaient sans voix. Les oiseaux descendant en vagues sur le balcon semblaient avoir déclenché un souvenir prénatal. On ne pouvait être certain de ce dont il parlait au juste, mais toutes les personnes présentes savaient qu'en trépassant Lama Yeshe avait pratiqué la méditation profonde, dans laquelle il avait dû visualiser le Bouddha Heruka*, ce qui était son ascèse personnelle, se dissolvant en lui plusieurs fois. Selon les prescriptions ésotériques du bouddhisme tantrique, la maîtrise de cette méditation extrêmement complexe est essentielle pour que l'adepte spirituel puisse dicter les conditions précises de sa prochaine renaissance. Était-ce là le sens de ces nombreux bouddhas qui fusionnaient dans le corps de Lama Osel, selon sa description ?

Je l'avais déjà entendu déclarer qu'il avait été Lama Yeshe autrefois, et qu'il était maintenant devenu Lama Osel, quand il n'avait encore que trois ans, à Katmandou. Il venait de jouer avec son frère Kunkyen, et je lui avais demandé de but en blanc s'il était la réincarnation de Lama Yeshe.

« Je suis Tenzin Osel, un moine, avait-il répondu avec une grande solennité. Autrefois, j'étais Lama Yeshe. Maintenant, je suis Tenzin Osel. »

J'ai admiré comment, à un si jeune âge, il avait réussi à trouver les mots justes pour décrire ce processus compliqué qu'est la réincarnation. Une continuité existe entre les deux êtres, mais l'identité des deux personnalités diffère. J'étais tout aussi émerveillée aujourd'hui qu'autrefois, en entendant les paroles remarquables qu'Osel avait prononcées après avoir contemplé les oiseaux.

Quelques mois plus tard je l'ai vu à Londres. Il était *en route*[1] pour l'étape suivante de sa vie extraordinaire : il allait au sud de l'Inde au monastère de Sera pour commencer son éducation tibétaine officielle. Il a glissé sa main dans la mienne tandis que je lui faisais visiter certains sites. Les nuées de pigeons à Trafalgar Square ne l'ont pas du tout impressionné, en revanche il a été fasciné par l'exposition du Muséum d'histoire naturelle, parcourue à une allure très lente. Il était captivé par les menus détails du royaume des insectes, et il aurait encore passé des heures à regarder l'exposition si nous l'avions laissé faire.

Il avait aussi quelques devoirs dont il devait s'acquitter. Il a dirigé une fête avec chocolat chaud pour les enfants au centre Jamyang, dans le parc de Finsbury, où il est resté béat d'admiration devant une vidéo du *Snowman* (*Le Bonhomme de neige*), qu'il a visionnée deux fois de suite. Malgré une grippe assez forte, il a remercié les photographes d'« avoir fait l'effort de

1. En français dans le texte. *(N.d.T.)*

venir » et a présidé une puja avec beaucoup de bonne volonté et d'entrain. À cette occasion, j'ai remarqué pour la première fois à quel point les adultes, surtout les nouveaux venus, peuvent souvent projeter leurs propres expériences d'enfance sur lui.

Une femme a pris la parole pour dire qu'il était cruel de soumettre un petit enfant à une telle « épreuve » aussi longtemps, alors qu'on aurait dû déjà l'avoir bordé dans son lit. Elle-même avait été envoyée dans un pensionnat à l'âge de cinq ans, et cela l'avait traumatisée ! Un autre homme a remarqué que Lama Osel avait paru s'ennuyer pendant la cérémonie, puis il a ajouté qu'il avait lui-même passé une grande partie de son enfance à s'ennuyer. Une autre femme encore n'avait pas compris un traître mot de ce qui se produisait, mais cela ne l'avait pas empêchée de repartir inexplicablement heureuse. Comme il était impossible qu'Osel puisse incarner à lui seul une telle variété de conditions, je me suis demandé s'il n'avait pas un rôle de miroir, renvoyant à l'observateur des états d'esprit et des émotions qui en réalité lui appartiennent. Si c'était le cas, alors il était vraiment en train de remplir le rôle d'un gourou, car le vrai gourou, celui qui est honorable et mérite un tel titre, agit de façon à révéler au disciple sa propre nature intérieure et lui désigne par là même ce qu'il doit affronter, ce qu'il doit reconnaître en lui-même et ce sur quoi il doit travailler.

Pendant quelques heures de bonheur, je l'ai observé jouer : c'était un spectacle fascinant. Quelqu'un lui avait donné une maquette d'avion conçue pour un enfant de sept ans. Il s'est assis à l'écart pour en assembler les pièces détachées, suivant attentivement les instructions et les diagrammes. Après être parvenu à un certain stade, il s'est retrouvé bloqué. À ma grande surprise, il n'a pas paru frustré, il n'a pas piqué de crise comme l'auraient fait la plupart des enfants de cinq ans ; au contraire, il a calmement défait ce qu'il venait de construire et il a recommencé depuis le début. Sa concentration était puissante, hors du commun. Je me suis rappelé que cette faculté provient d'heures entières de méditation. La capacité de se concentrer des heures d'affilée sur une seule tâche est le domaine de prédilection du yogi. Étais-je en train d'assister au fruit des efforts passés de Lama Yeshe? Osel est de nouveau arrivé jusqu'au même stade dans sa construction de la maquette d'avion, et une fois de plus il n'est pas parvenu à aller plus loin. Il l'a démontée encore une fois. Deux fois de suite, il a construit l'avion pour tout reprendre ensuite de zéro. Il a finalement renoncé à la troisième tentative, découragé par la difficulté rencontrée pour la finition. Il l'a mis entre les mains de Basili.

« Fais-le, toi ! » lui a-t-il intimé.

Un peu plus tard, j'ai entendu quelqu'un lui parler.

« Que veux-tu faire quand tu seras grand ? »

« Enseigner », répondit-il immédiatement. Puis il ajouta, sérieusement : « Mais pas tout de suite. Plus tard. »

Connaissait-il le Dalaï-Lama, et dans ce cas, que pensait-il de lui ?

« C'est mon gourou », dit Osel, presque dédaigneusement, comme s'il s'agissait d'une telle évidence qu'il était pratiquement superflu de lui poser cette question.

Un peu plus tard, il s'est levé et m'a conduite à l'étage en me prenant par la main pour me montrer une photographie de Lama Yeshe accrochée au mur. « Me voilà, autrefois, déclara-t-il, toujours sur le ton de l'évidence. Puis je suis tombé malade. » Il mima une personne s'affaiblissant de plus en plus jusqu'à s'effondrer. « Puis je suis mort et on m'a mis dans un stupa qu'on a allumé, dit-il, la langue pendante. Et maintenant me voici », ajouta-t-il joyeusement. C'était impressionnant. Mais vu son âge, il était impossible de distinguer ce qui lui avait été raconté de ce qu'il savait par intuition. À partir de maintenant, me suis-je dit, les expressions de souvenirs de ses vies passées ne seraient jamais aussi convaincantes que celles qu'il avait données lorsqu'il n'était qu'un bébé.

Je l'ai revu pour Noël à Varanassi, connue également sous le nom de Bénarès, cette ancienne ville indienne tombant en ruine sur les rives du Gange. Je me rendais en Australie, Lama Osel allait au monastère de Sera, et une grande foule de cent cinquante mille Tibétains était en route pour participer à l'Initiation de la Kalachakra que le Dalaï-Lama s'apprêtait à donner à Sarnath, l'endroit où le Bouddha avait enseigné pour la première fois après son Illumination. L'Initiation de la Kalachakra est l'une des pratiques les plus ésotériques et difficiles du Tibet, par laquelle l'initiateur doit harmoniser les éléments internes du corps et de l'esprit pour susciter l'harmonie et la paix dans le monde extérieur. Le Dalaï-Lama a pratiqué cette cérémonie dans le monde entier pour tenter de mettre un terme aux tendances destructrices de l'humanité. Maintenant, c'était la petite silhouette de Lama Osel qui s'avançait avec assurance sur la scène, face à cette masse immense, pour présenter au grand homme l'offrande symbolique.

Plus tard, il s'est déguisé en père Noël pour donner des cadeaux aux personnes présentes dans l'hôtel, et il a commandé du lait chaud dans une laiterie, pour l'offrir aux chiens égarés qui rôdaient autour du bâtiment. Sur une note plus officielle, il a donné un déjeuner de fête pour tous les jeunes lamas réincarnés qui s'étaient réunis à l'occasion de la Kalachakra. C'était un rassemblement impressionnant. Ils étaient tous là : Ling Rinpoché (le précédent précepteur vénérable du Dalaï-Lama); Trijang Rinpoché (ex-précepteur assistant); Song Rinpoché, qui avait été très proche de Lama Yeshe et qui avait présidé à ses obsèques; Serkong Dorje Change; et Serkong Rinpoché, ce lama merveilleux dont le visage ridé et les oreilles pointues seraient, selon certains, à l'origine du personnage de Yoda dans le film *La Guerre des étoiles*.

Curieusement, leurs « prédécesseurs » étaient tous morts vers la même époque. La rumeur court qu'ils avaient choisi de « mourir » afin d'écarter des obstacles importants qui menaçaient la vie du Dalaï-Lama. Ils avaient constitué la crème de la hiérarchie des Gelugpa, les détenteurs de la lignée, tous des maîtres incontournables en méditation et en érudition. C'est aussi presque en même temps qu'ils avaient repris corps. Maintenant leurs réincarnations étaient assemblées sur le gazon de cet hôtel chic de l'Inde.

« On trouve là tout l'avenir du dharma », m'a glissé à l'oreille un spectateur perspicace. Lama Osel était parmi eux, seuls sa peau blanche et ses traits occidentaux le distinguaient. L'accepteraient-ils si facilement, et vice versa, quand ils seraient tous assez âgés pour se rendre compte de la différence ?

Maria aussi était arrivée, pour sa retraite à Bodhgaya. Elle semblait en forme, mais elle m'a confié cependant qu'en plus de sa tumeur au rein elle avait maintenant une tumeur secondaire au cerveau. Comme elle avait refusé la chirurgie et les médicaments, les médecins ne lui avaient pas donné plus de six mois à vivre, mais cela ne l'avait pas du tout affectée. Elle n'avait foi que dans les pratiques spirituelles dans lesquelles elle allait s'engager. Lama Zopa lui avait dit d'offrir sa maladie, d'employer ses tumeurs comme un moyen d'assumer les souffrances d'autrui.

Ce conseil m'a tout de suite rappelé Medjugorye, la petite ville de l'ex-Yougoslavie où la Vierge Marie apparaît à six jeunes depuis plusieurs années. Fascinée par ce phénomène, je m'y étais rendue en tant que touriste pour voir le lieu de mes propres yeux. J'avais interrogé les visionnaires, dont l'une, Vicka, une jeune fille dynamique de vingt-quatre ans, m'a parlé de sa tumeur au cerveau. Pendant des mois elle s'était sentie malade et s'évanouissait constamment, mais elle avait néanmoins gardé toute sa gaieté, insistant pour parler aux pèlerins qui venaient écouter son message.

Elle m'avait dit que la Vierge Marie, ou Gospa comme on l'appelle à Medjugorye, lui avait demandé de faire l'offrande de sa tumeur au cerveau pour la maladie du monde, et qu'elle serait guérie à une date précise. Vicka avait consciencieusement noté la date de sa guérison promise, l'avait scellée dans une enveloppe et confiée au prêtre de la paroisse. Entre-temps elle avait refusé des offres de traitement gratuit d'un spécialiste de Harley Street à Londres.

Sa foi a été récompensée. Exactement à la date qu'elle avait inscrite, la tumeur a disparu d'un seul coup. Aujourd'hui Vicka est d'une santé radieuse et elle exprime la joie intérieure qui signe invariablement une expérience spirituelle véritable. Je me suis demandé comment Maria, la mère d'Osel et de six autres enfants, s'en sortirait.

Pendant notre séjour à Varanassi, nous avons pu bénéficier d'un enseignement sur la mort de l'impermanence. La mère de Lama Zopa est morte sur place. Cela nous a tous profondément affectés, surtout Maria, la mère de l'autre lama célèbre.

Nous avions tous appris à respecter cette dame, petite, frêle et presque aveugle, connue sous le nom d'Amala, qui avait insisté pour faire le voyage long et ardu de son domicile proche du mont Everest jusqu'aux plaines chaudes et poussiéreuses de l'Inde, pour voir le Dalaï-Lama et recevoir l'Initiation de la Kalachakra.

« Elle dort dans un coin sous le toit, serrée contre tous les garçons de Kopan. Bien qu'elle soit la mère de Lama Zopa, elle refuse d'avoir une chambre séparée. Elle prétend ne pas être quelqu'un de spécial. Cela m'a donné un très bel exemple d'humilité », a commenté Maria.

Le dernier jour de l'Initiation, Amala avait personnellement reçu la bénédiction de Sa Sainteté le Dalaï-Lama. À 22 heures le soir même, à la fin de la Kalachakra, elle est morte, le visage illuminé d'une expression de sérénité et de paix. Elle avait reçu ce pour quoi elle avait parcouru une telle distance, et était décédée en prononçant le mantra qu'elle avait répété des millions de fois pendant sa vie : « Om Mani Padme Om », les mots sacrés de Chenrezig, Bouddha de la Compassion.

Lama Zopa a prouvé son amour pour ses disciples en transformant ce qui aurait pu être l'occasion d'un chagrin privé et de souvenirs en un événement public ; il nous a fait pénétrer dans la petite pièce où le corps de sa mère reposait dans le sac de couchage où elle était morte, recouverte d'une abondance d'écharpes blanches données par les visiteurs en signe de respect. Malgré mon appréhension à la vue d'un cadavre, j'ai été surprise de trouver la pièce remplie d'une douceur, d'une délicatesse et d'une aura tangibles, quelque chose de très vivant, et en même temps pacifique. L'atmosphère est restée ainsi pendant trois jours, lorsque tout à coup l'expression sur son visage a changé, en même temps que l'ambiance du lieu. À ce stade, Lama Zopa Rinpoché a annoncé qu'Amala avait terminé sa méditation et avait « réussi » sa transition. C'était un choix de mots qui me paraissait étrange. Par cette phrase unique, Lama Zopa avait résumé le point de vue bouddhiste tibétain affirmant que le processus de mort est réellement un défi individuel qu'il est possible de maîtriser si nous nous en donnons la peine.

Le lendemain, nous avons tous été invités à assister à l'incinération du corps d'Amala aux ghats sur les berges du fleuve saint, le Gange. C'était une occasion unique de contempler le sens de la Mort et de l'Impermanence. Le corps, placé verticalement et couvert de piles de bois parfumées d'encens et garnies de fleurs, a mis deux heures à brûler. Une amie a demandé à un moine à côté d'elle si elle pouvait prendre une photo.

« Oui, et servez-vous-en pour méditer chaque fois que vous vous sentirez déprimée. Cela mettra tout dans une juste perspective », répondit-il.

J'ai remercié mentalement Amala de nous avoir donné Lama Zopa Rinpoché, ce petit homme empreint de tant de sainteté, qui avait travaillé si dur et qui nous avait tant apporté, à nous ses disciples occidentaux. En regardant la fumée s'élever en tourbillons sur le fleuve sacré et les files de cadavres attendant le long de ses berges pour être brûlés, j'ai songé combien courte et éphémère est la vie.

Mais il n'y a pas de fin pour l'esprit. Il continue comme un courant toujours mouvant, toujours changeant, semblable au Gange majestueux. Pour nous imprégner encore plus de cet enseignement, l'un des plus essentiels du bouddhisme, au cas où nous n'aurions pas saisi la leçon, on nous a présenté, quelques années plus tard, un jeune garçon au visage particulièrement intelligent. Il était assis aux pieds de Lama Zopa en tenue de moine : il s'agissait, disait-on, de la réincarnation d'Amala.

Le 15 juillet 1991, Lama Osel Rinpoché, réincarnation de Lama Thubten Yeshe, est entré officiellement au monastère de Sera. Il avait six ans. Tandis que son petit convoi d'automobiles s'approchait de sa destination, une ligne rouge était visible au loin. Au fur et à mesure de l'avancée des voitures, leurs occupants se sont aperçus qu'il s'agissait de l'entière assemblée de moines, qui s'étaient rangés le long de la route pour accueillir leur dernier titulaire. C'était un honneur qui n'était accordé qu'aux lamas les plus élevés, mais, de l'avis général, Lama Yeshe le méritait certainement de par son immense travail d'expansion du saint dharma du Bouddha à travers le monde, et le prestige qu'il avait conféré à son monastère. Pour les moines de Sera, le petit garçon occidental joignant les mains et s'inclinant en signe de salutation était simplement « rentré chez lui ».

Sera est un endroit imposant, et aux antipodes de l'image caricaturale d'un bâtiment mystérieux accroché aux versants d'un pic montagneux. Ce monastère est aussi étendu qu'une ville, avec ses rues, ses maisons, ses dortoirs, ses temples, ses cuisines, ses commerces et ses chiens : une agglomération agitée, bruyante, vibrante de l'énergie palpitante et uniquement masculine que dégagent les masses de moines tibétains. Au moment de la venue de Lama Osel, il y en avait plus de deux mille, et ce nombre n'a cessé de croître chaque année, augmenté par tous ceux qui sans arrêt, année après année, fuient le Tibet pour recevoir la formation spirituelle qui leur est refusée dans leur propre patrie. Lama Osel venait de pénétrer dans le plus grand monastère du monde.

Sera est l'une des trois universités monastiques laborieusement reconstruites par les réfugiés tibétains en exil. Elle est d'une importance vitale. En effet, ces universités, réservées à l'ordre monacal, ne sont pas uniquement la matrice des maîtres en spiritualité, en méditation et en philosophie les plus grands de cette tradition, mais elles sont aussi le fondement même de toute la culture tibétaine.

Au Tibet, c'était justement dans le premier monastère de Sera, aux alentours de Lhassa, que le jeune Thubten Yeshe s'était rendu alors qu'il n'avait que sept ans. C'est là qu'il avait commencé la formation austère et très disciplinée qui allait le conduire à réaliser sa mission mondiale. C'est un endroit majestueux, fondé en 1419 par Jamchen Choje Sakya Yeshe, disciple du célèbre Lama Tsong Khapa, ce grand réformateur du bouddhisme tibétain fondateur de la secte des Bonnets Jaunes. Ironiquement, si l'on considère la destruction dont les Chinois se sont rendus coupables plusieurs siècles plus tard, il se trouve que Jamchen Choje Sakya Yeshe avait justement été envoyé en Chine à deux reprises pour enseigner à l'Empereur la doctrine du bouddhisme. Lors de l'invasion chinoise de 1959, le monastère de Sera possédait une immense population de dix mille moines. Bien qu'un quart d'entre eux ait réussi à s'échapper au nord de l'Inde, dont Lama Yeshe, beaucoup sont morts des conséquences de la chaleur et d'une mauvaise alimentation dans des camps de réfugiés.

Ceux qui ont survécu ont fini par recevoir une zone très boisée dans l'État de Karnataka au sud de l'Inde, à deux heures de route environ à l'ouest de Mysore. Ils se sont attelés à la tâche du défrichage pour ensuite reconstruire ce centre éducatif qui préserve leur patrimoine spirituel et maintient la force de leurs lignées iniatiques.

Après l'arrivée de Lama Osel, les cérémonies et les fêtes de bienvenue se sont prolongées pendant trois jours. Le monastère offrait officiellement de l'intégrer dans ce lieu auguste d'enseignement. En échange, Lama Osel leur a fait l'offrande des dons traditionnels, de pujas cérémonielles, de nourriture, d'argent et de thé, ainsi que d'un nouveau puits et de contributions substantielles au Projet de santé de Sera. Les sommes ainsi engagées sont loin d'être insignifiantes. Le coût estimé pour que Lama Osel puisse commencer sa formation a été d'environ cinquante mille dollars[1].

Lama Osel m'a semblé heureux dans sa nouvelle maison, construite spécialement pour lui dans un lieu paisible à la lisière du monastère. Elle a un jardin et un chien nommé Om Mani. Le lendemain de son arrivée, l'abbé est venu au nouveau domicile de Lama pour l'accueillir personnellement. Lama a simplement dit que tout allait extrêmement bien. « J'ai rêvé avant de venir que j'étais dans les profondeurs et qu'il y avait beaucoup de lumière qui montait, puis au contraire beaucoup de lumière qui descendait pendant que j'étais en hauteur », m'a-t-il confié. C'est un rêve favorable.

Beaucoup de disciples occidentaux se sont rendus à Sera pour assister à ce tournant dans la vie de Lama Osel. Parmi eux, ses parents, Maria et Paco. À un moment donné, pendant l'investiture, ces derniers se sont levés et ont quitté le temple ensemble, une action symbolique qui officialise leur volonté d'offrir leur enfant à la vie religieuse. Et bien que depuis quatre ans déjà Osel ait mené une vie indépendante, il m'a semblé qu'il éprouvait une certaine nostalgie lorsque ses parents lui ont tourné le dos.

Le travail sérieux – les heures d'étude et de discipline rigoureuses – est sur le point de commencer. Lama Osel va plonger dans un système extraordinairement riche, merveilleux et unique. Seul le monastère de Sera est en mesure de donner à Lama Osel l'éducation de base, indispensable pour mener à bien le travail qu'il est destiné à accomplir. Car seul le système d'enseignement tibétain possède la « technologie » pour comprendre le psychisme humain dans toute sa complexité et sa subtilité. On espère qu'Osel pourra transmettre des enseigne-

1. Environ 250 000 francs français. *(N.d.T.)*

ments et des initiations, perpétuant ainsi une noble lignée, ce qui n'est possible qu'en le faisant passer par l'éducation spécialisée d'un monastère tibétain, et plus spécifiquement par le système de formation des toulkous. D'autre part, et ce point est fondamental, tout le monde s'accorde à penser que seule l'éducation reçue à Sera pourra donner à Lama Osel la crédibilité indispensable pour sa fonction d'instructeur. Quel que soit le talent inné d'un maître spirituel, s'il ne possède pas la formation complète et les qualifications qu'il est possible d'acquérir à Sera, il ne pourra pas faire un travail sérieux, reposant sur des bases solides.

Malgré tout cela, moi et beaucoup d'autres sommes un peu inquiets en songeant à cette nouvelle phase de la vie d'Osel. Après tout, c'est un enfant occidental, avec une mentalité d'Occidental, et Sera est, comment dire ?... si *tibétain*. C'est aussi un lieu empreint d'une tradition de six cents ans qui ne s'est pas beaucoup modifiée depuis ses débuts. Nous sommes nombreux à nous demander comment Lama Osel, qui aime tant les ordinateurs et la musique de Michael Jackson, supportera les règles et le protocole rigide de cet univers si intensément tibétain.

Maria exprime ainsi les préoccupations d'un certain nombre d'entre nous :

« Lama a un tempérament libre, créatif et spontané. C'est par raisonnement qu'il apprend. Quand vous lui expliquez quelque chose, il comprend très vite. Dans le système tibétain traditionnel, en revanche, l'apprentissage est mécanique. Les élèves commencent en apprenant par cœur l'ensemble des prières et des écritures, puis on organise des débats où se confrontent diverses interprétations de leur sens. Nous n'avons pas la même approche de l'éducation en Occident, et personnellement je trouve leur méthode plutôt archaïque. »

La journée d'Osel est maintenant répartie en créneaux d'études rigoureux : lever à 7 heures ; prières avant le petit déjeuner de 8 heures ; pendant deux heures à partir de 9 heures, cours de tibétain ; puis cours d'espagnol pendant une heure; déjeuner à midi; entre 13 et 15 heures, lecture en anglais, cours d'écriture et de mathématiques; à 17 h 30, leçons avec son professeur tibétain; dîner; coucher à 21 heures.

C'est en effet un régime sévère, où pendant les premières années on insiste sur la mémorisation et l'accoutumance des nouveaux résidents à la discipline monacale. Osel vise le titre de geshe, l'équivalent d'un docteur en divinité, démarche qui prenait autrefois au Tibet une trentaine d'années. Ici à Sera le processus a été accéléré, mais de nombreuses années d'apprentissage et de débats rigoureux sont tout de même prévues, avant qu'Osel ne soit « diplômé ». Je me suis demandé s'il persévérerait jusqu'au bout.

J'ai pensé une fois de plus à Lama Yeshe, et à la façon dont il avait rompu avec les méthodes traditionnelles d'enseignement pour être en mesure de nous toucher, nous les Occidentaux. Il m'avait dit une fois que cela lui était égal, qu'il était prêt à employer *n'importe quelle* technique pour obtenir que son audience comprenne le dharma du Bouddha. C'était justement son attrait le plus grand, cette capacité de communiquer ce qui fait avancer sur la voie du Bouddha avec l'ensemble de son corps, par des gestes, des bouffonneries, grâce à son merveilleux sens de l'humour et ses actes spontanés de bienveillance et d'amour. Il n'était pas du tout un lama conventionnel, du moins en apparence. Il savait bien que les Occidentaux n'étaient pas intéressés par une présentation trop strictement tibétaine du dharma, et c'est pourquoi il avait inventé une méthode d'enseignement originale. Je me sentais un peu contrariée à l'idée que Lama Osel puisse revenir dans un système dont Lama Yeshe lui-même s'était détaché, au moins extérieurement.

Cependant, Lama Zopa avait décrété sans aucune équivoque qu'il valait mieux que Lama Osel vive à Sera. Et qui étions-nous pour contester ce grand homme, qui aime Lama Osel plus que sa propre vie ? Il a choisi avec beaucoup d'attention le gen-la de Lama Osel, ce geshe tibétain qui doit enseigner au garçon la langue du pays des Neiges éternelles, la mémorisation des textes et le Lam Rim* (le guide progressif et méthodique menant à l'Illumination). C'est un homme doux, bienveillant, et l'un des meilleurs enseignants à Sera. Comme Lama Zopa l'a si bien expliqué, les conditions de l'éducation de Lama Osel sont essentielles. Et, malgré tous ses inconvénients, Sera offre, il est vrai, des avantages incomparables. Nous ne pouvions qu'attendre de voir quel allait être le résultat.

Il ne s'agit pas pour autant d'oublier entièrement les racines occidentales de Lama Osel. Pour aider à construire un pont entre les deux modes de vie, Lama Zopa, avec son attention infinie, s'est arrangé pour qu'un précepteur occidental soit présent à Sera et fournisse à Lama Osel une éducation à l'européenne, en plus de l'éducation traditionnelle. L'annonce, placée dans les meilleurs journaux de Londres, de New York et d'Australie, révèle l'ampleur et le caractère exceptionnel de la tâche :

> PRÉCEPTEUR – pour fournir une éducation complète du niveau de l'école primaire, aux normes internationales les plus élevées, à la réincarnation de l'ancien lama tibétain Thubten Yeshe, âgé de six ans. Cette formation se déroulera parallèlement à une éducation monacale tibétaine traditionnelle donnée par d'autres enseignants. Les cours ont pour but d'aider le jeune lama à intégrer les approches occidentales et orientales en préparation d'une vie consacrée à l'enseignement.
>
> Instruction principalement en anglais, accessoirement en espagnol. Lieu des cours : en Inde du Sud pendant huit mois, et en Europe un mois par an. Cette mission inhabituelle et stimulante exige un candidat doué de la plus haute intégrité possible, ayant cinq à dix ans d'expérience et des références impeccables.

La personne qui a obtenu le poste parmi les centaines de candidats s'appelle Norma Quesada-Wolf :

une classiciste, âgée d'environ trente ans, de l'université de Yale. Née au Venezuela d'une mère américaine et d'un père espagnol, avec dix ans de méditation bouddhiste Zen derrière elle, Norma a semblé être la personne idéale pour le travail demandé. Elle a emménagé à Sera avec son mari John, armée d'un programme de cours particuliers de l'École américaine Calvert, comprenant des procédures indépendantes d'évaluation.

Peter Kedge, membre du conseil d'administration de la FPMT et disciple de longue date de Lama Yeshe, avait été chargé de trouver le précepteur le plus apte pour Lama Osel. Il m'a expliqué l'objectif recherché : « On insiste beaucoup pour que Lama Osel reçoive une éducation occidentale contemporaine afin que, plus tard, il puisse employer le même langage en faisant une démonstration en physique moléculaire qu'en parlant de la vacuité, l'objectif étant de transcender les frontières entre l'esprit oriental et occidental, et de mettre en évidence leurs ressemblances. »

Voilà un projet ambitieux, mais je ne pouvais pas, comme d'autres, m'empêcher d'éprouver un peu d'appréhension face à la quantité d'attentes et d'aspirations placées sur les épaules encore si frêles d'un enfant de six ans.

Les observations de Norma Quesada-Wolf, récemment arrivée dans ce monde extraordinaire des lamas réincarnés en Occidentaux, sont particulièrement intéressantes. Sa première impression a été celle d'un enfant qui jouait à cache-cache ; il leur a montré, à son mari et à elle, les bouddhas dans sa chambre, ses aquarelles et ses dessins, et le domicile d'un certain lézard. Il leur a ensuite demandé s'ils étaient fatigués par leur voyage, s'est tourné vers quelqu'un et s'est enquis avec une dignité toute naturelle si le thé leur avait été servi.

« Je suppose que je m'attendais à trouver un petit personnage sage et très sérieux, comme Teddy dans la nouvelle de J. D. Salinger du même titre. Mais s'il est vrai que Lama Osel lui ressemble un peu, je ne me doutais pas à quel point il peut être joyeux et guilleret : c'est un vrai charmeur », me dit-elle.

Avec un intérêt tout professionnel, elle a aussi remarqué ce que beaucoup d'observateurs amateurs ont déjà noté à plusieurs reprises, à savoir sa puissance de concentration exceptionnelle et sa capacité de s'absorber entièrement dans une activité donnée.

« Il a quelque chose d'unique. Il a une capacité de concentration, de mémoire, d'invention et d'imagination qui me semble dépasser celle d'un enfant moyen. Lorsque quelque chose suscite son intérêt, qu'il s'agisse de jouer avec des briques de Lego ou d'apprendre une leçon, il s'y plonge et disparaît, et cela dure longtemps, sa pensée est constamment focalisée sur l'objet en question, emploie les pouvoirs de son imagination souvent d'une manière ludique, considère l'objet de tous les points de vue concevables. »

Ses paroles m'ont immédiatement ramenée à une autre époque où Lama Yeshe nous parlait de la façon dont il percevait la réalité. Il a pris l'exemple d'une fleur : jamais, me semble-t-il, une fleur n'aura été pénétrée aussi profondément. Il en a examiné toutes les parties, il a considéré son parfum et ses effets tant sur notre odorat que sur celui d'un insecte, il a parlé de ses propriétés esthétiques et de la manière dont la fleur a servi de source d'inspiration à la poésie, l'intuition, l'amour et le sentiment d'admiration, et comment toutes ces données varient d'une culture à l'autre. À travers cette manière intense et détaillée de scruter le phénomène, Lama Yeshe essayait d'obtenir que nous adoptions une vision d'ensemble recouvrant divers niveaux sémantiques.

Lama Yeshe avait des idées très arrêtées en matière de pédagogie enfantine. Dans son anglais au style si particulier et si pittoresque, il a décrit sa conception d'un système qu'il a nommé « Éducation universelle » :

« Une présentation trop étroite du monde est étouffante pour les enfants. Elle entraîne chez eux des frustrations et des blocages, qui les empêchent de s'ouvrir et d'apprendre facilement. Les enfants n'aiment pas se sentir piégés par des limites. Si on leur montre une réalité qui transcende toutes les limites, leur enthousiasme, leur soif d'apprendre ne s'arrêteront jamais et chacun d'entre eux pourra devenir une personne bien intégrée.

« Toute explication est incomplète si elle ne repose sur aucune référence logique, sur aucun fondement intellectuel. En arrière-plan de ce dernier, il doit y avoir une explication d'ordre psychologique ainsi qu'un cadre philosophique. Alors la globalité dans toutes ses facettes devient profonde, très profonde. En d'autres termes, on retrouve contenue dans un sujet l'essence de la religion, de la philosophie et de la psychologie, sans aucune séparation, simultanément. Ainsi l'individu s'harmonise en lui-même et se sent intégré à l'univers. Dans le monde d'aujourd'hui, ce sont des domaines que l'on a séparés les uns des autres. Mais en réalité, il est impossible de les dissocier.

« On ne peut pas faire de divisions telles que : voici une personne spirituelle, une autre philosophe et une troisième psychologue. Toute la réalité est contenue, en potentiel aussi bien qu'à l'instant présent, en chacun. L'éducation doit favoriser l'unification, le rassemblement, et non rester quelque chose de partiel et de cloisonné.

« Le mal dans ce monde, selon moi, c'est de séparer la religion de la vie, de la science, et de séparer la science de la religion. Il vaudrait mieux que ces disciplines s'allient... »

Voilà un système qui correspond bien à l'éducation que reçoit Lama Osel.

Osel est manifestement fasciné par la science et tout ce qui concerne l'espace extraterrestre, il possède de nombreux livres sur le cosmos et les voyages dans le cosmos ; il en a parlé en détail avec Norma. Elle a remarqué d'ailleurs qu'il place souvent les intrigues de ses albums de bandes dessinées de Batman ou de Superman dans un contexte lié au dharma, expliquant le combat entre les « bons » et les « méchants » à la lumière de l'enseignement bouddhiste.

Il s'est aussi montré très doué en mathématiques, et fasciné par les nombres immenses, les grandes distances, les tailles importantes et les poids élevés, en fait tout ce qui est grand. Au cours des dernières années, il a aussi commencé à se passionner pour l'illusion et la prestidigitation, et il joue souvent à faire prétendument apparaître et disparaître des objets. Il est réellement fasciné par les menus détails du royaume des insectes et l'évolution des espèces, comme je l'avais déjà constaté au Muséum d'histoire naturelle de Londres. Osel a l'esprit large, exactement comme Lama Yeshe.

Norma a aussi remarqué d'autres traits caractéristiques, « sa force de caractère, et le fait qu'il n'a pas toujours été un "enfant modèle". En général, lorsque quelque chose ne l'intéresse pas, sa créativité pour inventer un stratagème après l'autre, sans interruption, pour détourner l'attention du sujet en cause, est impressionnante. Il est résolu, d'un tempérament fougueux et très indépendant d'esprit ».

Voilà une observation que j'ai trouvée rassurante. Norma confirme ce qu'un grand nombre d'entre nous ont déjà constaté, c'est-à-dire que Lama Osel n'est pas du tout influençable. Au contraire, il sait exactement ce qu'il veut. C'est agréable à savoir, l'une de mes plus grandes inquiétudes étant qu'il soit « conditionné » à jouer son rôle, ce qui pourrait nuire à son authenticité. Il est tellement plus satisfaisant d'avoir un lama plein de vie et d'espièglerie, qui sait penser par lui-même !

En observant l'enfant actuellement placé sous sa garde, Norma a noté d'autres signes distinguant Osel de la moyenne. Une fois, lors d'un cours d'anglais, elle lui demandait le sens contraire de certains mots. Elle disait « haut » et il répondait « bas », par exemple. Quand elle lui a demandé l'inverse du mot « endormi », cependant, il a répliqué : « Bouddha ! » C'était une réponse astucieuse et subtile, remarquable pour un enfant de son âge. Peu d'adultes sont conscients qu'un Bouddha est, par définition et au sens propre, un être pleinement éveillé. Par la suite, elle a décrit Lama Osel comme « un enfant doué et brillant ».

Sur le plan des études, par ailleurs, Lama Osel a de bons résultats sur tous les tableaux. Son gen-la, Geshe Gendun Chopel, a annoncé que son protégé est exceptionnellement intelligent et, s'il souligne également son côté ludique, il est persuadé que cela s'estompera avec l'âge et à mesure qu'il comprendra l'importance des études. Il a aussi observé depuis qu'il connaît Lama Osel, et bien qu'au début il l'ait considéré comme un enfant ordinaire ayant un statut de toulkou, que c'est un être remarquable, dont la mémoire est exceptionnellement nette et bien développée.

Mais malgré ses excellents résultats scolaires, comme tant de petits garçons Osel se plaint souvent d'avoir trop de travail et il dit aux visiteurs qu'il est « trop occupé ». Une fois on l'a entendu dire : « Ne sais-tu pas que j'apprends en jouant ? » Il a, bien sûr, entièrement raison.

Pendant un moment, lors de la période d'adaptation entre Kopan et Sera, un moine australien chaleureux et plein d'humour qui s'appelle Namgyal a été l'assistant de Basili Llorca au service de Lama Osel. La personnalité plus artistique et moins conventionnelle de Namgyal est entrée en résonance avec des aspects similaires chez Lama Osel, et les deux ont bientôt été très proches l'un de l'autre.

« Nous avions pris l'habitude de nous éclipser à la sauvette pour manger des pizzas, et nous faisions la cuisine ensemble, se rappelait-il un jour à Dharamsala, où j'étais allée interviewer le Dalaï-Lama. Lama Osel, comme Lama Yeshe, adore cuisiner. Je lui ai donné un tablier sur lequel on peut lire "Ne faites jamais confiance à un cuistot trop maigre", qu'il affectionnait tout particulièrement. Nous roulions la pâte ensemble pour faire ces pizzas et il disait par exemple : "Ce fromage n'est pas le bon." Il est tellement perfectionniste ! Tout doit être juste comme il faut. Il voulait toujours que tout soit propre et correct. Je me rappelle comment il a réprimandé une fois des moines qui buvaient leur soupe à grand bruit, et cela les faisait rire, mais rire! »

Les encouragements prodigués par Namgyal pour qu'il s'exprime ont donné des résultats dans la pratique spirituelle d'Osel également.

« Chaque jour nous remplissions les bols d'eau, représentant les offrandes de fleurs, de lumière, de musique, d'encens, et ainsi de suite, faites aux bouddhas. Lama Osel adorait cela. Il inventait de nombreuses manières différentes de faire ces offrandes. Il plaçait de petits bols de cristal en diverses positions et ajoutait de la couleur dans l'eau. Cela nous a pris beaucoup plus longtemps, mais il m'a montré comment, avec un minimum de créativité, on peut transformer un rite quotidien qui autrement serait resté assez mécanique. »

Je retrouve bien là Lama Yeshe, qui transgressait les règles monastiques conventionnelles en créant ses propres autels, pleins d'objets divers et imaginatifs comme des coquillages et des animaux en porcelaine, représentant tout ce qui était précieux à ses yeux. Un jour, il a mis un petit modèle d'avion sur son autel, car ce moyen de transport allait lui permettre de toucher des interlocuteurs dans le monde entier. Ou encore, ayant découvert des arômes aussi luxueux que le parfum de Patou « Joy » en dehors du Tibet, il s'est empressé d'abandonner ses bâtonnets d'encens traditionnels, et de les remplacer par les senteurs les plus coûteuses qu'il soit possible de se procurer : seul ce qu'il y a de meilleur au monde peut convenir au Bouddha!

Lama Osel en fait autant. Ses prières et méditations, sous la direction de Namgyal, prenaient un aspect plus individualiste et créatif. Un jour, après avoir rendu l'offrande du mandala à tous les bouddhas, Lama Osel s'est tourné vers lui et lui a dit :

« Savez-vous ce que j'ai visualisé?

— Non, lui a répondu Namgyal.

— J'ai visualisé le Bouddha dans le ciel, et une montagne de glaces et de douceurs et une myriade de fleurs de toutes les couleurs arrivant toutes vers le Bouddha pour le pénétrer. »

C'était une offrande parfaite pour un petit garçon.

« Je lui ai demandé une fois si sa famille lui manquait, m'a dit Namgyal. Il a répondu, très sérieusement : "Les lamas n'ont pas de famille." »

En dehors de ces moments de détente, Osel a montré à son ami australien certaines de ses qualités uniques.

« Il a des capacités parapsychologiques. Une nuit il s'est réveillé en disant que des esprits essayaient de renverser son autel. J'ai le sentiment qu'il est très réceptif aux esprits, et donc j'ai accepté ce qu'il disait. Le lendemain il leur a offert une puja, disant qu'ils souffraient. Il m'a aussi dit que dans ma dernière vie j'ai été un lama vivant au Kham, une province du Tibet. C'est intéressant, car cela confirme ce qui m'a déjà été révélé plus tôt par un oracle tibétain », m'a dit Namgyal.

D'autres moines m'ont assuré que Lama Osel voit de temps à autre non seulement leur passé mais aussi leur avenir. L'un d'eux m'a raconté que Lama Osel l'avait regardé droit dans les yeux et qu'il lui avait dit : « Tu seras à nouveau un lama, et je te tiendrai dans mes bras. » À d'autres moments, il les terrorisait en déclarant qu'ils se dirigeaient vers les mondes infernaux; personne ne pouvait juger si ces prophéties étaient vraies ou fausses.

Namgyal a été témoin d'autres comportements inhabituels qui lui ont donné l'impression que Lama Osel est différent des autres.

« Une fois, alors que nous étions à Katmandou, Lama Osel a vu une femme allumer une cigarette. Il s'est tourné vers moi et m'a demandé : "Devrais-je lui dire qu'elle est en train de se tuer?" Je l'en ai empêché, mais quand j'ai rapporté l'incident à Lama Zopa, celui-ci m'a dit que j'aurais dû le laisser, car plus tard, lorsque Lama Osel aura grandi et sera connu, la femme en question aurait pu penser à ce qu'il lui avait dit et changer de comportement. »

Une autre fois, il accompagnait Lama Osel à Bodhgaya, l'endroit où le Bouddha a atteint l'Illumination. Ils y ont rencontré Kunnu Lama Rinpoché, un maître spirituel célèbre, si vénéré que même le Dalaï-Lama s'est prosterné à ses pieds. Namgyal m'a raconté ce qui s'est passé :

« Quand ils se sont rencontrés, Lama était complètement submergé de dévotion envers Kunnu Lama et voulait lui offrir tous ses jouets, sa montre, sa lampe de poche, en fait tout ce sur quoi il pouvait mettre la main ! Ensuite Lama Osel a affirmé que Kunnu Lama Rinpoché était un Bouddha et qu'il ne perdrait jamais la photographie que ce saint homme lui avait donnée. »

Lorsque son travail comme assistant du précepteur a pris fin, Namgyal a regretté la compagnie de son protégé. L'intimité que Lama Osel savait instaurer était puissante et précieuse.

« Pendant un moment, je suis devenu le meilleur ami de Lama Osel. Il avait pris l'habitude de tout me raconter. Chaque soir il me parlait pour se confesser de tout ce qu'il avait fait de mal ; il me confiait aussi ses secrets, comme son désir de voir les filles nues. J'ai simplement traité tout cela comme étant parfaitement normal. Il était tellement affectueux et plein d'amour, si spontanément. Il adore être proche des gens. Il se penche par-dessus la table en présence d'autres personnes et me dit : "Namgyal, je t'aime." Je n'oublierai jamais l'amour de Lama, jamais. »

La vie a commencé à changer à Sera, et Lama Osel également. Après le départ de Namgyal, Basili a fait comme lui, suivant en cela le « conseil » de Lama Zopa. Personne ne sait vraiment pourquoi. Peut-être, me suis-je dit, pour empêcher qu'une personne en particulier ne finisse par s'attacher de trop près à Lama Osel. Ou encore parce que la tâche véritable d'un moine est de mener une vie de prière et de méditation, et non d'être un gardien d'enfants. Lui ont succédé une série de moines occidentaux chargés de s'occuper des besoins quotidiens du jeune toulkou espagnol.

Maintenant Lama Osel commence à grandir et à développer sa propre personnalité. D'une certaine manière, on dirait que le manteau du personnage de Lama Yeshe est en train de glisser pour laisser la place à une nouvelle personne, Lama Osel, en cours d'émergence. Nous devons tous comprendre que Lama Osel est une autre personne que Lama Yeshe, même si elles sont toutes les deux liées en essence. Il commence maintenant à se distinguer de son « prédécesseur » par l'apparence physique, avec son visage allongé, son corps élancé et ses longs doigts fins, mais il est également en train de se défaire de cet aspect de sa personnalité si souple, influençable et sympathique dès le premier abord, ce côté infiniment charmeur qu'il a toujours mis en avant. Il est en train de devenir une force puissante, qu'il faut respecter.

Je me dis que cela ne doit pas être facile de se défaire de l'emprise d'un personnage aussi magnétique et fort que celui de Lama Yeshe, et des épaisses couches de projections qu'il suscite, issues d'un très grand nombre d'anciens disciples. Vers cette époque, j'ai eu un rêve qui peut être une indication du type de sentiment que devait éprouver Lama Osel. Je le voyais dans sa tenue monacale, marchant le long d'un sentier, la tête penchée vers le sol, l'air consterné. Il a relevé les yeux et m'a dit : « Lorsque j'étais plus jeune, je savais que j'étais Bouddha, mais maintenant je n'en suis plus si sûr. »

Les vers du fameux poème de William Wordsworth « Annonces d'Immortalité », appris à l'école, me sont revenus à l'esprit :

Ne faisant que suivre les nuées de la gloire venons-nous
De Dieu, qui est notre foyer :
Le ciel nous entoure dans notre enfance !
Les ombres de la prison commencent à se refermer
sur le garçon qui grandit...

Les sentiments exprimés par le poète anglais ne sont peut-être pas ce qu'il y a de plus bouddhiste, mais le message reste remarquablement identique, d'une culture à l'autre.

Osel met maintenant au défi presque tous ceux avec lesquels il entre en contact, par un mot, un regard, une réfutation, un refus de coopérer. Ne jouant plus le rôle de « M. Sympa », il renvoie chacun face à lui-même. Personne ne se sent très à l'aise en sa compagnie. Tout le monde doit reconnaître, cependant, que son esprit s'aiguise de plus en plus, ses perceptions sont désagréablement exactes, et sa puissance indéniablement imposante. Les histoires racontées par ceux qui l'ont alors fréquenté illustrent très bien ce changement.

« Pendant la dernière année, il a été incroyablement méchant à mon égard, m'a rapporté Robina Courtin, une nonne très aimée et respectée, qui a joué un rôle dans la maison d'édition Wisdom, liée à la FPMT, et qui a connu Lama Yeshe pendant dix ans. Chaque fois que j'ai rencontré Lama Osel récemment, il m'a dit quelque chose d'atroce. Et il touche en plein dans le mille chaque fois. Ce n'est pas que je sois romantique, mais j'ai vraiment l'impression que c'est Lama Yeshe qui est là, qui me donne un enseignement. Cela a commencé quand il avait environ quatre ans; nous étions sortis déjeuner, et il a dit devant tout le monde : "Tu parles trop vite, tu manges trop vite, tu marches trop vite, tu fais tout trop vite." Il a énoncé cela très distinctement. Il savait exactement ce qu'il était en train de dire. Grâce à Lama Osel, j'en ai plus appris en dix-huit mois sur ma propre nature stressée, speedée et désaxée, et tout le tort que cela peut causer à mon entourage, que pendant tout le reste de ma vie.

« Je l'ai toujours su, mais jusqu'à présent je n'ai jamais porté une attention très soutenue à ce défaut. J'entre dans une pièce et je me sens déjà nerveuse parce que je sais que, comme le faisait déjà Lama Yeshe, il est toujours prêt à me prendre en défaut. Il me dit : "Pourquoi es-tu nerveuse?" Cela peut sembler idiot, mais je sais que j'écouterai toujours ce qu'il me dit d'une autre oreille que s'il s'agissait d'un enfant ordinaire. Il me surnomme “Annie la Nerveuse”. Tout ce que je peux vous dire, c'est que cela ne me met pas en colère, alors que, si la boutade était venue d'un autre enfant, je ne crois pas que je serais restée si sereine. Il m'a aidée à me voir plus clairement que n'importe qui d'autre. Cela peut être très douloureux par moments », a-t-elle admis cependant.

Pendant que Robina parlait, j'entendais la voix de Lama Yeshe disant très clairement : « Le bouddhisme devrait vous *secouer*. Il n'est pas fait pour être agréable ou confortable. Il doit vous *bousculer* pour que vous cessiez de confondre vos perceptions illusoires et la réalité ! Dans ce cas-là seulement, il fait du bien. » La sainteté, me semble-t-il, n'est pas toujours douce et réconfortante. Aucun de ceux qui ont vu Lama Yeshe saisir des pickpockets par le cou et les secouer, ou réprimander un disciple, ou même frapper du bâton un moine s'étant mal comporté, ne pourra jamais oublier ce spectacle terrifiant. Lama Yeshe pouvait très bien être empreint d'une capacité exquise d'amour, de compassion, d'humour et de gentillesse, mais pouvait aussi montrer les dents et brandir son épée spirituelle s'il sentait que la situation l'exigeait. Et Robina se rappelle que Lama Yeshe a été, lui aussi, très dur avec elle.

« Quand je vois Lama Osel, il m'apparaît très clairement que son comportement est spécifiquement ciblé. Je le vois avec d'autres personnes et il est doux, gentil, attentionné. C'est quelque chose d'hyperpersonnel. »

Une fois, à Sera, une femme indienne est venue déjeuner avec Osel. Elle était adorable, avec ses très beaux cheveux tressés en longue natte et un sari luxueux. Lama Osel est simplement resté assis là, comme le faisait Lama Yeshe, écoutant chacun parler. Puis il a demandé à la femme comment elle s'appelait, et elle lui a répondu que c'était « Déesse de l'Océan ». Osel lui fit la remarque qu'elle n'avait pas à s'enorgueillir de porter un tel nom. La manière dont il l'a dit a arrêté net tout le monde, y compris la femme en question. Ce n'était pas exprimé impoliment, mais simplement. Le plus remarquable dans cet épisode, c'est que cet orgueil qu'il a détecté était extrêmement subtil. Ce n'était pas du tout évident chez elle, car elle semblait plutôt humble.

De même, il avait été outré d'apprendre qu'une riche nonne avait prêté de l'argent pour construire un stupa. « Qu'est-ce que tu veux dire "prêter" ? lui avait-il crié. Pourquoi ne l'as-tu pas donné ? Tu es très vilaine. Je vais te fesser. »

Une autre fois il a réprimandé une femme qui avait été incorrecte.

« C'était accablant, mais vrai, dit-elle. C'est vrai que je dis les choses brutalement. Nous étions allés dîner à Bangalore, les serveurs s'affairaient maladroitement et je leur ai parlé d'une manière assez sèche. Lama Osel a noté cela et il a été au contraire très gentil avec eux. Plus tard, il m'a grondée. Ce qui est extraordinaire, c'est qu'il ne m'a rien dit sur le moment, mais qu'il a attendu que nous soyons seuls. C'est cela qui est inhabituel. » Elle a ajouté : « Une autre fois j'ai été un peu sévère avec de jeunes moines qui étaient venus, je l'avais bien vu, jouer avec Lama simplement parce qu'il avait des jouets occidentaux. Osel s'est tourné vers moi et m'a dit : "Vous n'êtes pas très charitable, n'est-ce pas ?" »

Il n'y avait aucune malveillance, aucun caractère vindicatif dans ces affirmations, simplement le besoin de mettre en évidence certains défauts chez les gens, et de les orienter vers des sentiers plus constructifs. Cela a été bien illustré à Taiwan, où Lama Osel a rencontré un homme doué de clairvoyance qui lui a parlé du troisième œil. Lama a observé un silence puis lui a demandé : « Utilisez-vous votre troisième œil simplement pour voir des choses ou pour venir en aide à votre prochain ? » Son observation allait droit au cœur de la question, car à quoi peuvent bien servir toutes les prouesses spirituelles du monde si elles ne rendent de service à personne d'autre qu'à soi-même ?

De cette manière plutôt redoutable, Lama Osel a démontré qu'il devient un instructeur dans le plus pur style bouddhiste : lire dans les pensées des gens et mettre à nu leurs tendances négatives afin qu'ils puissent les transformer. La voie du Bouddha n'a-t-elle pas été d'affronter la réalité et de faire ensuite quelque chose pour la transformer? Plus particulièrement, ce que voulait maintenant Osel, c'est que les gens « vérifient », qu'ils examinent leurs motivations, leur sens des responsabilités. Même au moment où on lui donne une fessée, il va regarder la personne et lui dire : « Es-tu en colère, es-tu en colère ? » sans trace de peur personnelle dans le ton de sa voix, mais seulement pour découvrir si l'erreur cardinale de la colère entre en jeu ou non dans ce geste. Il remet aussi constamment en question les croyances des gens, surtout au sujet de la réincarnation. C'est énervant, m'a dit Michael Lobsang Yeshe, un garçon occidental élevé à Kopan sous la stricte supervision de Lama Yeshe et qui s'est occupé de Lama Osel.

« Il réussissait à me mettre dans tous mes états, et une fois que j'étais au summum de la rage, il faisait des commentaires comme : "Crois-tu vraiment que je sois la réincarnation de Lama Yeshe ?" Je suis perplexe devant sa façon d'être un lama très intelligent, très sage et très fort pendant un moment, et à l'instant même où je suis sur le point de me dire : "Ah, il est vraiment extraordinaire", de redevenir un enfant très astucieux et très taquin, du genre à faire les quatre cents coups. »

Mais les choses ne s'arrêtent pas à la seule émergence d'un instructeur car, pour la première fois de sa vie, Lama Osel a commencé à se rebeller. Il s'est mis à chahuter pendant les cours, inventant des stratégies brillantes pour éviter d'avoir à travailler, et, peut-être plus sérieusement, manifestant son désintérêt pour la pratique et les rituels religieux. Il a piqué des colères violentes lorsqu'il a eu l'impression qu'on le « forçait », mettant dans l'embarras les personnes chargées de s'occuper de lui. Certains attribuent ce comportement aux trop nombreuses règles et attentes pesant sur lui.

« Cela nous rend la vie difficile lorsqu'il faut qu'il agisse comme un lama irréprochable, affirme Michael. Je dois le considérer comme un être n'ayant aucun défaut, et qui se comporte très bien. Et de son côté, il doit jouer le rôle du lama parfait, au comportement exemplaire. Après tout, c'est un être humain comme nous tous, et je pense qu'il faut lui laisser son espace. Et pour la même raison, justement parce qu'il est humain, il nous faut veiller à ne pas trop le gâter en lui exprimant une admiration démesurée. Nous partageons tous la responsabilité de l'amener à être ce que nous voulons tous qu'il soit : un instructeur d'envergure mondiale. »

Cette série d'emportements passagers, ce nouveau comportement obstiné chez Lama Osel, nous a posé un dilemme. Comment devons-nous réagir ? Devons-nous le réprimander, l'ignorer ou au contraire nous occuper de lui ? Sommes-nous face à un simple enfant gâté, parlant méchamment et impoliment ? Ou au contraire s'agit-il d'un gourou plein de sagesse ? Pour les Tibétains, la question ne se pose même pas. Les toulkous sont connus pour leur énergie débordante, leur espièglerie, leur forte personnalité, et leur détermination sans bornes à occuper une position dominante. Ils ont la réputation d'être chahuteurs et peu sages, et il faut donc pour leur propre bien s'occuper d'eux avec fermeté. Les Tibétains n'ont aucun scrupule à discipliner leurs adeptes spirituels, disant que leur puissance extraordinaire doit être canalisée dans des directions utiles.

En tant qu'Occidentaux, cependant, nous sommes des novices dans ce domaine. C'est la première fois qu'un toulkou tibétain prend naissance parmi nous, et nous devons apprendre par l'amère expérience à gérer une situation aussi extraordinaire et les responsabilités immenses qu'elle implique.

La crise a frappé pendant l'été 1993. Pour la première fois dans sa vie aussi courte qu'incroyablement riche, Lama Osel s'est ouvertement rebellé. Quelque chose n'allait clairement plus du tout, mais personne ne pouvait dire au juste de quoi il s'agissait. À l'évidence, sa vie avait connu des bouleversements majeurs depuis qu'il était entré au monastère de Sera. Le problème était peut-être lié au départ de Basili, son proche assistant pendant tant d'années, qui avait laissé Osel avec une série d'autres moines, loin d'être aussi experts, malgré toute leur bonne volonté, dans l'art de s'occuper d'un toulkou espagnol au caractère énergique et au mode de vie exigeant. Peut-être le problème était-il la discipline sévère régnant au monastère de Sera, qui contrariait son esprit indépendant et ludique. Peut-être était-ce parce qu'il s'inquiétait pour sa mère, qu'il savait atteinte d'un cancer. Peut-être la cause était-elle la rupture aussi soudaine qu'attristante qui était survenue entre ses parents. Ou peut-être qu'avec sa maturité croissante il se rendait compte de la tâche impressionnante qui l'attendait, de cette vie entièrement vouée au service et à la dévotion, et qu'il voulait fuir ses responsabilités. Quelle qu'en soit la raison, il envoya des messages plaintifs aussi bien à Lama Zopa qu'à sa mère, disant qu'il voulait partir, quitter Sera.

Lama Zopa a été profondément affecté mais, se rappelant son propre penchant à fuir son monastère lorsqu'il était enfant, et même ses tentatives répétées en ce sens, il a choisi d'ignorer l'appel d'Osel. Il avait sincèrement le sentiment qu'il s'agissait là de la réaction normale d'un jeune garçon confronté à la difficulté d'études poussées, et il était convaincu que l'évolution de Lama Osel passait nécessairement par une base solide dans le bouddhisme tibétain, que seul Sera pouvait fournir. Lui et des milliers d'autres jeunes lamas ont survécu aux rigueurs de la vie monastique et ont par la suite été extrêmement reconnaissants de ce parcours, et il ne doutait pas que Lama Osel finirait par être d'accord avec eux. Néanmoins les appels d'Osel lui allaient droit au cœur. Après tout, le bonheur de son gourou était primordial à ses yeux. Il s'est plongé dans une profonde méditation pour réfléchir au dilemme qui venait d'apparaître, mais la réponse est toujours restée la même : c'est au monastère de Sera que Lama Osel doit habiter, au moins jusqu'à l'âge de treize ans. Lama Zopa a publiquement déclaré que cette année allait être cruçiale pour Lama Osel. C'est cette année qu'il déciderait de ce qu'il veut faire. En fin de compte, c'est à Lama Osel qu'appartient sa propre vie.

Cependant, lorsque Maria a entendu l'appel de son fils, avec l'intrépidité qui la caractérise, elle a immédiatement pris l'avion pour venir à Sera et ramené Osel en Espagne avec ses affaires. Dire que l'abbé de Sera et le reste des moines étaient époustouflés serait un euphémisme. C'est une démarche sans précédent dans l'histoire tibétaine, et que seule une femme européenne à la personnalité particulièrement forte pouvait entreprendre. La perte de leur célèbre toulkou a été un coup effroyable, qui les a profondément blessés. Ce départ spectaculaire a également engendré des ondes de choc considérables parmi les Occidentaux ayant appris la nouvelle. Qu'allait-il se produire maintenant ? Qu'en était-il du projet ambitieux envisagé pour Lama Osel et de son travail dans l'avenir ? Était-il réellement la réincarnation de Lama Yeshe, ou tout cela n'avait-il été qu'une terrible erreur ?

Pour résoudre certaines de ces questions gênantes, je me suis rendue encore une fois dans la petite ville d'Andalousie nommée Bubion. C'était vers la mi-juillet et le voile fantomatique de pollution qui flottait sur la Costa del Sol, ensevelissant le paysage autrefois si beau dans un épais smog jaune, correspondait bien à mon appréhension. Mes deux précédentes visites à Bubion s'étaient produites à l'automne et en hiver. À cette époque, les feuilles avaient des couleurs chatoyantes, et plus tard il y avait eu tellement de neige sur la route que j'avais dû abandonner la voiture à mi-chemin. Maintenant, tandis que je quittais la côte et que je montais la route abrupte, j'ai remarqué à quel point tout cela paraissait différent en plein été. Le sol était desséché, une forte odeur de pin remplissait l'air, et seul le chant des cigales résonnait dans l'épais silence de la *siesta*.

La ville de Bubion était toujours aussi charmante, avec ses maisons blanchies à la chaux brillant sous le soleil, ses minuscules balcons couverts de cascades de géraniums rouges et roses, ses bougainvillées mauves et écarlates, et ses rues pavées étroites où les voitures ne se faufilent que difficilement, frôlant les murs de quelques millimètres de chaque côté. Depuis six ans que je n'étais pas revenue, c'était devenu une ville beaucoup plus chic, des immeubles s'étaient élevés un peu partout et il y avait beaucoup plus de touristes se promenant dans les ruelles. Mais miraculeusement, les gens du pays continuaient à travailler les champs avec des binettes et des faucilles, les chèvres et les moutons portaient toujours des cloches sous le menton (qui vous réveillaient encore vers 5 heures du matin), et la ville continuait à résonner du son de l'eau s'écoulant perpétuellement dans les nombreux canaux d'irrigation construits par les Maures il y a plusieurs centaines d'années.

J'ai pris une chambre à l'hôtel central, dont le restaurant couvert de vigne surplombe les plus hautes montagnes d'Espagne et leurs vallées abruptes en contrebas, et je me suis dit que ce n'était pas un si mauvais choix comme lieu de naissance. Je me suis ensuite mise à la recherche de Maria et d'Osel.

Je l'ai trouvé au domicile familial (agrandi pour abriter un nombre d'enfants sans cesse croissant), en train de jouer avec ses frères cadets. Ses cheveux étaient encore très courts, mais il portait un short et un tee-shirt, spectacle quelque peu surprenant après tant d'années de tenue monacale. Il était de très bonne humeur, et tout en cajolant ses frères il s'est glissé près de moi. J'ai trouvé malgré tout que les traits de son visage étaient tirés et qu'il avait de grands cernes sous les yeux. Il ne semblait pas particulièrement heureux. Maria est apparue, et nous sommes allées prendre le café et parler de ce qui était arrivé.

« Pour moi il était parfaitement évident que quelque chose n'allait pas, et je ne pouvais pas simplement rester prostrée à ne rien faire, m'expliqua-t-elle. Je suis allée à Sera l'année dernière, en 1992, pour vérifier la situation de Lama. J'étais ravie par certaines des choses que j'ai vues, mais contrariée par d'autres. Déjà il éprouvait de l'anxiété, parce qu'il voulait entreprendre de nombreuses activités nouvelles, mais qu'en même temps il était limité. Les craintes que j'avais eues au sujet de l'éducation tibétaine traditionnelle s'avéraient justes. J'avais le sentiment que Lama était constamment frustré, que le système d'éducation des toulkous asservissait sa volonté sans pour autant permettre à sa personnalité de s'épanouir librement.

« Il en avait assez du processus de mémorisation exigé par le bouddhisme tibétain au cours des premières années d'études. Il veut *comprendre* par la raison et la stimulation. De plus, il commençait à rejeter le port des robes monacales, la récitation de prières et son rôle de lama. Je crois qu'il s'agit en fait de réactions violentes de sa part, face à une situation qui l'a rendu malheureux, poursuivit-elle.

« Ce qui m'a le plus choquée, cependant, c'était son comportement même. Parce qu'il se sentait triste et frustré, il commençait à avoir un ego tyrannique : il ne partageait plus rien avec les autres et devenait très égocentrique. Cela est dû en partie, je pense, au centre de formation des toulkous, où l'enfant est constamment habitué à être le point de mire, élevé complètement à part du reste du monde. Mais c'était aussi un peu la faute des disciples occidentaux de Lama qui n'ont pas appris comment il fallait le traiter. Ils lui donnaient souvent tout ce qu'il voulait, uniquement pour gagner son amour et son approbation. Ils donnaient pour recevoir. Ce n'était pas bon pour lui du tout. Cela l'a plongé dans la confusion, et il en est devenu malheureux. »

Si elle l'avait ramené en Espagne, ce n'était pas parce qu'elle avait changé d'avis par rapport à sa décision de confier son fils aux lamas, ni même parce qu'elle le voulait près d'elle, m'a-t-elle assuré.

« Je n'éprouve toujours pas d'attachement maternel. J'ai offert librement Lama à Lama Zopa Rinpoché, et la chose la plus facile pour moi aurait été de laisser la situation telle quelle. Mais je suis la mère choisie par Lama, et c'est pourquoi je me sens responsable de lui fournir les meilleures conditions possible pour continuer le travail de Lama Yeshe », me dit-elle.

Malgré les bouleversements récents, la conviction irrépressible de Maria que son fils est bien la réincarnation de Lama Yeshe n'avait pas faibli, ni l'idée que son destin est de perpétuer la mission de Lama Yeshe, la transmission de la connaissance sacrée du bouddhisme tibétain en Occident.

« Tout fait partie de la stratégie de Lama Yeshe. Il avait découvert ses propres limitations en enseignant aux Occidentaux, et il a donc pris dans cette vie-ci un corps occidental. C'est une erreur d'attendre de Lama Osel qu'il ressemble à Lama Yeshe. Il occupe maintenant un nouveau véhicule, c'est une nouvelle époque, avec de nouveaux parents. Les causes et les conditions sont différentes. Je crois que ce que fera Osel dépend des conditions qu'on lui fournira. Si nous semons de bonnes graines maintenant, alors nous obtiendrons une belle plante dans l'avenir. Je suis persuadée que même tous ces bouleversements font partie de la trajectoire de Lama Yeshe. Il transforme les structures, mettant en place de nouvelles formes d'ordre », affirmait-elle.

Assise en face de moi avec ses yeux scintillants, elle m'a paru remarquablement bien dans sa peau, si l'on considère que deux ans plus tôt on ne lui avait donné que six mois à vivre. En fait, le cancer secondaire dans sa tête avait complètement disparu, ce qui avait sidéré son médecin. Sa tumeur au rein était encore présente, mais elle avait appris à la traiter comme s'il s'agissait d'une amie, m'a-t-elle assuré.

« Elle ne me gêne pas du tout. Elle a pris la forme exacte du rein sans pour autant obstruer les artères, et elle n'a donc pas empêché le rein de fonctionner. »

C'est une femme extraordinaire, intrépide, courageuse, prête à remettre en question toutes les croyances établies.

Avoir Lama Osel à Bubion ne va pas être une sinécure, d'après ce qu'elle peut prévoir. Elle continue à essayer de maintenir son régime spécial de toulkou, gardant les locaux où il vit à l'écart des autres enfants, et tentant de lui faire faire ses prières et ses ascèses quotidiennes. En même temps, elle gère son nouveau commerce touristique régional, et supervise le bien-être de ses autres enfants. Même pour Maria, cette charge de travail est énorme. Maintenant, en juillet, les enfants sont partis en vacances et Lama Osel, libéré des restrictions de Sera, court partout dans un chahut affolant. Pour aggraver le tout, après leur séparation, Paco a quitté Bubion pour s'installer à Londres pour son travail. Il est absolument opposé à ce que Maria vient de faire et croit fermement qu'en réalité le problème de Lama Osel, c'est tout simplement qu'il refuse de se mettre sérieusement au travail.

Pour éclaircir la situation, Maria a décidé de lancer sa propre école de toulkous à Bubion. Son projet était pour le moins audacieux. Elle a tout prévu.

« Ce sera un environnement unique pour des enfants spéciaux, tibétains aussi bien qu'occidentaux, qui seront formés pour répondre aux exigences de notre monde en constante et rapide transformation. J'aimerais que cette école suive les principes d'Éducation universelle mis au point par Lama Yeshe, intégrant ce qu'il y a de meilleur dans l'éducation occidentale avec l'essence du système tibétain. De cette manière, la société occidentale en profitera, ainsi que la société tibétaine. Bien sûr, poursuivit-elle, tout doit être fait sous la direction de Sa Sainteté le Dalaï-Lama. »

Ce projet éblouissant ne manque pas de mérite, mais je me suis demandé comment Maria parviendrait à trouver les enseignants, sans même parler du financement, pour un plan si ambitieux. Rares sont les lamas avancés qui accepteront de s'opposer aux directives de Lama Zopa Rinpoché, comme Maria a d'ailleurs pu s'en rendre compte lorsqu'elle en a abordé un ou deux pour leur demander de venir à Bubion assurer la formation de Lama Osel. En effet, la sagesse de Lama Zopa ne peut être écartée à la légère. Il croit du fond du cœur que Sera est le meilleur endroit pour Lama Osel, et qui oserait le contredire ?

J'ai quitté Bubion en me demandant ce qui allait arriver à Lama Osel maintenant. La dernière fois que j'ai aperçu le toulkou espagnol, il était dans le jardin, et jouait avec son entrain habituel. Il était désormais « libre » et menait la vie d'un enfant ordinaire, mais je pouvais sentir qu'il y avait quelque chose de lourd et de triste chez lui. À ce stade, Tenzin Osel Rinpoché était un enfant coincé entre deux cultures. C'était un spectacle affligeant.

Je suis revenue à Londres le cœur lourd, désorientée face au conflit d'intérêts qui apparaissait maintenant dans la vie d'Osel. Je me suis demandé une fois de plus si cette expérience, consistant à transplanter des maîtres spirituels de l'Orient en Occident, pourrait réussir. Mais avant tout mon cœur battait pour ce jeune garçon espagnol dont la destinée était d'être la figure de proue d'un tel mouvement.

Puis tout à coup la crise a pris fin. Quelques semaines plus tard, Osel est allé rendre visite à son père à Londres, où il a décidé de son propre chef de quitter Bubion et de se rendre à Kopan, la colline au milieu de la vallée de Katmandou où tout avait commencé. Il voulait reprendre sa vie de moine. Là, selon les observateurs, il s'est clairement détendu pour la première fois depuis des mois. Son expression de déchirement et sa tristesse évidente se sont dissipées. « C'est comme s'il venait de retrouver le lieu qui lui convenait vraiment, comme s'il avait réintégré sa famille véritable », a confirmé un observateur. Chaque matin, il a passé des heures entières en compagnie de Lama Zopa, dans sa chambre, où les éclats de rire constants résonnant derrière la porte fermée remontaient le moral de tous. Le jeune garçon et le gourou maintenant quadragénaire avaient renoué un lien particulièrement intime.

Lama Osel a visiblement pris une décision fondamentale pour sa propre vie. Il a choisi. Pendant un court moment il a goûté la vie ordinaire d'un enfant, puis il l'a volontairement rejetée. Sa décision a été rendue parfaitement explicite lorsqu'une rencontre a été organisée entre Maria, Paco et les chefs de la FPMT, dans le but de discuter de l'avenir de Lama Osel.

Malgré son jeune âge (il n'avait alors que neuf ans), il a pris les rênes de la réunion. Avant qu'elle commence, il a fait répéter à certains des dirigeants de la FPMT la manière dont elle devrait se dérouler. « Il ressemble exactement à Lama Yeshe lorsque celui-ci prenait les rênes, dirigeant l'ensemble de la séance. Il a dit littéralement : "C'est moi le chef." C'est impressionnant », a déclaré l'un des participants.

Bref, Lama Osel a déclaré qu'il allait revenir à Sera, mais à la condition que son père Paco et son frère cadet Kunkyen l'y accompagnent. Il a exprimé des souhaits au sujet du nouvel instructeur occidental qu'il devait avoir (Norma Quesada-Wolf était partie entre-temps) et du genre de cuisinier qu'il souhaite. Il a été clair, direct et plein d'autorité. À la grande consternation de Maria, il a même réduit à néant ses arguments, elle qui pensait qu'il valait mieux pour lui qu'il vive à Bubion. « Il lui a parlé avec beaucoup de force, mais comme il disait la vérité, elle l'a accepté », a précisé le spectateur.

Lama Osel est donc rentré à Sera, accompagné de son père comme assistant et de son frère comme compagnon, ainsi qu'il l'avait exigé. Kunkyen est devenu moine par la suite, revêtant avec enthousiasme les robes monacales peu après son arrivée, commençant ainsi à confirmer la véracité de la prédiction qui avait vu en lui un enfant spécial. Osel est posé, heureux, il poursuit ses études avec diligence. Cette nouvelle acceptation est peut-être survenue parce qu'il s'est entouré de personnes dont il sait qu'elles l'aiment pour lui-même, et non pour ce qu'il représente. Peut-être est-ce parce qu'il a choisi indépendamment la direction de sa propre vie. Peut-être a-t-il découvert par lui-même à quel point la vie « ordinaire » peut être décevante. Ou peut-être Osel est-il parvenu à résoudre quelque chose de très fondamental en lui-même, un obstacle que tous les toulkous doivent affronter tôt ou tard.

Je me rappelle avoir lu quelque chose au sujet d'une crise semblable traversée par le jeune Chogyam Trungpa, ce maître de méditation aussi brillant que controversé. Dans son livre *Journey Without Goal (Voyage sans but)*, il décrit les souffrances qu'il a vécues en tant que toulkou au Tibet, et leur résolution :

« Au cours de mon éducation j'ai été critiqué sans arrêt. Si je me penchais en arrière j'étais critiqué, on me disait qu'il fallait que je me redresse. Chaque fois que je faisais quelque chose de bien, j'étais critiqué encore plus sévèrement. J'étais constamment rabaissé par mon précepteur. Il dormait dans le corridor derrière ma porte, pour que je ne puisse pas m'échapper. Il était toujours là, en train de me surveiller...

« J'ai reçu une éducation stricte depuis ma plus tendre enfance, depuis l'âge de dix-huit mois ; je ne possédais donc aucun point de référence tel que l'idée de liberté ou d'être dégagé de toute contrainte. Je n'avais aucune idée de ce que cela faisait d'être simplement un enfant ordinaire jouant dans la poussière, ou avec des jouets, ou mâchonnant un métal rouillé ou n'importe quoi de ce genre. Comme je n'avais aucun point de comparaison, je pensais que le monde était ainsi fait. Je me sentais un peu comme chez moi, mais en même temps incroyablement irrité et claustrophobe.

« Puis, étonnamment, j'ai cessé de me battre contre l'autorité et ses représentants, en quelque sorte, et j'ai commencé à me développer. J'ai fait des progrès et encore des progrès. À ce moment-là, mon précepteur s'est mis apparemment à me craindre ; il me parlait de moins en moins. Et mes instructeurs commençaient eux aussi à m'enseigner de moins en moins de choses, tout simplement parce que je leur posais trop de questions... Quelque chose marchait vraiment. Quelque chose s'enclenchait enfin. La discipline faisait maintenant partie de mon système. »

Même le Dalaï-Lama, qui a parlé ouvertement de la sévérité et de l'isolement qu'il a ressentis pendant son enfance au sein du palais des Mille Chambres de Potala, admet que rétrospectivement la discipline lui a été très utile.

Arrivé à cette étape de sa vie, il semble que Lama Osel se soit trouvé lui-même. Il s'est installé dans sa maison à Sera, avec son jardin et une ménagerie sans cesse croissante d'animaux domestiques : il a maintenant deux chiens, un lapin et une biche. La présence de son père et de son frère lui a donné une stabilité qui lui manquait clairement auparavant. Son environnement émotionnel compte plus pour lui que personne n'aurait pu s'en douter : il lui manquait jusque-là la présence d'un ami véritable.

Il s'est même sérieusement attelé à ses études avec son gen-la, qui a légèrement modifié l'approche traditionnelle pour inclure plus d'explications et de commentaires, et des histoires exemplaires de grands maîtres et de saints, chose qu'Osel apprécie. Le nouveau professeur occidental va prendre ses fonctions, en se fondant sur un cours d'anglais conçu pour amener les enfants jusqu'au niveau préuniversitaire. Il entretient son espagnol, son anglais et son tibétain aussi bien à l'oral qu'à l'écrit, et il enseigne maintenant l'anglais à son frère. À sa grande joie, il a reçu un ordinateur assisté d'une vaste gamme de logiciels éducatifs, qui lui permettent d'apprendre les langues, les mathématiques, la lecture et la déduction sous la forme de jeux stimulants. L'Orient et l'Occident parviennent enfin à fusionner.

Écrivant dans l'édition de juin 1994 du magazine *Mandala*, le bulletin de liaison de la FPMT, Paco décrit l'état d'esprit actuel d'Osel et la qualité de leur vie quotidienne :

« Le passage à Kopan a fait du bien à Lama. Cela lui a permis de se réintégrer à Sera, lui a donné le temps, dans un lieu approprié, de méditer la question. Mais il avait déjà pris la décision de revenir lorsque nous étions à Londres.

« Lama semble heureux au monastère de Sera. En compagnie de son frère Kunkyen, Lama exprime cette partie de lui qui a le plus besoin d'être comprise : l'enfant.

« Le 25 mars 1994, une équipe de télévision italienne nous a rendu visite. Ils faisaient un reportage sur Ganchen Rinpoché. Ils ont interviewé Lama en lui posant les questions habituelles : se souvient-il de sa vie passée ? Il leur a dit qu'il ne se rappelle rien. Se sent-il plus lama ou plus enfant ? Il leur a dit : "enfant". Comprend-il tout ce qui lui est enseigné ? Il leur a dit : "en partie". Quel est son emploi du temps ? Il a répondu en détail, décrivant l'ensemble de la journée, cours par cours. Aimerait-il vivre en famille ? Il leur a répondu oui, et qu'il vit déjà en famille à Sera. »

Lama Osel est enfin revenu chez lui. J'ai trouvé intéressant, cependant, qu'il adopte dorénavant les réponses stéréotypées de tous les rinpochés lorsqu'on aborde le chapitre des souvenirs de leurs vies passées, c'est-à-dire la dénégation. J'avais une fois demandé à Lama Zopa quels souvenirs il gardait de sa dernière vie, et il a répliqué : « de l'obscurité ». Le Dalaï-Lama a répondu pareillement qu'il ne lui reste que « très peu » de souvenirs. L'auto-inflation n'est jamais un signe de véritable réalisation spirituelle. Une fois, néanmoins, le Dalaï-Lama a presque vendu la mèche en remarquant : « Je connais certaines personnes qui, lorsqu'elles parviennent à un niveau de conscience très subtil pendant la méditation, sont capables de se rappeler des événements qu'elles ont vécus il y a sept, huit cents, ou mille ans. »

Et qu'en est-il de l'avenir ? Selon la vision de Lama Zopa, Lama Osel restera à Sera jusqu'à l'âge de treize ans. Alors son éducation occidentale commencera d'une manière consciencieuse, pour lui inculquer les fondements de la science moderne, de la psychologie et des dernières découvertes de notre époque. Il est formé et préparé pour devenir un réceptacle unique de systèmes hétéroclites : les mystères les plus ésotériques de l'Orient, alliés aux dernières percées de la pensée occidentale. Il est encore trop tôt pour juger de ce qu'il fera de ces deux courants de pensée, convergents bien que différents, mais le dessein et l'aspiration que cela représente sont immenses. En Lama Osel réside l'espoir de la réunion de l'Orient et de l'Occident, et de la création d'une nouvelle dynamique, d'un nouveau projet pour l'humanité.

C'est en ce sens et vers ce but que la vie de Lama Yeshe s'était dirigée. Lama Yeshe, ce Tibétain incomparable, avait eu l'audace d'abandonner les méthodes traditionnelles de transmission du saint dharma pour rechercher une manière différente d'atteindre l'esprit occidental. Et avec quel enthousiasme nous avons tous répondu présents à son appel! C'est le lama qui a employé le langage des hippies pour faire passer son message. (« Il ne s'agit pas dans le bouddhisme de s'éclater ou de prendre son pied : le bouddhisme, c'est faire face à la réalité! »); c'est lui qui a visité des monastères chrétiens et s'est lié d'amitié avec des prêtres chrétiens pour se familiariser avec la religion prédominante de l'Occident; c'est lui qui a disparu, en solitaire, pendant trois jours sur des plages australiennes, pour connaître cette civilisation du bain de soleil, et qui a quitté ses robes monacales pour un short, un tee-shirt et une casquette de base-ball afin de se mêler à la foule sans se faire repérer; c'est encore lui qui a participé à la Marche des homosexuels et qui a visité Disneyland; lui qui a utilisé chaque pore de son être pour faire passer son message d'amour et de sagesse. Est-ce que Lama Osel reprendra le flambeau là où il l'a laissé? Nous remplira-t-il d'inspiration et nous montrera-t-il une nouvelle façon de considérer la vie, comme Lama Yeshe?

Quand je regarde Lama Osel, je perçois chez lui tant de ressemblances : cette gentillesse innée; cette attention pleine d'une affection presque insupportable qu'il éprouve envers la souffrance des êtres humains comme des animaux; cette personnalité extravertie; cet amour des fleurs, de la cuisine, des automobiles, même des chapeaux; sa rapidité, et, la qualité la plus importante entre toutes, son esprit profond et original. Ma plus grande crainte, que cet enfant risque d'être conditionné à jouer un rôle artificiel, a été pulvérisée par son magnifique esprit d'indépendance. Il est maintenant prouvé, et il sera dorénavant impossible d'avoir le moindre doute à ce sujet, que personne ne pourra jamais pousser Lama Osel à faire ce qu'il ne veut pas, ou à être quelqu'un qu'il ne souhaite pas être.

Nous nous demandons quel chemin il empruntera. Il est formé, comme tout héritier, à prendre la barre d'un grand royaume. Dans le cas de Lama Osel, sa domination est globale. L'organisation que Lama Yeshe a mise en mouvement, sa « famille internationale », la FPMT, a grandi de manière régulière depuis son décès en 1984, et comprend maintenant environ soixante-sept entreprises, dont des centres situés dans diverses villes, des centres de retraite à la campagne, des monastères, des couvents, une maison d'édition, des hospices, des maisons d'accueil pour personnes démunies, un programme contre la lèpre et le projet ambitieux de construire une statue de vingt mètres de Maitreya, le Bouddha attendu, à Bodhgaya, l'endroit où Sakyamuni avait atteint l'Illumination. Assumer la responsabilité d'une organisation aussi vaste, avec ses nombreux problèmes et projets, est une perspective d'avenir impressionnante. Lama Zopa a suggéré que Lama Osel pourra commencer à prendre les rênes à treize ans.

Certains espèrent ardemment qu'il le fera. Ceux qui ont consacré leur vie à fonder et à diriger les divers centres et projets lancés par Lama Yeshe (avec toute la dévotion et l'abnégation que cela implique) attendent l'influx d'énergie et de vie nouvelle que Lama Osel injectera dans leurs entreprises. De même, les premiers Occidentaux amenés par Lama Yeshe à se raser le crâne et à revêtir les robes bordeaux et doré s'attendent qu'Osel devienne un grand lama, suivant les traces de son prédécesseur. Nombreux sont ceux qui pensent que si Lama Osel ne devient pas un instructeur dans la tradition tibétaine Gelugpa, cela signifierait qu'il a échoué.

D'autres ont le sentiment qu'Osel n'a pas besoin de porter la tenue d'un moine pour accomplir sa destinée de chef spirituel. Ils peuvent envisager qu'il aille dans une direction différente, ouvrant un chemin dans un monde autre que celui du bouddhisme tibétain. Il est venu cette fois-ci sous forme d'un Occidental, argumentent-ils, et il va mettre à profit sa sagesse et sa compassion uniques sous une forme différente. Rester dans ses robes et enseigner comme un lama du Tibet ne serait que retourner en arrière, disent-ils. L'une des disciples dévouées de Lama Yeshe verrait très bien Lama Osel en animateur de télévision pour une émission culturelle (*talk-show*).

« Regardez Oprah Winfrey. Elle touche un public immense sur l'ensemble de la planète. Si on veut faire passer son message, c'est comme cela qu'il faut s'y prendre », affirme-t-elle. Une autre déclare : « S'il avait voulu être un Tibétain suivant la voie tibétaine, il aurait choisi une mère de cette nationalité. » Quant à Maria, sa mère, elle affirme très clairement : « Je crois que Lama Osel est venu pour être un instructeur universel, et pas un geshe tibétain. »

Rien n'est encore décidé. Lama Zopa n'a pas caché qu'il n'est pas du tout certain que tout réussira toujours à Lama Osel, et qu'il existe des pièges et des obstacles desquels il faut constamment se prémunir. Selon la philosophie bouddhiste, si nous avons mérité d'avoir un éminent lama parmi nous pour nous enseigner et nous guider, l'environnement et nos interactions avec lui sont d'une importance égale. Tout est lié.

Quant à moi, je souhaite la bienvenue à l'énergie si forte et parfois très indépendante de Lama Osel. Je me félicite qu'il soit un enfant pleinement occidental, avec une prédilection pour tous les gadgets technologiques de notre époque, et j'espère secrètement qu'il va continuer à être aussi radical. En effet l'approche non conformiste de Lama Yeshe m'a manqué : sa position large d'esprit et œcuménique; sa capacité à trancher à travers la structure complexe du bouddhisme tibétain pour nous livrer son message essentiel; sa capacité de rendre le bouddhisme pertinent et vivant à nos yeux, nous les Occidentaux. J'espère du plus profond de mon être que Lama Osel trouvera le moyen d'exprimer ces anciennes vérités, si précieuses, en une langue nouvelle adaptée au XXIe siècle et donnera un sens à ce monde passionnant et imprévisible dans lequel nous vivons.

Les spéculations continuent d'aller bon train. Entretemps j'attends et j'observe avec espoir, passion... et un peu d'appréhension.

11

LA ROUE CONTINUE À TOURNER

Mon voyage autour de la réincarnation m'a amenée dans de nombreux pays où j'ai rencontré certaines des personnes les plus fascinantes et les plus éblouissantes de notre temps. Leur travail, leurs révélations, les défis qu'elles posent par leur simple présence propulsent l'humanité, je crois, vers de nouvelles frontières de la pensée et de la découverte de soi. C'est une période passionnante à vivre. En repensant à mes voyages, spirituels et physiques, je peux observer des voies clairement définies se dégager de l'ensemble du paysage.

La nouvelle science qui se lance sur une trajectoire d'exploration des règnes inconnus de l'espace intérieur, la dimension la plus fascinante de toutes, converge avec une voie semblable provenant de l'Orient. Le bouddhisme tibétain, avec sa profonde science de l'esprit, glanée par des siècles d'expérience intérieure par le biais de la méditation, a enfin réussi à s'exprimer dans le monde, offrant ses trésors à chacun. Le moment est propice, et la convergence promet d'être vraiment féconde. Certains individus, des visionnaires évidemment, l'ont vu venir. H. G. Wells en faisait partie. Il a écrit : « Il est possible qu'en entrant en contact avec la science moderne, et inspirés par l'esprit de l'histoire, les enseignements originels de Gotama (le Bouddha), revivifiés et purifiés, puissent encore jouer un rôle majeur d'orientation de la destinée humaine. » Einstein a aussi été l'un de ces visionnaires, lui qui a prononcé ces paroles prophétiques au Séminaire théologique de Princeton, le 19 mai 1939 :

« La religion de l'avenir sera une religion cosmique. Elle devra transcender la notion d'un Dieu personnel et éviter le dogme et la théologie. Couvrant aussi bien le naturel que le spirituel, elle devra s'appuyer sur un sentiment religieux émanant d'une expérience de l'unité de toutes choses, naturelles comme spirituelles, riche en signification. Le bouddhisme répond à cette description. »

Mais quand j'écoute ces scientifiques argumenter derrière leurs podiums de conférence, dans le style sec et intellectuel qui les caractérise, pour savoir qui nous sommes, comment nous fonctionnons, et si le cerveau est identique à l'esprit, je me souviens qu'en Orient les yogis sont déjà passés à l'action, tout simplement. Les grands adeptes fournissent les preuves visibles et tangibles qu'ils peuvent contrôler la mort, et ils le font. Et c'est bien de cette façon-là, en fait, qu'il convient de se comporter dans le domaine de la conscience. Pendant que nous ne faisons que parler, ils s'assoient en posture de méditation et démontrent que des êtres humains sont capables de mourir en gardant une maîtrise parfaite de l'esprit, et de renaître apparemment où et quand ils le souhaitent. C'est une prouesse étonnante. Leurs réalisations restent le défi le plus important que les penseurs occidentaux ont à affronter. Je me demande si les scientifiques le relèveront. La différence vitale entre les savants et les yogis, cependant, c'est que les premiers fonctionnent à partir de la tête, tandis que les derniers opèrent à partir du cœur. La question qui se pose maintenant est la suivante : la tête et le cœur pourront-ils se retrouver ?

D'autre part, je perçois l'apparition d'une autre voie, ouverte par la venue des toulkous occidentaux et l'expansion du bouddhisme en Occident. Les toulkous, ces êtres qui, nous dit-on, ont volontairement repris naissance pour nous montrer le chemin à suivre, apparaissent maintenant parmi nous comme des phares éclairant ce qu'il est possible aux êtres humains d'accomplir. Grâce à leurs ailes de sagesse et de compassion, exprimant la tête et le cœur, ils volent droit au cœur de la question. De mon point de vue, leur présence vivante n'est rien de moins qu'une source d'inspiration, car seuls les toulkous et le message du bouddhisme expliquent de manière satisfaisante que nous revenions encore et encore à cette vie.

Quand je pense aux nombreuses histoires que j'ai rassemblées sur les Occidentaux et leur expérience de la renaissance, une chose est claire : le fait de tourner et de retourner sans cesse dans un cycle sans fin de morts et de renaissances, avec les innombrables formes de souffrance et d'angoisse que cela implique, est une expérience non seulement épuisante mais en fin de compte fastidieuse. C'est ce qu'a dit le Bouddha. Même si certains seront peut-être éblouis et immensément soulagés d'apprendre que la mort n'aboutit pas au néant, il est inévitable de s'exclamer : « Et alors ? Quel *est* le sens de ces périples perpétuels d'une vie à l'autre ? » Les découvertes occidentales pourront fournir des preuves critiques de la réalité de la renaissance, mais elles n'ont, jusqu'à présent, donné aucune explication raisonnée du phénomène.

Le bouddhisme lui, en donne une. Avec son étude détaillée des mécanismes de la conscience et de la logique de la loi de cause à effet, il établit au moins un argument cohérent expliquant pourquoi nous sommes ici, pourquoi nous menons le type de vie qui est le nôtre, et ce qui nous arrivera après la mort. Que nous y croyions ou non est une autre affaire. Ce sont là les questions les plus importantes de toutes, auxquelles nous commençons à exiger des réponses. J'observe donc avec un intérêt grandissant le sentier fragile tracé par le bouddhisme, récemment, en direction de l'Occident. Je sais que le dharma, tel qu'enseigné par le Bouddha, n'appartient à nul lieu en particulier. Il ressemble à la vérité flottant sur un océan, il s'oriente simplement dans la direction où le courant de l'époque l'entraîne, et s'adapte aux couleurs et aux parfums du pays où il se trouve. Maintenant il flotte dans notre direction ; notre tour est venu. Je ne vois encore aucune forme de bouddhisme occidental, car il se doit d'être absorbé, digéré et transformé pour s'accorder à notre mentalité. Cela prendra de nombreuses années. Les toulkous occidentaux sont un élément essentiel de ce processus, pour l'aider à s'accomplir.

Quand on a demandé au Bouddha la raison pour laquelle nous continuons à renaître, il a répondu que le sens unique de tout cela est d'apprendre à s'arrêter. Quand un désenchantement du fait de voyages incessants s'installe, quand cesse la fascination que nous éprouvons pour les drames de notre conscience, qu'ils soient tragiques ou comiques, nous aspirons à la paix. Alors nous entamons notre périple final, dont le but est de découvrir notre vraie nature et la réalité absolue de toute chose.

Et bien qu'il soit en fin de compte dans notre destin de quitter le cercle de l'existence, plein de confusion et de souffrance, je soupçonne que le voyage se prolonge et que la roue continue à tourner.

GLOSSAIRE

Boddhicitta (prononciation : *boddhichitta*) : l'attitude altruiste où l'on désire libérer tous les êtres de la souffrance.

Bodhisattva : quelqu'un qui travaille à atteindre l'Illumination dans le seul but de libérer tous les êtres.

Bouddha : un être éveillé, pleinement illuminé ; un être qui a surmonté les obstacles de l'esprit et a réalisé l'omniscience et la compassion absolue.

Chenrezig (sanskrit : *Avalokiteshvara*) : déité, émanation du Bouddha personnifiant la compassion universelle.

Dakini : être illuminé féminin, souvent qualifié de « danseuse du ciel ».

Dharma : enseignements spirituels ; la voie spirituelle, « la Voie ».

Gelugpa : une des quatre sectes du bouddhisme tibétain, également connue sous le nom de secte des Bonnets Jaunes, fondée au XVe siècle par le réformateur Je Tsong Ka-Pa.

Geshe : titre indiquant l'achèvement du cycle d'études monastiques traditionnel, équivalent d'un doctorat en théologie.

Gompa : monastère, temple.

Heruka : divinité mâle de méditation du yoga tantrique supérieur.

Karma : littéralement « action », philosophie de la cause et de l'effet – d'après laquelle toute action du corps, de la parole ou de l'esprit entraîne un résultat, imprimé dans la conscience.

Lama : guide spirituel et professeur.

Lam Rim : texte composé par Je Tsong Ka-Pa qui décrit les étapes sur le chemin de l'Illumination.

Mandala : diagramme symbolique de l'univers, souvent utilisé pour pratiquer la méditation.

Mantra : paroles de pouvoir sacrées, en général en sanskrit.

Moudra : geste de la main symbolisant une qualité liée à l'Illumination.

Nirvana : l'état où l'on se trouve au-delà de la douleur et de la souffrance, libéré du karma.

Osel : « claire lumière », c'est-à-dire l'état d'esprit/conscience le plus pur.

Rinpoché (prononciation : *rinpotché*) : « le Précieux »; un lama incarné.

Stupa : monument qui abrite une relique et symbolise l'esprit divin des êtres illuminés.

Tantra : niveau supérieur d'enseignement et de pratique du bouddhisme, accessible uniquement après initiation; le chemin le plus rapide vers l'Illumination.

Toulkou : voir Rinpoché.

Zopa : « patience ».

TABLE DES MATIÈRES

5507

Composition Chesteroc International Graphics
Achevé d'imprimer en Europe (France)
par Maury-Eurolivres – 45300 Manchecourt
le 6 mars 2000.
Dépôt légal mars 2000. ISBN 2-290-30160-4

Éditions J'ai lu
84, rue de Grenelle, 75007 Paris
Diffusion France et étranger : Flammarion